実践!
公共施設
マネジメント

個別施設計画などの必須のポイントがわかる

小松幸夫・池澤龍三・堤 洋樹・南 学 [著]

学陽書房

はじめに

　公共施設の問題は、総合的な管理計画の作成段階から次のステップに進んでいる。個別施設計画の策定によって、いよいよ公共施設マネジメントの実践段階に入っていくことになるが、個別施設計画の段階で戸惑っている自治体も少なくない。そもそも公共施設マネジメントをどう進めるべきか分からないという声も聞こえてくる。個別施設計画のハウツー式教科書があればよいのかもしれないが、自治体の状況が千差万別の状況において一律の処方を作成することは不可能である。遠回りに見えるが、それぞれの自治体の事情に応じて、自ら実践の方法を考え出していくのが王道であろう。

　筆者はこれまで各自治体へのコンサルティングや調査研究を通して、公共施設の問題に取り組んできた。その経験から、現場における担当職員の悩みや組織的な問題については、ある程度理解しているつもりである。残念ながら、公共施設マネジメントに精通しているといえる自治体職員は、まだまだ少ないと言わざるを得ないのが現状である。筆者が経験を重ねるにつれて、公共施設マネジメントに取り組む関係者には是非知っておいていただきたいと思う事柄がいくつか出てきた。それらをまとめたのが本書であり、当事者としての担当者はもちろんのこと、責任者となる自治体の首長の方々や関心のある住民の皆様には是非お読みいただきたいと願っている。教科書とは言えないまでも、本書の内容は今後の公共施設のあり方を考えるヒントとなるであろうし、公共施設マネジメントの実践に役立てていただけると信じている。

　本書は研究者や実務者である4名で執筆したもので、4編から構成されている。各編は相互に多少の関連はあるものの、基本的には内容は独立しているので、必ずしも第1編から読み進めていただく必要はない。各編の内容の概略は以下の通りである。

　第1編は分かりにくいといわれているファシリティマネジメント（FM）の考え方を解説している。公共施設の問題では総量削減と長寿命化が取り上げられることが多いが、この2つは同じ俎上で議論される

ことが多く、それが結果的に混乱を招いているように思われる。FMの考え方を理解いただき、今後の取り組みへの参考にしていただきたい。

第2編は、実務者である筆者が、過去の自治体行政職員としての経験も踏まえてノウハウを公開したものである。公共施設マネジメントの担当者になった時にとりあえずなすべきことを、8項目にまとめている。担当者に任命された当初は慣れない業務で戸惑いも多いと思われるが、必要最小限のやるべきことを整理しているので是非実務で参考にしていただきたい。

第3編は行政と住民の協力関係の構築を「多世代共創」という概念で解説している。公共施設マネジメントは行政側だけで行うものではなく、そこに住民を巻き込んでいくことが重要であるが、その住民は現役世代だけではなく未来を担う世代が含まれる。そうしたことから、多世代共創という考え方を編み出し、住民とのワークショップを中心に解説している。

第4編は実務者であり、またコンサルティングの経験も豊富な筆者によるもので、実際の事例を通して、公共施設マネジメントに関わるさまざまな制度やファイナンスの問題を論じている。多くの先進事例についても触れられているので、是非参考にしていただきたい。なおこの第4編は、月刊誌『地方財務』（ぎょうせい）にこれまでに連載された記事の内容を再構成したものである。

　公共施設の課題が表面化し対応が検討され始めてから約10年が経つ。計画から実践への流れを作り出そうと試行を繰り返す間にも施設の老朽化は着実に進んでおり、公共施設の安全性確保やサービス提供に支障が生じ始めている自治体も多いのではないかと危惧されるところである。これまでの公共施設マネジメントにおける論点と実践の課題をまとめた本書が、各自治体における「実践」に向けての一助になれば、筆者一同にとっては望外の喜びである。

2019年9月　小松幸夫

目　次

第1編　実践・公共施設マネジメント
—計画推進のための八策—

第1章　公共施設のこれまでとこれから

1　これまでの公共施設 ……………………………………………… 16
(1)　戦後の公共施設建設の推移……………………………………… 16
(2)　公共施設使い捨て論……………………………………………… 21
(3)　負の資産としての公共施設……………………………………… 22

2　これからの公共施設 ……………………………………………… 24
(1)　人口減少と財政問題……………………………………………… 24
(2)　施設コストの削減………………………………………………… 25
(3)　施設の効率的利用………………………………………………… 28

第2章　施設マネジメントの考え方

1　施設のマネジメントとは ………………………………………… 32
2　マネジメントのレベルと内容 …………………………………… 33
3　ファシリティマネジメントとは何か ………………………… 35
(1)　ファシリティマネジメントの概念……………………………… 35
(2)　ファシリティマネジメントの進展……………………………… 35
(3)　わが国におけるファシリティマネジメント………………… 37
(4)　ファシリティマネジメントは何をするのか………………… 40
(5)　ファシリティマネジメントの評価－財務・供給・品質………… 45

第3章 施設マネジメントの実践

1 実行体制の構築 49
2 施設量削減のプロセス 50
 ⑴ プロセスの重要性 50
 ⑵ 準備段階 51
 ⑶ 削減候補の抽出 53
 ⑷ 削減プロセス 56
3 長寿命化の進め方 57
4 日常の維持管理 64
5 中長期修繕計画 68
6 情報管理と活用 71
 ⑴ 基本となる情報 72
 ⑵ 情報は使い回すべし 73
 ⑶ 情報の扱い方 73
 ⑷ 情報管理の方法 74
 ⑸ 情報の使い方 75
 ［COLUMN］ 予防保全・事後保全・予知保全 76

第2編 公共施設等総合管理計画に続く「個別施設計画」の姿とは

第4章 個別施設計画の実行のための体制整備

1 公共施設等総合管理計画と個別施設計画 80
2 背景——個別施設計画はどうあるべきか 81

3 質と量を共に考える ································· 83
 (1) 現実的安全確保計画···························· 84
 (2) 施設トータルコスト削減計画··················· 85
 [COLUMN] 0.7×0.7の議論 ················· 88
4 公共施設マネジメント8体制 ················· 88
 (1) 年間スケジュール管理体制について··············· 89
 (2) 暫定対策体制について························· 93
 [COLUMN] 土木·交通インフラに学ぶ 96
 (3) 事前相談体制（状態監視保全·時間計画保全）について ········· 97
 (4) 実行支援体制について························· 99
 (5) 全庁棚卸体制について························ 101
 [COLUMN] 人と建築物の寿命 ················· 105
 (6) マネジメントシート（財務·品質·供給）作成体制について ··· 106
 (7) モデル事業体制について······················ 111
 [COLUMN] 学校職員室フリーアドレス化のモデル事業······ 114
 (8) オーソライズ体制について···················· 116
 [COLUMN] 住民ワークショップでよく耳にする住民意見··· 120

第5章 整備した体制とマネジメント

1 BM·FM·AMと8体制（戦術）の関係 ··············· 122
2 8体制の理想的な流れと現実的な流れ ················· 124
3 8体制をリアル化させる方法（システム化と営繕
  サポート） ································· 126
 [COLUMN] 建築と医学は似ている ················· 128
4 8体制のまとめ ································· 130

目 次 7

第3編 多世代共創による施設整備の取り組み

第6章 多世代共創による公共施設マネジメントの取り組み

1 なぜ多世代共創が必要なのか ･･････････････････ 134
(1) 自治体の現状と課題･････････････････････････････ 134
(2) ハコモノ中心の整備からの脱却････････････････････ 134
(3) 自治体職員の育成に必要な取り組み･･･････････････ 135
(4) 多世代共創と将来ビジョン･･････････････････････ 136
(5) 施設マネジメントの隠れた要点･･･････････････････ 138
(6) 「管理者」として自治体がするべきこと ･････････････ 139
(7) 公共資産整備に必要な多世代の視点･･･････････････ 140

2 多世代共創に求められる体制と仕組み ･････････ 141
(1) 現状を打開するために必要な体制･････････････････ 141
(2) 収集･分析･共有が可能な情報システム････････････ 142
(3) 継続的に支援する組織体制の整備･････････････････ 144
(4) 具体的な多世代共創のかたち････････････････････ 146
(5) システムの実装に向けた一般化･体系化･･･････････ 147
(6) 情報システムを導入する上での課題･･･････････････ 148

第7章 地域別施設整備案作成の進め方

1 整備案作成の前提 ･････････････････････････ 150
(1) 実現させるための施設整備案の提示･･････････････ 150
(2) 個別ではなく地域全体での検討･･･････････････････ 151
(3) 施設整備のための情報管理システム導入･･･････････ 152
(4) 誰がたたき台を作成すべきか････････････････････ 153

2 作成に求められる事前準備 ･････････････････ 154

	(1)	既存計画・データの活用	154
	(2)	簡潔な評価・分析手法	155
	(3)	利用データの収集と精度	156
	(4)	庁内体制の確立	157
3		**整備案作成の手順**	**158**
	(1)	5つのPHASE（フェーズ）の概要	158
	(2)	各作業の対象範囲と作業時間	165
4		**たたき台作成の留意点**	**166**
	(1)	資料は簡潔に、基本は1枚にまとめる	166
	(2)	誰のために説明資料を作るのか	167
	(3)	民間企業との共創作業	168
	(4)	公共と民間の違い	169
	(5)	第三者としての大学	170
5		**事例で見るたたき台の要点**	**172**
	(1)	池田市・（仮称）いけだウォーク	172
	(2)	廿日市市・筏津地区	173
	(3)	御前崎市・御前崎/白和地区	174

第8章 実現につなげる 住民ワークショップの進め方

1		**住民ワークショップを行う意義**	**176**
2		**住民ワークショップを行う前提**	**177**
	(1)	住民ワークショップ前に確認するべきこと	177
	(2)	住民ワークショップで検討するべきこと	178
	(3)	住民ワークショップに不足していること	179
	(4)	住民ワークショップをどう活用するべきか	181
	(5)	住民ワークショップの位置づけ	182
	(6)	「財務」「品質」「供給」の議論の進め方	183
	(7)	合意形成の場ではない住民ワークショップ	185
3		**住民ワークショップの準備**	**186**
	(1)	参加者の対象範囲	186

⑵	参加者の構成と呼びかけ…………………………………	187
⑶	議論の「たたき台」の準備…………………………………	189
⑷	第三者の参加が望ましい…………………………………	190
⑸	年代別のグループ分け……………………………………	190
⑹	参加者の人数・グループ数………………………………	192
⑺	事前・当日の配布資料と説明……………………………	192
⑻	開催時期・時間・会場設営………………………………	194
⑼	柔軟かつ許容する進行と準備……………………………	195

4　事例で見る住民ワークショップの進め方…………… 196
- ⑴　1回目（2月3日）　計画の内容を知る………………… 198
- ⑵　2回目（2月17日）　地域の特徴を把握する…………… 200
- ⑶　3回目（3月3日）　必要な施設の検討………………… 201

5　住民ワークショップ後の進め方…………………… 203
- ⑴　グループ成果の多様性を確認………………………… 203
- ⑵　成果の集約と与条件の整理…………………………… 204
- ⑶　楽しい整備計画策定のために………………………… 206

第4編　実践への優先度判定と財源確保

第9章　「縦割り・積み上げ」発想からの脱却

1　「総合管理計画」策定後の戸惑い　………………………… 210

2　「時限爆弾」となる老朽化した公共施設　…………… 212

3　「包括施設管理業務委託」を第一歩とする
　　大きな効果　………………………………………………… 214

4　「個別施設計画」は、包括委託によって
　　リアルなものに　…………………………………………… 216

5　大きくなった自治体間格差　………………………………… 218

6 単純な施設統合では後年度負担が大きくなる ……………………………………………… 220

7 補助金・交付金、地方債だけが財源ではない ………… 222

第10章 「総合管理計画」後の取り組みの方向とその論点

1 市民目線からの「公共施設」の再定義 ……………… 224
2 全体把握による「総合的」計画は難しい ………… 225
3 人口10万前後の自治体が成功事例を創る ………… 226
4 比較的大規模施設を更新の対象にする ……………… 228
5 庁舎と学校の建設と管理を分割する可能性 ……………… 229

第11章 公共施設の安全性確保とライフサイクルコストの明確化

1 低い安全管理への関心 ………………………………… 233
2 風化する「悲しい記憶」と当事者意識の欠如 ……… 234
3 施設の維持管理にはカネとヒトを
　　　かけなければならない ……………………………… 237
4 十全な安全確保には、不断の研修・訓練が必要 …… 238
5 低いライフサイクルコストへの関心 ………………… 239
6 計算されてこなかったライフサイクルコスト …… 240
7 どのように、いつまで使うのかを基本に ………… 242
8 ライフサイクルコストの試算 ………………………… 243
9 PFIによるライフサイクルコストの明確化 ………… 244
10 民間のノウハウ(合理性)を活用する ……………… 246
11 「入口」に注目してきたプロジェクトファイナンス
　　　…………………………………………………………… 247

目 次 11

12 ライフサイクルコストを主軸にしたプロジェクトファイナンス ………………………………………………… 249

第12章 「カネ」や制度がなくとも実現できる（横浜スタジアムの例）

1 プロジェクトファイナンスから知恵は生まれる … 251
2 自治体職員に仕様書発注は可能なのか ……………… 252
3 資金集めから始まった事業 ………………………… 253
4 「PFI法」や「指定管理者制度」がなくとも ………… 255
5 事業期間・コストを明確にすることで民間資金・ノウハウの導入 …………………………………………… 256

第13章 利用率・稼働率を高めてこそ「公共」施設

1 施設の価値は使われてこそ …………………………… 260
2 図書館のリニューアルで大幅な利用者増 …………… 261
3 巨大な空間を快適な環境として演出する …………… 263
4 立地特性を活かした施設デザインで魅力を高める 266
5 図書館の概念を越えて、「交流の場」に ……………… 267
6 「図書のある空間」に人が集まる ……………………… 268
7 「はたらく大人」をターゲットに設定 ………………… 269
8 インテリアデザインで快適な滞在空間を演出 …… 270
9 飲食の機能も積極的に位置づける …………………… 272
10 使われる施設としての図書館機能とは ……………… 273

第14章 指定管理者制度を活用すれば「稼ぐ」施設も可能に

1　注目を集める大阪城公園PMO事業 ……………… 275
2　大型の投資が次々と行われる ……………………… 275
3　まだまだ発展途上の段階なので大きな可能性が … 277
4　強力な市長のリーダーシップが成功の鍵 ………… 278
5　本格的な公民連携への道 …………………………… 279
6　指定管理者制度は経費削減の手段ではない ……… 281
7　20年の期間設定と指定管理料ゼロという組み合わせ
　　……………………………………………………… 282
8　公務員と民間事業者との連携による効果的な
　　管理運営業務 ……………………………………… 283
9　70億円もの民間投資を呼び込む ………………… 285
10　条文を正確に読み直せば施設活用に結びつく …… 287
11　役所の縦割りを超える、自治体の壁を越える …… 289

第15章 「入札原則」を見直し、民間資金・ノウハウを呼び込む

1　なぜ、公民連携（PPP）を追求するのか ………… 291
2　「競争入札」による調達の限界 …………………… 292
3　公開原則でノウハウ保護の接点を確保する ……… 293
4　公民連携が基本となる公共施設マネジメント …… 295
5　「随意契約」を基本とし、「例外」としない ……… 296

第1編

実践・公共施設マネジメント
―計画推進のための八策―

第1章 公共施設のこれまでと これから

　公共施設といえば、学校や公営住宅、県庁や市役所の庁舎、公民館などさまざまなものが頭に浮かぶ。あるいは道路や上下水道、橋梁などのインフラストラクチャー（インフラ）も含まれることがあるが、本書では建物（いわゆるハコモノ）を主な対象として、インフラは含めないこととする。

1 これまでの公共施設

(1) 戦後の公共施設建設の推移

　公共の用に資する施設を公共施設というならば、それは江戸時代以前から存在したともいえようが、現在の公共施設を考えるとき、その出発点は1945年8月15日であったといってよいであろう。いうまでもなく太平洋戦争（第二次世界大戦）で日本が無条件降伏をした日である。当時の主要都市は、主に米軍の空襲によりほとんど焼け野原の状態であり、住宅の不足は420万戸といわれていた。当然、学校や庁舎なども数は十分ではなく、焼け残った建物をなんとか使って凌いでいたのが実情であっただろうと想像される。

　建物を作るにはそれなりの経済力が必要であるが、戦後しばらくのわが国にはそのような力はなかった。1950年に始まった朝鮮戦争が日本の戦後復興のきっかけになったことはよく知られているが、1955年には一人当たりの国民総生産（「GNP」というが、今は使用されていない経済指標である）が戦前の数値を超え、翌年の経済白書が「もはや『戦後』ではない」と述べるまでになった。神武景気と呼ばれる景気拡大は1954年の12月から57年の6月まで続いたが、これは今や伝説的ともいえる日本の高度経済成長期のはじまりとされている。

　わが国で戦後、本格的な公共施設が建設され始めたのは、1950年代

16　第1編　実践・公共施設マネジメント

になってからであろう。長崎県では2017年12月に新しい県庁舎が竣工したが、建替え前の庁舎は1953年の竣工であった。同じ時代には県庁舎に限らず、全国で数多くの庁舎が建てられたと思われるが、そのほとんどはすでに建て替えられている。戦後に建てられた県庁舎としては長崎県のものが現役としては最も長く使われたのではなかろうか。その後の高度経済成長期には民間の建設需要が大きく伸びた。

　図表1-1は建築着工統計の着工延床面積の推移であるが、1960年から70年頃にかけて急激に増大していることが見て取れる。この急上昇は1972年のオイルショックで急ブレーキがかかるが、民需の落ち込みを公共投資で補うことは当時の経済政策では常套手段であり、日本列島改造論が注目を浴びてインフラを含めた公共施設への投資が盛んに行われることになった。また1970年代は第二次ベビーブームといわれ、都市部への人口集中によるニュータウン開発や住宅需要の高まりで、学校等の公共施設の整備が盛んに行われた時代である。図表1-2は文部科学省による学校施設の新築時期別の現状であるが、1970年代に多くの

図表1-1　建築着工延床面積の推移

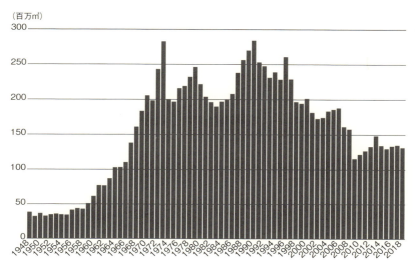

出所：「建築着工統計調査」より筆者作成

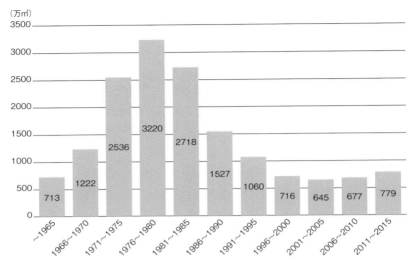

図表1-2　学校施設の現状（建築年代別の学校施設床面積）

出所：文部科学省「学校施設の現状・課題」より筆者作成
（http://www.mext.go.jp/b_menu/shingi/chousa/shisetu/044/shiryo/__icsFiles/afieldfile/2017/10/24/1396740_004.pdf）

学校が新設されて現存していることがわかる。

　この時代は俗に「ハコモノ行政」といわれるような公共施設建設に傾斜した自治体も多かった。これは政治家が自分の功績を誇るために、建物、すなわちハコモノの建設を利用していたことと無関係ではない。新たにハコモノを作ることは、何よりも地元の建設関連業界を一時的にせよ潤すことになるので、政治家にとっては有力な支援者に与える飴のような働きがあった。また一部の有権者も新しい施設を欲したということもある。これが不要不急の施設まで建設することになって、税金の無駄遣いであるという声は当時からあったが、無用な施設がその後の負担になるというまでの意識はまだなかったように思われる。このあたりの事情について、建築家の隈研吾は次のように記している。

　「『弱者』もまたひとつの切断であった。『建築』がひとつの切断であ

るように、『弱者』もまたひとつの切断である。完全な弱者というもの
は存在しようがなく、いかなる弱者もある関係の中では、強者として出
現する。それらの繊細な関係性をすべて切断して、『弱者』というアリ
バイが捏造され続けたのである。20世紀の政治家は見事にこのアリバ
イを利用した。建築の利権と結びついた政治家は、まず弱者の代理人と
して登場し、弱者のロジックを存分に利用し、建設を仕切り、利権を獲
得していくのである。

　建設という行為のスケール（大きさ）は、近代的選挙制度に依存しな
ければならない政治家達にとって、きわめて魅力的であった。その大き
な行為の周辺から、選挙資金をはじめとする多額の金銭を捻出すること
が可能となり、またその大きな行為に従事し、関連する多くの人々は、
そのまま選挙における票という形で政治家をサポートした。大きさがこ
こでもまた、マイナスからプラスへと反転された。弱者のロジックで武
装した政治家達の手によって、実際的な経済波及効果、乗数効果とは無
関係に公共事業のヴォリュームは増大し続け、財政赤字は取り返しがつ
かないほどに肥大する。われわれに馴染み深いこの悪循環は、この弱者
のロジックを通じて誘導されたのである。」（隈研吾『負ける建築』「切
断から接合へ」pp.10-11、岩波書店、2004.3.25）。

　高度成長の終焉とともに建設需要は落ち込んだが、景気対策としての
公共施設建設はしばらく続いていたように記憶する。二度のオイル
ショックの後、内需拡大策の影響で経済バブルがふくらみ破裂するとい
う事態となった。その後は景気の低迷、すなわち経済成長の停滞に加え、
人口の減少と少子高齢化が重なるという二重の苦難に直面しているのが
現在の状況である。このような状況では公共施設に予算をつけることも
ままならず、関係者が頭を抱えているという状況にあるのは、もはや説
明する必要もないであろう。さらに隈研吾の文章を引用する。

「建築が切断であると捉えられていたとするならば、この無関心は当然
のことであったのかもしれない。そもそも切断されているものは、その
周囲のすでに存在している基準に従って評価するにも、評価のしようが

ないのである。切断のインパクトだけが問われるという、かつてない野蛮な状態が出現した。結果として20世紀建築は歴史上ないほどの質の低さを呈する。他の領域における20世紀の達成と比較したとき、建築の領域の低調さは目を覆うべきものがある。量的には『建築の時代』と呼びうるだけの圧倒的達成がありながら、質的には惨憺たるものとなった。建築自身に意味を求めず、建築することにだけ意味を求めた結果が、われわれに振りかかっているのである。

　しかし状況は大きく変わった。建築はかつてない逆風にさらされている。社会が建築を必要としているどころではなく、社会の敵にも等しい扱いである。まさにリバウンドと呼ぶにふさわしい。強精剤によって無理矢理に昂進させられた建築的欲望が、何倍かの強度でリバウンドしている。

　理由、きっかけのたぐいはいくつでも思いつく。ひとつは経験の蓄積。建てることを経験しただけでなく、建てて住み続けること、使い続けることを多くの人が経験した。建築を切断されたものとして判断するのではなく、時間というとめどもなく長い連続体の一部として建築を判断することが可能となった。建てるまでの時間は一瞬と呼べるほどに短く、建ててからが長い。建築が生きる時間というのは、本来そのような性質を有する時間であった。建ててから、メンテナンスとオペレーションという形でいかに多くの投資を注ぎ続けなければならないか。生活は変化し続けるにもかかわらず、建築は変化せず取り返しがつかない。にもかかわらず、金とエネルギーは注ぎ続けなければならない。

　20世紀の個人住宅、公共事業のうちのどれほどが、その覚悟をもって建設されただろうか。建築を建てた人間は、その事実にいずれは気づかざるを得ない。たちまち気づかせてくれるほどの不連続な変化も、決して少なくはなかった。たとえば阪神・淡路大震災では二重ローンが話題になった。ローンが完済する前に、建築が地震で倒壊し、住む家を再び手に入れるためには二重にローンを払い続けなければならないという悲劇。」（前掲書 pp.12-13）。

　建物をひたすら造り続けることにのみ意味を見いだしていたのが20

世紀の日本であった。公共建築も、その例外どころか典型ともいえる存在であった。「時間というとめどもなく長い連続体の一部として建築を判断する」という認識が、果たして現在においても共有されているといえるのであろうか。

(2) 公共施設使い捨て論

　戦後の建築界を風靡した先代の東京都庁舎は、丹下健三の設計によって 1957 年に竣工した。その後、同じ丹下によって設計された現在の東京都庁舎は 1991 年の竣工である。すなわち旧庁舎が使用されたのはわずか 30 年余りという短い期間であった。その間の事情はいろいろと推察されるが、建替えの主たる理由は庁舎の狭隘化であった。東京都の人口が増大し、経済活動が盛んになるにつれて都庁の業務が増大し、職員も大幅に増えたためというのが当時の説明であったように記憶する。こうした事情は東京都に限らず、日本の都市部に共通した状況であった。

　ところで竣工から 30 年を経過した建物は「老朽建物」と呼ばれることがある。これは役所関係で顕著なようで、あたかも 30 年を超えた建物は使用限界に達しているような言い方である。筆者の管見では、鉄筋コンクリートの建物の耐用年数がおよそ 60 年であり、その半分の期間を経過すると、国からの補助金の返還をせずに建替えができるようになるためにこのような呼び方ができたということのようである。耐用年数とは関係なく、30 年という時間は建物にとってはひとつの節目となるように思われる。屋上防水や内外装、設備など建物の躯体を除いたほとんどの部分がなんらかの手入れが必要な時期になるためである。また戦後の高度成長期には生活水準の向上が著しく、建物に求められるものも 10 年ないし 20 年で大きく変化した時代であった。例えば、先にも触れたが、2018 年に新庁舎へ移転した長崎県の旧庁舎は 1953 年の竣工であった。当時冷暖房はまだ珍しく、通風と採光のための中庭が設けられて、廊下の片側に部屋が配置されるという平面形であった。室内の電気設備もわずかな照明設備とコンセント程度であり、エレベーターも少なく上下階は階段で移動することが当然であった。経済成長が進むにつれてまず電気容量が不足し、中庭にたくさんのケーブルを引いて容量を増やし

てきたが、最後にはどのケーブルがどこへ行っているかわからないという状況になってしまっていた。当然ながら冷暖房設備も後から追加されている。本来であればもっと早く建替えを行う予定であったが、諸般の事情から2017年まで使い続けることになったとのことである。

　30年という時間は、何もしなければ建物の外見をみすぼらしいものにして、設備の故障を増やしていくことになる。また時代の変化が激しければ、機能的にも使いにくいものになってしまう。高度成長期にはこうした事情から、30年も経てば建物は建て替えるということが常識化したように思われる。そのため、どうせ建て替えるのだからメンテナンスに費用を掛けるのは無駄であるという感覚が広がってしまったのではないだろうか。かつては、学校をはじめとする公共建築については、建物が「汚い」という印象を一般の人たちは抱いていたように思うが、建物に手を入れなければそうなるのは当然で、筆者はこのような状況を「公共建築30年使い捨て」と呼んでいる。

⑶　負の資産としての公共施設

　公共施設の効用を評価するのは容易ではない。民間企業の施設であれば、それが工場であれオフィスであれ、利益をあげるために存在する。建物に費用が掛かるとしても、それが売り上げに貢献しているという観点から、その施設の効用を評価することができるだろう。公共施設は住民の生活に便益を提供するために存在していることはいうまでもないが、その便益を数値で評価することは容易ではない。また、住民の便益も短期的なものではなく、例えば、学校のような教育施設であれば、その存在による社会的な効用がみえてくるまでには何年もかかるのが当然ということになる。このことは、仮に効用が期待できない公共施設が存在したとしても、それが無駄であるということをなかなか認識しにくいということにもつながっている。また住民に対する便益も、真に住民が必要としているものと、さほどでもないものが混在している可能性もある。

　以上を整理すると、まず公共施設の場合は、その効用を直接評価することは難しいということになるが、その一方で施設に対するコストは確

実に掛かっていて、税金が支出されているということがある。民間企業の場合、施設は収益を生むための資産とみなすことができるが、公共施設については直接収益を生むことはなく、支出のみが顕在化する存在ということができる。これは民間企業的な感覚からすれば、「負の資産」ということになる。社会の拡大や経済成長が期待できる状況であれば、公共施設の建設は将来への投資ということもいえたであろうが、財政的な余裕が失われつつある状況では「負の資産」を増やすことは得策であるとはいえなくなってきている。

　また、公共施設は別の意味でも「負の資産」となっている。「公共建築30年使い捨て」ということを述べたが、使い捨てのために、ほとんどメンテナンスがされないままという施設も多いのが現状である。「30年で使い捨て」すなわち「建替え」のサイクルが破綻しつつある状況で、施策として施設の長寿命化ということが推奨されている。使い捨て予定の状況から一転して、長期に使用するとなれば、まずはこれまで手を抜いてきた部分にきちんと手を入れる必要が生じる。しかしながら積年のつけがたまっているようなもので、手の入れ方は簡単なものでは済まないというのが、多くの施設の現状である。その意味で、ある程度の年数を経た公共施設では、施設の状況として「負の資産」と化しているといえるのである。この意味での「負の資産」は、場合によっては利用者に危害を加えることにつながりかねない。例えば、外壁仕上げのタイルが剥離して通行人の頭上に落下すれば、重篤な事態に至る危険性もある。状況によっては管理者責任が問われて、担当者が刑事罰を受ける可能性もあることは指摘しておきたい。

　長寿命化により公共施設を長く使うためには、まず施設を「まともな」状態にする必要があるが、現状はその状態に対してかなりの借金を抱えているような状況である。すべての公共施設についていきなり借金を解消し、さらにはある程度の貯金（機能向上）まで付加するということは不可能である。なんらかの方法で優先順位をつけて、現状を長寿命化できる状況までもっていく施設を選択して処置していく必要があるが、同時に残りの施設に全く手を入れないということは危険である。とりあえずは、利用者に危害を与えることのないように、危険と思われる箇所を

第1章　公共施設のこれまでとこれから　23

発見し、応急措置をとることが緊急に求められる。

2 これからの公共施設

(1) 人口減少と財政問題

　周知のように、わが国の人口はすでに減少し始めている。将来の推計として人口が減少するとともに、高齢者の割合が増加することも予測されている。人口減少の原因が少子化であることからすれば、これは当然の帰結になるが、問題の核心は、生産人口が減少すると同時に、高齢者に掛かる扶助費が増加していく点にある。財政的には固定的な経費が増えて、公共施設やインフラの維持等に回せる費用が減っていくということになる。今後の公共施設のあり方を考える場合、まずこのことを念頭に置く必要がある。

　掛けられる予算が縮減していくとしたら、公共施設はどうするべきか。過去には経験しなかった問題を解決していかなくてはならないのである。結論を述べてしまえば、予算に見合う公共施設を維持していくしかないということになるので、減っていく予算に応じて施設を縮減するしかないということになる。問題は何をどう減らすのかという点になる。従来であれば、各分野で一律に○○％を削減するということになりがちであったが、住民への公共サービス水準を維持するためには、今後はその方式ではうまくいかなくなるように思われる。行政の内部的な調整が難しいということから、一律削減は「痛み分け」ということでとられる措置である。住民側からすれば絶対に必要なサービスも、それほど必要でないサービスも一律に削減されるということは理解できないということになる。住民にもいろいろな立場があり、例えば、あるサービスを重要と思う人もいれば、全く利用しない人もいる。住民にとって何が重要で、何が無駄かということは決して自明ではないが、生活基盤として必要であり民間では代替できないものを重要と考え、それ以外のサービスはできるだけ民間に任せるという方向が考えられる。公共施設の中で量が多いものの代表は、学校と公営住宅である。これらは公共サービス

の中でも政策的に非常に重要なものと位置づけられており、その整備には力点が置かれてきた。しかしながら、これらのサービスは公共でなければできないというものではない。大学に限らず、小中学校に私立の学校はいくらでも存在するし、住宅にいたっては、民間の賃貸住宅はごく当たり前の存在である。公立の小学校と私立の小学校では教育理念が異なるとか、費用負担が違いすぎるなどの声をよく聞くが、公立学校の役割を私立学校が代替できないという理由はない。例えば、費用負担の問題は、保護者への費用補助という形で対応可能と思われるし、公営住宅を建設するかわりに、民間の賃貸住宅を借り上げて公営住宅として使用するとか、公営住宅を必要とする居住者に家賃補助を行って民間賃貸住宅に居住してもらうという方法を採用している例は少なくない。

　要は、「公共サービスは施設を通して行うべきもの」という従来の発想を変えることである。施設とサービスを分離し、サービス提供の方法をゼロから考え直すことが重要である。その上でどうしても必要であると判断されれば、その施設を準備することにすればよい。その際の判断基準の1つがサービスに要する費用の多寡である。公共で施設を用意してサービスを提供すればいくら掛かるか、それを民間に任せるとすればいくら掛かるかを算定して比較することは必須の条件であろう。ただし費用の多寡だけでは判断できないことも多い。提供されるサービスの質や信頼性などが判断基準となることもあり、個別の案件について十分検討していくことが求められる。

(2)　施設コストの削減

　人口減少によって財政の縮小が避けられず、公共施設に掛けられる費用は削減されざるを得なくなるであろうことは、ここまで述べてきたとおりである。では、施設コストの削減にはどのような方法があるかを簡単にまとめておきたい。

　まずは、単純に施設量を減らすということがある。施設に掛かる費用というと、まず新築費があり、竣工後の運用費および改修費、最後に解体費がある。既存施設については新築費はすでに掛かっているものであり、解体費はいずれ必要となるもので、要は運用費と改修費が検討対象

である。運用費の内訳は、清掃や警備の費用、水光熱費、日常的な点検や修繕に要する費用が代表的なものである。これらは運営主体としては当然把握しているものであるが、予算や決算の段階で総額として、あるいは他の費用との合算でとらえられている場合が多く、個々の施設あるいは個別の建物についての費用としては、的確にとらえられていない場合が大勢である。さらには、その施設運用にかかわる職員の人件費も対象に含めるべきであると考えられるが、そこまで考えられている事例はきわめて少ない。現状では施設の1㎡当たりの年間運用費を概算で想定し、施設量を縮減した場合の費用節約効果を推定している。今後、施設を統廃合していくことになるとすれば、まず現状の運用に掛かる費用を個別にきちんと把握しておくことが必要であろう。

　一定規模以上の自治体では、行政の仕組みがいくつかの部局に分けられ、関係する公共施設はそれぞれの部局で管理しているというのが一般的な形である。いわゆる「縦割り」の構成であるが、これは施設を増やしていく場合には、非常に効率のよいやり方であった。しかしながら、今後の時代にも望ましい姿であるとはいえないということを、多くの識者が指摘している。「縦割りの組織に横串を通す」ことが必要であるとされている。

　縦割りの組織は、国のさまざまな省庁から降りてくる予算を、現場で効率よく使うための仕組みであったといえる。予算の配分元である国の部局と、受け手の自治体の部局がそれぞれ専門性を共有していれば、事務処理は効率的に行えることになり、特に大量の公共事業が行われた高度成長期には、効率よく予算を消化していくには不可欠な仕組みであったに違いない。自治体の組織が大きくなると、縦割り式では横の連携がおろそかになりがちである。そのため、似たような集会施設があちこちにできて、利用効率が悪くなるというようなことも珍しくはなかった。

　施設量を縮減しようとする場合、まず考えられるのは、機能が重複している施設の量を減らすという施策である。住民には非常にわかりやすい話であるが、縦割りで管理している部局にはそうした状況はなかなかみえにくい。また施設管理上、無駄なコストが掛かっていたとしても、その施設を単独でみている限りは、なかなかそのことに気がつきにくい

ものである。類似施設を比較できると、どの施設の効率がよくてどこが
よくないかは一目でわかる。よくない場合は、比較によってその原因を
探るきっかけにもなる。こうした方法をベンチマーキングというが、比
較する対象が多ければ多いほど効果はあがることになる。単一部局が管
理する施設だけでは、そもそも比較できる対象が少なくなってしまうが、
部局の壁を越えて、あるいは他の自治体にまで広げてベンチマーキング
が行われれば成果をあげやすくなるはずである。

　ベンチマーキングに限らず、施設管理を縦割りから全体を一元化する
方向へ転換することにより、さまざまなメリットが考えられる。ベンチ
マーキングもその一例であるが、例えば、清掃や点検といった作業を集
約して発注することによるコストダウン、管理に要する事務作業の効率
化とそれに伴う人件費の節約、さらには、空きスペースの有効活用など
がある。また、各部局で確保している施設管理の予算を一元化できれ
ば、改修工事や増改築を計画的かつ効率的に実施していくことも期待で
きる。その実現のためにはまず庁内の意識改革が必要かもしれない。

　施設量の縮減とは直接関係はないが、施設管理のコスト削減方法とし
て民間の力を活用するということが、多く行われるようになった。これ
は PPP（Public Private Partnership：パブリック・プライベート・パー
トナーシップ：公民連携）と呼ばれるが、その手法として PFI（Private
Finance Initiative：プライベート・ファイナンス・イニシアティブ）や
コンセッション（公共施設等運営権制度を活用した PFI）などが代表的
である。PPP の具体的な内容は、本書の範囲を越えるので触れないが、
なんでも PPP にすればよいというわけではない。PFI が破綻した事例
もあり、慎重な事前検討が必要であることはいうまでもない。その中で
重要な項目の1つに事業コストの把握がある。民間事業者は当然事業コ
ストの算定は行うが、問題は公で行っている場合のコスト把握である。
本来は民間で行うのと同様の内容でコスト算定を行わないと、PPP を
利用した場合のメリット、あるいはデメリットは把握できないはずであ
るが、公で行う場合のコスト把握が十分でない場合も散見される。例え
ば、民間では、当然ながら人件費を事業費に含めるが、公の場合はそれ
ができていないなどである。現在、行っている公共サービスについての

事業コストの算定は、何をそこに含めるかというところからして曖昧な部分が多く、今後十分な検討が必要なところである。

　PPPからさらに進めるとすれば、公共サービスそのものを民間のサービスに置き換えてしまうということも考えられる。例えば、有力な民間病院があれば、公立の病院を廃止して民間病院を充実させるような施策に切り換えるということは十分に考えられるし、先にも触れたが、公営住宅を家賃補助に切り換えるなどもあり得るであろう。

　高度成長期、あるいはそれ以前の時代であれば、民間の施設も十分ではなく、生活基盤となるサービスを公共が提供せざるを得ない場面が多かったことは事実である。しかしながら民間のサービスが充実している時代に、過去の感覚をいつまでも引きずって、公共によるサービス提供に固執することは得策とは思えないが、いかがであろうか。

(3)　施設の効率的利用

　複数の施設を1つの建物にまとめる複合化は、施設量削減の手法として多くの自治体で採用されている方法である。複合化の目的は必ずしも施設量、すなわち床面積の削減だけではないが、自治体内で議論をしていると必ず話題にでるほど一般的な考え方である。では、複合化すれば、実際に施設の床面積が減るかといえば、必ずしもそうではない。もとの施設が古く、時代の要請に機能が対応していないような場合、複合化による新築の機会に必要面積が増えるということは珍しくないし、さまざまな要望に対応しているうちにいつのまにか床面積が大きくなってしまうということもある。複合化により床面積が減るはずだとする理由は、共通で使える部分があるので、個別に施設を作る場合よりは面積が減らせるはずという考えに基づいているが、その効果は、実はあまり期待できないということになる。共通で使える部分というのは、例えば、廊下や階段、トイレ等であるが、全体の面積の中でこれらが占める割合はさほど大きくない。また、施設の機能によっては、通路やトイレを共用とすることが難しい場合もあり、複合化により床面積が減らせるという可能性はそれほど高くないと思われる。むしろ複合化のメリットは、管理の一元化により必要な人員が減らせるというところにあると考えら

28　第1編　実践・公共施設マネジメント

れるが、実際には、管理は相変わらず縦割りのままという事例が少なくないように思われる。つまり個別に存在した施設をくっつけただけという複合施設が実際には多いのではないか。したがって施設管理もそれぞれで行っており、必要な人員の数も元のままということになっているようである。これではコスト削減につながる要因はほとんどないということになる。

　結局はハードの部分で複合化しても、削減できるコストがどの程度になるかは評価が難しいことになる。むしろ複合化の効果はソフトの部分、すなわち、人件費を含めた運営にかかわる費用がどこまで削減できるかという視点から考えるべきであろう。縦割りの組織のままで施設の複合化をしたとしても、離れていた施設をただくっつけただけというのでは、ほとんどコスト削減の効果は期待できない。縦割りを超えた施設運用の一元化がなければ意味がないと思われる。

　しかしながら、施設利用の効率化という点で、学校プールの扱いに新しい動きがある。これまで小中学校（高等学校も）では、各校でプールを備えるというのは自明のことであった。しかしながらプールという施設は、使用期間が７月から８月のごく一部の時期に限られる割には、水道料金をはじめとして維持費用が掛かる存在である。また敷地に余裕がない場合には、設置に苦労する施設でもある。最近、一部の自治体でこのプールを各学校で持つことをやめて、水泳の授業を外部の施設、すなわち一般向けのプール等で実施するということが試みられている。一言でいえば、学校の授業の外部化であり、それによって施設の廃止が可能になるということであるが、こうした発想の転換により施設の保有が不要になるということは、大いに注目すべきである。プールを含めた学校施設について述べると、学校は教育に必要なあらゆる機能を自前で揃えるという考え方で施設が整備されてきた。プールはその典型例であるが、教育に必要な機能を別の施設と共用するという発想に立てば、施設のあり方は大きく変わると思われる。例えば、学校の図書室を公共図書館で代替すればどうであろうか。学校の図書室を廃止して児童・生徒に公共図書館を利用させることは難しいと思われるが、学校の中に公共の図書館を作れば、実現は容易である。実際にそのような整備をしている自治

第1章　公共施設のこれまでとこれから　29

体も存在するが、「学校施設の内側に一般市民が入るのは好ましくない」という意見もあるのは事実である。ただし、こうした意見は思い込みによっている部分も少なくないので、公共サービスのあり方について、発想を新たにして検討を行うことが重要であると考える。発想を少し変えるだけで、施設を効率的に利用できる可能性は非常に大きい。

　最後に触れておきたいのは、居住場所の集約化、すなわちコンパクトシティ化（「立地適正化」と呼ばれている）である。これは建物としての公共施設の問題というより、道路や上下水道といったインフラの問題である。道路、橋梁、上下水道といったインフラは、生活には不可欠の存在であり、その老朽化や維持更新に伴う費用の増大量は、おそらく建物としての公共施設の比ではない。居住地域のスポンジ化、すなわち居住密度が徐々に低下していくという問題は、建物としての公共施設以上に深刻である。居住地域のスポンジ化が懸念される点の1つには、インフラの総量は変化しないままで、その維持費用を負担するべき住民が減少していくということがある。インフラがカバーしている面積が同じで、そこに居住している住民が半減すれば、インフラの維持費用負担は住民にとって二倍になるはずである。それが許容範囲であるかどうかは、それぞれの事情によるが、少なくとも住民にとって好ましいことではないとはいえるであろう。

　そこで提唱されているのが、集住化すなわちコンパクトシティの推進である。単純にいえば、人口密度を維持するために分散して住むのではなく、集まって住もうというのがコンパクトシティの考え方である。もしインフラに期待しない生活様式が形成できるなら（例えば、戦前の地方での生活様式のように）、居住地域をコンパクト化していく必要はないが、それを選択しないのであれば、インフラの維持が困難となり、コンパクト化に向かわざるを得なくなると思われる。居住の権利という言い方が適切かどうかはわからないが、自分の住みたいところに住む権利は誰にでもあるので、それを否定して居住場所を変えろということは誰も強いることはできない。ただ、そのような居住への要求に対して行政が従来のようなインフラを提供するしかないかと問われると、そこには発想の転換の余地があるように考えられる。例えば、電力は太陽光発電

30　　第1編　実践・公共施設マネジメント

等が一般化しており、そこに蓄電池を組み合わせれば、電力会社の電力線が引き込まれていなくても生活は可能である。また、上下水道は、井戸水や天水の利用、浄化槽の利用でまかなえるように思われるし、過去にはなかった飲料水の精製や下水処理の技術も利用可能であろう。

　話は違うが、よく分譲集合住宅（マンション）で、エレベーターの維持管理や修理の費用負担が問題になることがある。具体的には、一階の住人が、「自分はエレベーターを使わないので、そうした費用を負担する義務はない」というクレームを出すことがある。これはインフラに対する住民の負担についての気持ちを反映している話であると思われるが、マンションの場合は、原則的にはエレベーターは住民全体の財産なので、そこに掛かる費用は住民全体で負担するべきということで、一階の住人を説得することになっている。公共インフラの場合にももちろん、こうした説得の仕方はあり得るが、むしろ「一階が空いているからエレベーターの（助けが）必要な人は、エレベーターがいらない一階に引っ越してください」というのが、インフラの維持管理では必要な説得のように思われる。いうまでもなく、長年住み慣れた場所から今日明日に引っ越してくれといわれれば、住んでいる人間は反発するのが当然である。しかしながら、世代の交代という目で見ていくと、辺鄙な地域に住み慣れた人たちはいずれ世間からは退出されて、その子孫はそこに戻る可能性が大きくないとすれば、世代交代の中で居住地域の集約化は、ほとんど摩擦を生じることなく実現していくように思われる。コンパクトシティの実現にはあせりは禁物であり、時間の流れの中で人の動きを誘導していく方針を明確にすることがまず必要であろう。

第1章　公共施設のこれまでとこれから　31

第2章 施設マネジメントの考え方

1 施設のマネジメントとは

　建築を学ぶ学生にとって、新しい建物を設計、あるいは施工するということは非常に魅力的に感じられるが、建物が竣工した後の維持管理となると、そこに積極的な意義を見いだす人は少ないように思われる。これは日本の建築教育の方法にも問題があるかもしれないが、何より建物の維持管理という仕事は、受け身で地味なものという印象が一般化しているためであろう。

　敗戦直後の日本は何もかもが不足しており、高度成長期が終わるまでは建物についても新築需要が非常に大きかった。建築関係者は新しい建物の設計と施工に追われて、竣工後の建物がどうなっているかまで考える時間がなかったのである。そのような状況で、「古くなれば建て替えればよい」という気分が蔓延していたことは先にも述べたとおりである。使用者に対しては、多少汚くてもあるいは少しばかり不便でも、なんとか我慢してもらうということが当然のように思われていたといってよい。そのような状況では、建物の維持管理とは、清掃と故障個所の修繕が主であり、利用者からのクレームに対応するのが担当者の仕事であるというような受け止め方がされていた。その背景には、建物は30年で使い捨てという「常識」があったことはいうまでもない。

　維持管理の軽視傾向はその費用配分にも現れていた。建物の維持管理にどの程度の費用が掛けられているかを示す公表資料は、ほとんど存在しないのが現状であるが、民間に比べて公共施設に掛けられている費用はかなり少ないというのが、関係者の間では定説のようになっている。例えば、公立の学校施設では1㎡あたりの年間維持管理費（清掃や水光熱費等であり、人件費は含まない）は2000円から3000円というところが多い。他方、民間のオフィスビルなどでは、それが、7000円から1万円程度といわれている。それぞれの建物に求められる機能が異なると

いうこともあるが、この差はかなり大きいように思われる。かつて、英国の大学を訪問した際に、経験則として、年間の維持管理費用は建物の復成価格（再建築費）の1.5%という話を聞いたことがある。仮に現在の学校施設の新築価格を1㎡あたり30万円とすると、維持管理には1㎡あたり年間4500円が必要という計算になるが、先に述べた数値はこれよりもずっと低いということになる。オフィスビルの新築価格を1㎡あたり40万円から50万円とすると、維持管理費は6000円から7500円ということになり、ほぼ経験則と符合することになる。

　このような以前の維持管理のイメージを引きずったままでは、公共施設を長期にわたって良好な状態で使い続けるということはできにくい。そこで施設マネジメントという概念を導入し、積極的な施設経営を行おうという動きが出てきている。受け身の「維持管理」から積極的な「施設マネジメント」への転換ということである。筆者は、施設マネジメントの特徴はその計画性にあると考える。誰かから言われたら、あるいは壊れたら直すというだけでなく、将来を見据えて施設にどう手を加えるべきかを計画し、その計画に従って行動するというのが、施設マネジメントの基本であるということである。そこでは単に清掃や修繕だけでなく、施設の改善ということも視野に含まれる。利用者のクレームに対応するというだけではなく、積極的に利用者の満足度を高めるということも考えていくことになる。

　計画を立てて実行するためには、組織内でそれが可能となるような権限と予算の裏付けが必要になるが、残念ながら、わが国ではそのような権限をもつポストを設けている組織は非常に少ないのが現状で、担当者は総務関係の一職員というような事例がまだまだ多い。

2　マネジメントのレベルと内容

　施設マネジメントとひとくちにいっても、何を対象にするかでいくつかの階層に分けることができる。最も基本的なものが建物本体、より細かくいえば、建物の屋根や外壁、壁、床などの部位や、給排水、照明、

換気、冷暖房などの設備を対象とするメンテナンスである。これらは鉄道や自動車の整備などと同様に、利用者の安全を確保し不便を感じさせないために不可欠なものである。従来から建物の日常的な維持管理として行われている内容と同様と考えてよい。こうした内容のマネジメントはビルディング・マネジメント（BM）と呼ばれることが多い。

　建物全体、あるいは1つの施設全体を対象として行われるのが、ファシリティマネジメント（FM）である。日常的な維持管理の実施計画の策定や、実施状況の管理、室内環境の調整など利用者の満足度を向上させること、施設全体の中規模、あるいは大規模な修繕計画の策定、さらには、用途変更を含めた改修計画の策定などがマネジメントの範囲となる。なお、FM に関しては後ほど改めて論じることとする。

　最後に組織が保有する施設群や建物群の全体についてマネジメントする立場が考えられる。これをアセット・マネジメント（AM）と呼ぶことがある。施設の新設や増設、あるいは不要な施設の処分などについて、財政状況を勘案しつつ決定していくマネジメントである。このマネジメントは組織の経営に直結するものであり、きわめて高度な経営的判断が必要となるため、本来は経営層が実行責任を持つべきものである。

　以上、簡単に施設のマネジメントに関する3つのレベルを述べたが、これらの違いを明確に意識しないままで公共施設の将来をどうするかという議論が進められているため、いささかの混乱を招いているように思われる。例えば、建築の専門的能力は、BM である日常の維持管理について、何を実施するべきかを判断する際には不可欠なものであるが、AM のレベルで施設の売却か転用かを判断する際にはさほど重要ではなく、むしろ組織活動の将来の見通しや財政的判断、あるいは政治的な判断能力が重要となるであろう。現場で苦労している営繕担当の技術職員にとって、施設群全体の将来像を想定せよと言われても畑が違うということになるはずである。組織の中で誰が何に対して判断能力があり、責任を持つべきかということをはっきりと認識しておく必要がある。

3 ファシリティマネジメントとは何か

(1)ファシリティマネジメントの概念

　ファシリティマネジメント（FM）を一言でいうとすれば、「施設、あるいは建物を道具としていかに使いこなすかを考え、実践すること」となろう。建物を含む不動産については、わが国では、とかくその金銭的な価値に注目することが多いが、FMはその使用価値に注目して維持・改善に取り組むものといえる。したがってFMには、先に述べたBMやAMの概念も含まれるとするのが一般的であるが、その概念そのものが、わが国ではまだ十分に認識されているとはいいがたいところがある。

(2)　ファシリティマネジメントの進展

　ここでFMの歴史的側面に簡単に触れておきたい。ファシリティマネジメントの発祥はアメリカとされるが、建物の維持管理という行為自体は、古くから行われてきたのはいうまでもない。戦時中に海外に基地を持つアメリカ海軍が、バラバラだった基地施設の管理状況を揃える必要から始まったのがFMであるという話があり、起源の1つではあるように思われる。

　諸技術の発達で建物にさまざまな設備機器が導入されるようになると、それらの維持管理について高度な技術が求められるようになり、専門家の養成が必要になってきた。さらに、働く環境としてのオフィス空間の改善が必要であるとするという動きが加わり、FMを財務や人事といった企業を支える活動に並ぶ一分野として発展させてきたというのが、FMについての大雑把な経緯のようである。

　FMの概念はわが国には約30年前に導入された。わが国における代表的な組織である日本ファシリティマネジメント協会（JFMA）の設立がその契機といえるが、それが1987年であった。JFMAの設立にあたっては、アメリカのファシリティマネジメント協会（IFMA）の影響を大きく受けているが、そのIFMAの設立は1980年である。

第2章　施設マネジメントの考え方　35

本家の IFMA の歴史をホームページから要約して引用すると次のようになる。

　「1970 年代の初めに、システム家具やコンピュータの端末がオフィスに導入され、FM の導入が容易になったが、次第に仕事の環境をどう管理するかの方針が求められるようになった。当時はオフィス環境のマネジメントに関する情報提供を行う組織がなく、ある会議をきっかけに、IFMA の 3 名の設立者が集まった。1980 年 10 月に前身である National Facility Management Association が設立されるが、参加者は 47 名であった。翌年、カナダからのメンバー参加により名称を International Facility Management Association に変更した。1990 年代以降、メンバーは 2 万 4000 名を超え 94 カ国に拡大して、FM の専門的な職能の推進を行っている。」

　以上からわかることは、IFMA はもともとオフィス環境の管理や改善を目的とするマネジメントを志向しているということである。これは JFMA にも受け継がれており、オフィス環境（最近はワークプレイスという）の改善は、JFMA の活動における大きな柱となっている。

　アメリカには FM に関連する団体がいくつも存在するが、その中に大学の施設担当のトップ達の集まりから出発した APPA という団体がある。現在では、大学等の高等教育機関で働く設備管理技術者などへの教育や研修の事業を行っており、情報発信も多い。1989 年に出版された「崩れゆくアメリカのキャンパス―動き始めた時限爆弾（*The Decaying American Campus. A Ticking Time Bomb*）」という書籍は、大学施設の管理不全について警鐘を鳴らして世間の関心を集めたことで知られている。以下に APPA のホームページ（https://www.appa.org/our-story）から、組織の宣伝紹介の文章を意訳して引用しておく。

　「APPA は、ひとりひとりのファシリティ専門家をすぐれたマネージャーやリーダーに変身させます。そしてメンバーである高等教育機関を、もっと魅力的で学ぶもののためになる学習環境に変えます。そしてそれが学校の知名度を向上させ、学生や教職員の募集や定着に直接的な効果を及ぼすことになります。」

　また、APPA という略称は、もともと 1969 年に改称された Association

of Physical Plant Administrators（「設備管理責任者の協会」という意味）
に由来しているが、現在では略称のみが一般に通用しているようである。
設立以来の名称の変遷を以下に示すが、出発は高等教育機関の施設担当
責任者の集まりであったものが、設備系に重点が移り、さらに最近では
教育施設のファシリティというように対象が拡大していることがわか
る。

1914｜Association of Superintendents of Buildings and Grounds of Universities and Colleges

1948｜Association of Physical Plant Administrators of Universities and Colleges

1954｜National Association of Physical Plant Administrators of Universities and Colleges（NAPPA）

1969｜Association of Physical Plant Administrators（APPA）

1991｜APPA : The Association of Higher Education Facilities Officers

2007｜APPA : Leadership in Educational Facilities

IFMA がワークプレイスへの関心から出発しているのに対して、
APPA は建物や設備といったハード側面から出発していることが特徴
的である。公共施設のマネジメントの中で建物の長寿命化という目的に
対しては、むしろ APPA の取り組みが参考になるように思われる。

⑶　わが国におけるファシリティマネジメント

わが国における FM とは何かを述べるにあたって、まず JFMA によ
る FM の解説を 2018 年時点のホームページ（http://www.jfma.or.jp/）
の記載内容から引用する。なお、FM の定義はさまざま存在し、これが
唯一無二ということではない。

「ファシリティマネジメント（FM）とは、アメリカで生まれた新し
い経営管理方式です。公益社団法人 日本ファシリティマネジメント協
会（JFMA）においては、FM を『企業・団体等が保有又は使用する全

第2章　施設マネジメントの考え方　37

施設資産及びそれらの利用環境を経営戦略的視点から総合的かつ統括的に企画、管理、活用する経営活動』と定義しており、単に手法という範疇から、より広くFMを経営的視点に立った総合的な活動として捉えています。これは現時点での日本を代表するFMの定義といえます。」

補足として以下のような説明が続く。

「1　業務用不動産（土地、建物、構築物、設備等）すべてを経営にとって最適な状態（コスト最小、効果最大）で保有し、賃借し、使用し、運営し、維持するための総合的な経営管理活動です。

2　伝統的な施設管理（管財、営繕）との違いは、次のような諸点です。
　　1）維持、保全のみでなく「より良いあり方」を追求します。（略）
　　2）FMの活動の方法として、情報技術をはじめFM固有および支援の技術・手法を活用します。
　　3）FMは、下記の3つの面から現実的に対応できる総合的な経営管理活動です。
　　　①　経営にとって全ファシリティの全体的な最適のあり方を追求する経営戦略的な面
　　　②　各個の設備の最適な状態への改善など管理的な面
　　　③　日常の清掃、保全、修繕等への計画的・科学的な方法の採用など日常業務的な面
　　（中略）

3　（略）

4　（略）

5　FMの活用分野は、企業はもとより病院、学校、官公庁その他すべての事業体です。

6　（略）」

なお2　3）の①は先に述べたAM、同じく③はBMを表しているものと考えられる。

　以上からわかるように、JFMAは、FMとは「企業、団体等が組織活動のために施設とその環境を総合的に企画、管理、活用する経営活動」としている。また『総解説　ファシリティマネジメント』では「FMは、

経営者のファシリティに対する経営責任を代行するマネジメントそのものである。すなわち、ファシリティをいかに効率的に活用し最大の効用をもたらすかということである。これに携わる人たちをファシリティマネジャーという」「FM は経営戦略の中の機能戦略のひとつとして位置づけされ、経営目的・目標の達成をファシリティの面から支援することが基本的なねらいである」などの記述も見られる。

　一方、本家の IFMA では、"Facility management is a profession that encompasses multiple disciplines to ensure functionality of the built environment by integrating people, place, process and technology."（2018 年時点）とある。意訳すれば「FM は、人・場所・仕事のしかた・技術を統合して居住環境の機能を確保するための多くの技能を包括する職能である」ということになろうか。なお「人・場所・仕事のしかた」は people, place, process であり、3 P として IFMA が FM の概念を説明する際によく使われる。

　JFMA では FM とは「活動」であるのに対し、IFMA では「職能（Profession）」であることが大きく違う。職能という言葉は耳慣れないかもしれないが、医者や弁護士のような高度の知識と専門性を要求される職業を指す言葉である。建築の世界でいえば、建築家（Architect）が代表的な職能である。

　このように日米で FM の定義が微妙に異なるのは、アメリカでは FM を行う組織がすでに存在し、ファシリティマネジャーという職能が確立されているのに対して、わが国では FM というもの自体の認知度がまだまだ低いということがある。アメリカのファシリティマネジメントは、財務や人事と並ぶ企業（組織）活動の 1 つという認識が確立されており、ファシリティマネジャーは組織のトップ（社長や CEO）に次ぐポジション（副社長や部長クラス）を与えられている場合もある。この違いには欧米と日本の職業キャリアの考え方の相違が影響しているように思われる。わが国ではある組織（企業や官庁）に就職すると、その組織の中でさまざまな仕事（部署）を経験して、その組織内での地位を上げていくというキャリアパスが一般的であるが、欧米では自分の専門技術を身につけて、組織を移動することでキャリアアップを図るというケースが多

第 2 章　施設マネジメントの考え方　39

い。FM そのものはまだ歴史が浅く、職能としても比較的新しい存在であるが、欧米では組織内で人材を養成する必要がないので、FM 専門家が活躍する場が容易に作れるのに対して、わが国では組織の中にまず FM 担当の組織が確立されていない限り、組織で人材が養成されることは稀である。また大学などで専門家を養成したとしても、現状では活躍する場が組織の中にはないことになる。また財務や人事などの分野と異なり、FM には建築や設備に関連する技術知識が求められるので、日本の組織の中でキャリアパスの一部に組み込むにはかなり異質な存在になるという側面がある。

　わが国に紹介される FM の文献は、その多くがアメリカで出版されたものに準拠していると思われるが、アメリカの文献では企業や大学等には FM を担う組織が存在し、そこにリーダーたるべき人物のポジションがあるということが前提になっている。それゆえに「FM のリーダーは何をなすべきか」とか、「組織運営を改善するために PDCA サイクルを動かす必要がある」というような記述が多く見られることになる。しかしながら FM そのものの認識が低いわが国では、内容が高度すぎて、とりあえずの実践の参考にはなりにくいということになる。「サッカーとはボールを蹴るスポーツである」という程度の知識しかない人がまずサッカーを始めてみようというときに、ミッドフィルダーはこう動くべきとか、パスまわしの方法はこうするべきというような高度に専門的な解説がほとんど意味をなさないことと同じである。

　JFMA が FM を「第四の経営資源」、すなわち財務・ICT（情報通信技術）・人事と並ぶ経営活動の大事な一部であると主張しているのは、まずは FM を企業活動の中に定着させようという意図があるものと思われる。

⑷　ファシリティマネジメントは何をするのか

　先に施設マネジメントには、3 つのレベル、すなわち FM のほかに、BM や AM があると述べたが、FM の専門家の間ではこれらすべてを含めたものが FM であるとする考え方が一般的である。しかしながらわが国では、FM を包括的に担う部署が組織内ではほとんど見られないこ

とから、業務をレベル分けして論じるほうが分かりやすいように思われる。したがってこれ以降は、FM と BM・AM を分離して考えることとする。なおこの考え方は、不動産証券化に伴う REIT（不動産投資信託）における投資用不動産の運用体制を参考にしている。REIT では運用体制を投資家に対して分かりやすいものにしていくことが法律で求められている。そのため、不動産（ビルなど）の所有者は SPC（特定目的会社）という名目だけの組織とし、不動産の運用管理を AM，PM（プロパティマネジメント。ここでいう FM とほぼ同様），BM の重層構造に分離して行うこととなっている。こうすることにより、それぞれのレベルでの業務内容がクリアになり、コストも明示されるという利点がある。なお AM，FM，BM の役割については、先に説明したとおりである。

　わが国におけるファシリティマネジメントの全貌については、JFMA による『公式ガイドファシリティマネジメント』（FM 推進協議会編、日本経済新聞出版、2018 年、以下「公式ガイド」という）が最も優れた書籍の 1 つである。ここで述べられているのは、本書でいう AM や BM の概念を包含した広義の FM であるが、その記述を参照しつつ、本書の FM（狭義の FM といえる）、すなわち公共施設マネジメントにおける FM について述べていきたい。

　① **BM と FM**
　狭義の FM は、公式ガイドでは運営維持という章で記述されている内容に近い。運営維持は、大きく「運用・サービス」と「維持保全」に分けられており、その中の標準業務は以下のように示されている。

・運用・サービス
　　設備・エネルギー・安全の運用管理
　　ワークプレイスの運用管理
　　業務支援サービス
　　生活支援サービス
・維持保全
　　点検・保守

保全（修繕・改修）

　これらの業務をさらに細かく見ていくと、施設の運用や維持保全の現場で必要な日常的作業が含まれていることが分かる。具体的には以下のようなものがある。

・施設の清掃・点検
・設備運転・点検
・小破修繕
・警備・受け付け・郵便物処理・ごみ処理・公用車管理等
・ペストコントロール
・災害時の緊急対応

　かつてはこうした作業を内部の職員が行っていた時代もあったが、現在ではほとんどを外部の業者に委託するのが一般的であり、本書ではBMに分類している。FM側の仕事としては、BMの外部委託についての発注や契約、作業のスケジュール管理、作業結果の確認や評価などである。これらは毎年ほぼ同じような内容で繰り返されることが多く、業者に対しては「例年どおりで」といって済ませてしまう場合もあるが、担当者が替わったり予算の見直しがあったりすると、混乱を生じる可能性がある。またFMの立場からは業務の発注方法や業務内容の見直し、スケジュールの見直しは、1年間の実施結果の評価等を踏まえて常に行う必要がある。従来の公共施設においては、こうした検討がなされないままであったため、予算の無駄遣いに気づかないとか、必要な作業が行われていないために施設の劣化が進むなどの状況がみられる場合も少なからずあった。今後、施設の長寿命化を考える場合には非常に重要な部分といえる。
　公式ガイドで述べられているワークプレイス関連の業務や各種の支援サービスは、当然ながらFMの重要な業務であるが、公共施設のマネジメントにおいては、当面の優先順位は低いと見なさざるを得ない。公共施設には庁舎も含まれ、当然ながら職員を含めてそこで働いている人

42　　第1編　実践・公共施設マネジメント

は多い。そういう人々が働きやすい環境を作るということは民間企業であれ公官庁であれ、その必要性に変わりはない。しかしながら公共施設が抱える問題の解決という視点からは、こうした業務についての検討は次元が違うと考えざるを得ず、本書では深くは触れないこととする。

　以上をまとめると、維持保全における FM の役割は BM を管理することといえる。また公式ガイド等には触れられていないが、維持保全に関わる情報の管理と分析は、FM の役割の 1 つである。BM を実施している業者は、情報の提供については義務があり、また実行もされているが、情報の集積や分析については発注者側に対しての義務はない。維持保全の情報については、これまで現場では重要視されることはほとんどなかったといえるが、マネジメントにおいて情報は非常に重要である。

　BM の役割は日常的な維持保全業務、すなわち、毎年繰り返される定常的な業務といえるが、単年度を超える中長期で実施される事案はすべて FM の業務と考えてよい。具体的には長期の修繕計画の策定や実施、原状復帰を目的とする修繕のレベルを超えた、改修の立案と実行などである。特に長寿命化を考える場合には、こうした業務を担う体制を明確にして、一定程度の権限と予算を付与しておくことが必須である。

②　AM と FM

　ファシリティマネジャーが組織のナンバー 2 のポジションを占める欧米の企業などでは、ファシリティ自体の増減、すなわち新規の施設を建設することや不要な不動産を処分することなども FM の業務に含まれる。しかしながら、こうした業務では多額の資金移動が発生し、また企業の経営方針などとも密接に関係するため、BM に重心を置いた FM の体制では対応は不可能である。欧米流の FM 組織であれば、ファシリティマネジャーが不動産の取得や処分についての判断をすることも可能と思われるが、わが国の公共団体では今のところ、そうした状況はあり得ないといわざるを得ない。そのために、本書ではこの部分を AM とし、FM とは区分して考えるようにしている。

　AM すなわちアセットマネジメントは、保有する不動産の全体像を把握して FM の管理状況をコントロールするほか、長期的な視野に立っ

第 2 章　施設マネジメントの考え方　43

て個別の不動産の取得や売却を検討し実行する行為である。保有する施設の全体像を把握するには、個々の施設についての情報が不可欠になる。その情報はFMからAMに提供されるのが筋である。不動産投資信託事業においては事業運用の核心ともいえる部分で、諸々の情報を総合して高度な判断を行う能力が要求される業務といえる。なお土木の分野でも、「アセットマネジメント」という用語が使用されているが、これは建築分野でいうFMとほぼ同義であると考えられる。

　わが国の公共施設の最大の課題は、現在ある余剰施設をどうするかということに尽きるといってよい。民間企業であれば、ある施設が余剰であると判断されれば、それを売却するか用途の変更などで使い続けるかの判断は企業の内部で完結する。公共施設の場合は、それが本来は住民のためのものであることから、民間企業のようなわけにはいかない。住民の納得を得ながら余剰施設の処理方法を策定しなくてはいけないというところに、FMの教科書には書かれることのない困難が存在する。

　施設量の縮減をせざるを得ない場合に、どの施設を削減対象とするかは非常に悩ましい判断となる。FMのセオリーからすると、公共施設は公共サービスを提供するためのものであるから、公共サービスの必要度を判断して、不要とされるサービスに付随する施設を廃止すればよいということになるであろう。しかしながら、どのサービスが必要かあるいは不要かという判断は、住民それぞれの事情で異なってくるため、簡単には決められないということになりがちである。それぞれの公共施設について受益者市民と負担者市民が存在する。すなわち、その施設を（無料か格安で）利用している人たちが受益者市民であり、利用者として施設の廃止には反対という声をあげる人たちが含まれている。他方の負担者市民は、施設運営に関わる税負担をしているものの、その意識が希薄か皆無であり、かつ施設の恩恵を全く受けていない人たちを指す。施設の統廃合を決定しようとする際には、受益者市民の中で「反対」の声の大きな人たちの存在が懸念されて事業が進展しないケースが多い。専制国家ならばいざ知らず、わが国ではこうした声を無視して事業をすすめることは道義的に許されないことであり、いかに反対の声を説得していくかという点に事業推進の鍵があることはいうまでもない。こうした作

業には、BM を管理する FM 担当者の能力とは全く別の能力が必要である。おなじ FM の括りだからというだけでは済まないものであることは十分に理解しておく必要がある。

　施設の統廃合を含めた AM の業務には、政治的なものも含めて高度な判断能力を求められる。ここで強調したいことは、AM については BM とは全く次元が異なるものであり、その推進のためには権限をもって高度な判断と決定が可能な体制を構築しておく必要があるということである。

⑸　ファシリティマネジメントの評価－財務・供給・品質

　企業経営が売上高や利益率などで評価されるように、FM についても適切に行われているかどうかをなんらかの形で評価する必要があるが、既往文献などでは FM を財務・供給・品質で評価することが各所で述べられている。この 3 つの評価軸は同時に FM の目標でもある。既往文献では記述が広範にわたっているので、ここでは筆者の理解する範囲で簡潔に説明を試みたい。

　財務・供給・品質というとやや堅苦しい印象であるが、もっと単純にいいかえるとすれば、財務とはお金すなわちコストであり、供給はスペースあるいは執務空間などの量、品質は提供されるスペースの質、すなわちクオリティであると考えてよい。国立大学が国立大学法人へ移行するに際して施設マネジメントの導入が図られたが、その際にはクオリティマネジメント・スペースマネジメント・コストマネジメントという視点で目標の整理が行われている（「知の拠点―大学の戦略的施設マネジメント」今後の国立大学等施設の整備充実に関する調査研究協力者会議、平成 15 年 8 月）。

　まず財務、すなわち施設の維持管理等に要するコストであるが、これは一般的にはできるだけ低くすることが目標となる。次の供給、すなわちスペースは、利用者にとって必要十分な量（広さ）であることが求められる。狭すぎるのはもちろんのこと、広すぎることも利用者にとっては困る場合がある。品質、すなわち提供されるスペースの質は、一般的には使用者の満足度が高くなることが求められるが、逆に用途によって

品質は低くてもよいという場合も考えられる。

　これら３つは互いに無関係に存在するわけではなく、むしろ密接に関係している。供給、すなわちスペースを十分に確保しようとすればそれだけコストが掛かるし、また執務空間の質を上げればやはりコストが増加することになる。ではコストを増やさないという条件があるとすれば、スペースを増やすこととクオリティを上げることは同時には行えず、むしろ一方を上げれば他方を下げざるを得ないという相反の課題になる。FMとしては、スペース確保を優先してクオリティを下げるか、クオリティを優先してスペースを削減するかの選択を迫られることになる。こうしたバランスの調整を求められることが、そもそもFMがマネジメントたる所以である。以下に、ある企業の職場環境（ワークスペース）についてのFMを想定して、各項目についてもう少し詳しく見ていくことにしたい。

　まず供給、すなわち働く場所としてのスペース量の確保についてである。何か仕事をするのにどのくらいの事務室、あるいは作業スペースの面積が必要かということは、仕事の内容によって異なるものであるが、それぞれの企業によって概ね、経験的に理解されているはずである。ある企業では、これまでの経験からワーカー一人当たりの必要面積が12㎡であると分かっているものとする。このスペースには、机や椅子を置く面積に加えて、書類の保管場所や通路、休憩スペースの面積なども含まれている。新たに100人のワーカーのための仕事場が必要になったとすれば、供給としては1200㎡のオフィス空間が必要になる。またそのスペースを確保するための費用（例えば賃料など）が発生するが、それは当然ながら財務面に影響を与えることになる。

　また、確保されるべきワークスペースの質も重要である。天井が低くて窓が少なく、夏は暑くて冬は寒いという居心地のよくない空間もあれば、逆に天井が高くて眺望がよく、年間を通して快適な環境を維持している空間もあるが、どちらが働くものにとってよい空間であるかはいうまでもない。質の高い空間は賃料も高く、また、空調等を完備すればその設置費用や運転費用（ランニングコスト）も必要であるので、財務に負担が掛かることになる。ワークスペースの環境をどう作るかについて

46　　第1編　実践・公共施設マネジメント

は、企業の経営層の考え方が大きく影響する。必要なスペースさえ確保されていれば十分で、コストはできるだけ低く抑えるべきとする考え方もあれば、コストを惜しまずにワークスペースを快適な環境として提供してワーカーのモチベーションを上げ、新たなアイデアも浮かびやすくすることで業績の向上につなげるという考え方もある。ファシリティマネジメントはそのあたりの方向を見定めながら、方針を決定していくことになる。

　スペース、コスト、クオリティの相互関係は以上のとおりであるが、時にはコストは抑えるがスペースもクオリティも確保すべしという方針が示されることもある。その場合、ありきたりの方法を適用しようとするだけでは、その方針は到底実現不能である。そこでイノベーション、あるいは発想の転換が必要になる。もし一人当たり12㎡のスペースが必要とされていたのを10㎡で済むようにできれば、100人のワークスペースの必要面積は200㎡減らすことが可能になり、その分コストの負担も減少することになる。例えば、一人一人に固定された作業環境（机と椅子と書類棚など）を与えていたのを、フリーアドレス方式（机等を個人に固定しないで、空いている場所で作業する方式）に変えると、外回りをしているワーカーの作業スペースは不要になるので、全体の面積を減らすことが可能になる。また、書類の保管方法を工夫することで、保管場所を削減できれば、それも必要スペースの節約となり、ワーカーの満足度を下げることなくスペース、ひいてはコストの削減が可能となるわけである。

　公共施設マネジメントに求められているものを財務・供給・品質という側面から考えると、概ね、次のような状況であるといえよう。まず財務の面では将来的にコスト総額の削減が必須となっている。少子化と人口減少による生産者人口の減少が国や自治体の財政に影を落としており、しかも扶助費の増大が予想される状況では、これはやむを得ないとしかいいようはない。供給については過去の経緯から、全体としてみた場合、現状は過剰であるといって間違いない。また、品質については、公共施設ではほとんど考慮されてこなかったといえるが、このままでよいのかという疑問は残る。要するに、財務面と供給面では削減が必至で

第2章　施設マネジメントの考え方　47

あるのに対し、品質面ではある程度の向上が必要ということになろう。

　個別施設に関する公共施設マネジメントの方針については、このことをまず念頭に置いて考えていく必要がある。大きな方向として、全体のコスト削減は必須であるが、個別の施設については品質確保の観点からのコスト削減は難しく、むしろこれまでの不足分を充実させる（利用者満足度を維持あるいは向上させていく）必要があると思われる。したがって削減するべきは供給であり、残すべきは残しながら、施設総量を削減していくしか方法はないということになる。

第3章 施設マネジメントの実践

　既存の公共施設をどうするかという場合の選択肢は2つしかない。1つは残して使い続けること、もう1つは統廃合するか用途廃止をして残った不動産を処分することである。前者を選択した場合、施設の長寿命化対策を行うということになる。

1 実行体制の構築

　施設マネジメントはファシリティマネジメント（FM）を中心として、その上位のアセットマネジメント（AM）と下位のビルディングマネジメント（BM）にレベル分けができると述べたが、このうち BM の実行についてはほぼ外部へ委託されるので、FM と AM を庁内でいかに実行していくかを考えればよい。理想の形は広義の FM を実行する体制が組織内に構築されることであるが、現状では諸事情から実現はそう簡単ではないといわざるを得ない。当面は余剰施設をどうするかという検討が中心になると思われるが、これは AM レベルの仕事であり、首長レベルに近い立場での検討チームを構成することが必要となる。これまで公共施設は、それぞれの担当部局が縦割りで管理してきたため、総論では削減に賛成していても、具体的な各論になると、担当部局から反対の声があがるという状況がしばしばみられた。施設量削減のためには、部局横断での検討が必要であり、高度な判断が求められることも多いので、その判断ができる人間が検討チームに参加していることが必要となる。ただし、検討チームは当面の方針が確定すれば、しばらくは必要なくなるので、プロジェクトチームのような形態でよいと思われる。

　使用を継続すると判断された施設は、できるだけ長期にわたって使用できるように維持管理が重要になる。いわゆる長寿命化の対象となる。これは FM の対象であり、できれば恒久的な FM 担当部署が存在する

ことが望ましい。BM の管理という業務は、当然ながら従来から存在していたが、多くの場合、その業務は、担当部署の総務ないし庶務関係の職員が個別に処理していたと思われる。このような場合には、BM の管理は総務系の多くの業務の1つに過ぎず、担当者の交代があっても情報が十分に引き継がれない懸念が残る。また発注内容を十分に精査しないまま「例年どおり」の方式を続けがちで、発注内容が不合理となっていても修正されないままで継続されていくという事態も考えられる。

こうしたことを改善するには、庁内に全施設を対象とした FM の専門部署が存在することが理想であるが、現実には組織変更が必要になるとか、適切な人材が得られないなどの理由で実現が難しい場合が多いと思われる。その際の解決策の1つとして考えられるのが、FM 業務のアウトソーシングである。これは、海外企業やわが国の一部の企業（外資系が多い）で実際に行われていることである。ただし委託を受けた側は、単に与えられた指示どおりに仕事をすればよいということにはならない。組織の基本的な運営方針に関わる判断を求められることがあるため、外部企業ではありながら、企業内の構成員のような振る舞いを求められることになる。そのためには、委託する側とされる側の信頼関係が重要であり、場合によっては権限を一部委譲することも必要になる。実際には自治体等において、現在の法律の範疇でこうしたことが可能かどうかは、十分に検討する必要がある。もし純粋の民間企業に委託することは難しいということであれば、公社や第三セクターの活用等を考慮する必要があろう。

2 施設量削減のプロセス

(1) プロセスの重要性

1970 年代に公共施設を大量建設していた時代には、それが迷惑施設でない限り、住民の反対を受けることはほとんどなかった。施設量の削減、すなわち施設の廃止ということになると、住民からの反対を心配して事業がなかなか進められないという自治体も多い。それが問題の先送

りにつながることが懸念されるが、先送りしたところでなんの解決にもならない。

　施設量削減の妙手があるわけではなく、推進する側も手さぐりの試行錯誤が続いているというのが現状であるが、まずは住民の理解を得ることが第一であることに異論はないであろう。住民を相手にするという場合に限らず、交渉事というのは決して容易ではない。利害関係が絡むとさまざまな思惑が入り交じり、駆け引きが重要になることも多い。しかしながらその一方で、嘘をつかないという信頼を得られれば相手の納得を得やすいということもある。施設量削減に際して、住民の合意を得るためには誠心誠意の説明と説得しかないであろう。反対の声をあげるのは一部の受益者住民であることが多い。当然ながら反対するにはそれなりの理由があり、当事者にとっては切実な事情があることも少なくない。その場合は代替サービスを提案するなど、自治体側に柔軟な発想が求められる。

　住民との話し合いの基本は、まず状況を客観的なデータを使ってきちんと理解してもらうこと、相手の思い込みや偏見を正してもらうこと、問題の解決策を一方的に押しつけないことなどであろう。それらを実行するために何をしていけばよいかということを以下で考えてみたい。

⑵　準備段階

　現状を変えようというときに、現状を正しく認識していないと誤った判断をする危険があるというのは、誰でもよく認識していることであろう。公共施設の総量削減という問題においても、この認識は例外ではない。施設白書の作成は、自らが保有する施設の全貌を把握しようとする行為であり、公共施設マネジメントの第一歩ともいえる。先にも述べたように、多くの自治体において公共施設はそれぞれの所管部局が管理しており、その全体像がなかなか把握できていないという事情がある。その弊害を超えようとするのが施設白書作成の大きな意味であり、全貌が明らかになれば、その後の議論も客観的に進めやすくなるはずである。

　これまで多くの自治体が施設白書を作成してきたが、そこに含まれる内容は一様ではない。施設白書という形でなくても、将来の議論に備え

第3章　施設マネジメントの実践　51

て必要と思われる施設情報をあげると、以下のようになる。

・建物の諸元
・各建物の運用コスト
・外部委託費
・エネルギーコスト（水光熱費）
・エネルギー使用量
・日常的修繕経費
・修繕・改修履歴
・利用率データ

　統廃合を含めて、施設量を削減する究極の目的は、財政負担の縮小である。すなわち財政が悪化していく予想のもとで、施設にかけなくてはいけない費用をいかに減らしていくかということが議論の核心となるはずである。そのためにはまず、施設運用に関係するすべてのコストを調べておく必要がある。例えば、施設を管理する職員の人件費については、これまで問題としている自治体は筆者が知る限りではごくわずかしか存在しないが、この部分についても明らかにしておくべきと考える。ただし、現在そこに配置されている職員の給与その他の人件費の実額を示す必要はなく、何人（正確にはひと月に何人・日かという人工数がよい）で表し、それに標準的な人件費を掛けて求めることになる。ただし、学校や保育園などそこで行われている事業に関わる人件費は含めない。あくまでも、施設の維持運用に直接関係する人件費という意味である。学校などでは教員に施設管理業務を依頼している場合が多いが、その際には施設の管理にどの程度時間を当てたかを調査し、それを人件費に換算して示すこととなる。
　こうしたデータの収集と分析は、AMレベルの仕事ではなく、FMレベルで行うべきものである。これまでの例では、施設白書の作成にあたって、「情報収集が大変だったので二度とやりたくない」という担当者の声が聞こえてくることもあったが、情報収集の仕組みが未熟なために担当者が苦労したというべきである。ICT（情報通信技術）による施

設情報収集の仕組みを構築し、施設白書はいつでも（さらにはどこでも）出せるというようにしていくことが重要である。

　必要な情報が完備していれば、例えば、延べ床面積1㎡あたりの運用コストが一番大きい施設はどれかとか、修繕費が多いのはどれかなどということが一目瞭然で理解できるようになる。そのためのデータ集計や説明用のプレゼンテーション資料の作成もFMレベルの仕事となる。

　また、運用コストを含む各施設の基本情報やコスト情報は、後に述べる長寿命化対象の施設、あるいは建物の運用においても非常に重要なものとなる。

(3)　削減候補の抽出

　まず、将来の財政水準を予測し、さらに他の諸費用の動向を予測しながら、施設に掛けられる費用の概算を予測しておくことが必要である。費用予測を精緻に行うことを求められる場合もあるが、多くの仮定を置いた予測とならざるを得ず、数値が円単位で細かく示されているとしても、数値自体の不確定性が大きくならざるを得ない。したがって将来予測は数値自体の細かさは重要ではなく、例えば、現状より1割減という程度で十分と考える。あるいは不確定要素を考慮するなら、1割から3割減というように幅で示すことでもよい。それが施設量の削減目標設定に連動することになる。

　多すぎる施設からどれを削減するかを考える際に、まず分かりやすいのは、機能が重複している施設を減らすという方法である。市町村合併で庁舎や議会棟が複数存在する自治体は珍しくないが、こうしたものは機能が重複している典型例である。また集会施設も機能の重複が多い施設である。さまざまな名目の補助金により、名称こそ色々ながら各部局で似たような施設を作ってきたという例も少なくない。住民からすれば、狭い地域に同じような施設がいくつも存在するということはすぐに分かるが、行政では担当部局が異なるためなかなか気がつかないとか、お互いが施設の必要性を主張して譲らないなどということが起こりがちである。

　機能が重複した施設を整理する場合は、住民の反対よりもこうした庁

第3章　施設マネジメントの実践　53

内の縦割り状況が障害になることが多い。AM においてトップレベルの判断が必要であると述べた背景には、こうした事情がある。

　不要機能や重複機能の洗い出しに際しては、まず部門横断的な検討が不可欠である。縦割りのままでそれぞれの部局が施設量削減の検討をするとしたら、減らせるはずのものも減らせなくなる可能性がある。また、過去の経緯や地域の事情を考慮せざるを得ないこともあるが、まずは予断を排して検討することが重要である。「○○先生の思い入れの強い施設だから、これは検討対象には入れないでおこう」などの忖度が入ると、話が進まなくなることは間違いない。忖度は、最後に政治的判断で検討すればよいとして、この段階ではあくまでも客観的に判断することを心得るべきである。

　次によくとられる方法に、先にも述べた合築等による異なる施設の複合化がある。複合化により、建物の共用部分（廊下やトイレ、機械室など）の面積が縮小できるというのが理由とされている。たしかにそうした効果はあると思われるが、施設の設計をよく検討しておかないと逆効果にもなりかねない面がある。例えば、冷暖房や換気のための空調設備を建物全体で一系統にするというのは、設計としては一般的であるが、施設によって使用時間帯が異なると、一部しか使っていない状況でも、空調設備は全館を対象に運転せざるを得ず、エネルギーの無駄遣いにつながるというようなことがある。また、あまり議論されることはないが、複数の施設を一体化するのであれば、施設の管理も一体化して効率をあげるべきである。複合化された場合でも、施設ごとにそれぞれ管理担当者がいるという事例は少なくないが、その人件費を考えると管理を一体化すればかなりの節約が可能と思われる。

　公共施設をなくすということは、住民にしてみれば、その施設で提供されていた公共サービスをなくすということと同じと受け止める人が少なくない。実はこうした意識が施設の統廃合に反対するということにつながっているケースも多いように思われる。あるいは、サービス提供の形態を変えることで、施設そのものが不要になる場合もある。サービス水準の低下を招くことなく施設量を削減するというのが基本方針となるべきであり、そのためには、さまざまなアイデア提供を求め、それらの

実現可能性を大胆に検討していくことが求められよう。以上のような方法が適用できない場合は、客観的なデータにしたがって削減対象に順位づけを行うことになる。そのために何を評価軸にして順位づけをするかということについては特に決まった方法はなく、地域の事情を考慮しつつそれぞれで決めるしかない。一般的な指標として利用できそうなものをあげると以下のようになろう。

・施設の利用率…当然ながら利用率の低いものは削減の対象となる
・売却や賃貸化の可能性…可能性の高いものは処分が比較的容易で収益も期待できる
・改修費用が過大なもの…改修費用が新築費用の7割を超えるようであれば建て替えた方がよいといわれている

　削減対象を選定すると同時に、今後も使い続ける長寿命化対策の対象とする施設や建物も同時に選定しておくとよい。こうした建物は削減対象候補からはずすことができるとともに、早期にFMの対象としてきちんと運営、および維持管理をしていくことが可能となる。使用を継続する施設や建物は、削減対象の裏返しといってよい。以下は選定条件の例である。

・機能の代替が困難なもの…地域社会にとっては不可欠であるが、民間では提供できないサービスに伴う施設
・用途変更のしやすいもの…用途変更により新たな使い道が開ける可能性が高い
・躯体の状況が良好なもの…躯体さえしっかりしていれば、内装や設備を入れ換えることで新築同様にすることができるし、用途変更もしやすい

　削減対象の施設を選定した後は、将来の施設関連費用がどうなるかをシミュレーション等により確認することが必要である。これにより最終的な施設削減目標にどのくらい近づけるかを評価することができるの

で、全体の削減計画の進め方の確認や修正につなげていくことが可能となる。

⑷　削減プロセス

　削減候補の中で市民の理解が得られやすい施設があれば、できるだけ早い機会にモデル事業として削減を実行するべきである。「削減」とはその施設を公共の資産からはずすということなので、内容は解体撤去に限らず、売却や普通財産化による用途変更であってもよい。これは行政が本気であることを住民に理解してもらうとともに、住民の無用な不安感を払拭するという効果が期待できる。同時に削減プロセスを進める上での庁内連携上の問題点なども明らかにすることができる。モデル事業をいくつか経験することで、さまざまな問題を解決することができれば、以後の施設削減プロセスを効率よく進めていくことが可能となる。

　なおモデル事業として実施することを決めたとしても、そこから実施までにはさまざまな手続きが必要になることは忘れてはならない。決定から実施までのプロセスとして、まず庁内の担当部署の了解を得ること、事業の予算を確保すること、施設廃止についての関係住民の了解を得ること、議会に説明をして同意を得ることなどがある。これらを順序を間違えずに確実に処理していくことは容易なことではない。誰が何をするのかということも含めて、事業実施の手順を関係者の間で確認し共有しておくことが重要である。

　モデル事業が成功し、施設削減へのプロセスが確認できたら、定常的な業務の中で施設削減を進めていくことになるが、進め方としては単年度での実施は無理があると思われるので、5年程度の中期計画として行うことになると想定される。改めてプロセスを確認すると、以下のようになると思われるが、個別の事情によって変化する可能性も大きい。

　・対象施設の選定
　・市民（特に受益者市民）への説明と了解の取り付け
　・施設廃止後の処分方法検討（解体、売却、貸付等）
　・予算案の作成

56　　第1編　実践・公共施設マネジメント

・議会への説明

・統廃合の実行

・廃止施設の後始末

・削減目標の確認、または修正

　最後の削減目標の確認は、いわゆる PDCA サイクルの中の C（チェック）に当たる部分である。施設マネジメントの立場からは、施設削減を含めて施設の再編が行われるたびに将来費用の推計を行って、削減目標からのずれがないかを確認しておくべきである。もし目標から大きくずれるようであれば、政策変更を含めた行政全体の将来計画を見直す必要を生じる可能性がある。

3　長寿命化の進め方

　削減対象とはせず長期に使用すると決定した施設は、長期使用のための対応、すなわち長寿命化を行うこととなる。この「長寿命化」について何をしたらいいか分からないという声を聞くことが多いが、簡単にいえば、建物をきちんと管理して使っていくということに尽きる。国土交通省による「インフラ長寿命化計画」をみてもそのことは明らかである。

　先に「公共建築 30 年使い捨て」ということを述べたが、これまでの公共施設の使い方は、自動車に例えれば、オイル交換もタイヤの空気圧点検もバッテリーのチェックもせず、燃料を補給するだけで埃まみれにして使い続けて、タイヤがパンクするかエンジンが不調になったら自動車を買い換えるというようなものであった。車検や定期点検は当然として、オイル交換などきちんとメンテナンスを加えていれば、10 万キロメートルを超えて、あるいは 10 年を超えても自動車はきちんと走ってくれるものである。自動車は効率のいいエンジンや、自動ブレーキなど新しい装備ができると、車自体を買い換えないとその恩恵にはあずかれないが、建物ならば改修が可能である。新しくて便利な設備に入れ換える、間仕切りも含めて建物の内部を変えるということはごく当たり前の

第3章　施設マネジメントの実践　57

こととして可能である。むしろこうしたことを行うという前提で対応策を考えていくことが、長寿命化を進める上での第一歩であるといってよい。

　建物をきちんと管理して使うための技術とは、まさにこれまで述べてきたFMそのものである。FMとBMについてはすでに述べたとおりであるが、改めて何をなすべきかを簡単にまとめると、以下のようになる。

・清掃の実施

　頻度や対象箇所は用途や利用頻度に応じて適宜設定するが、汚れた建物は利用者に嫌悪感を与え、建物自体を粗末に扱わせる誘因となる可能性がある。また汚れた環境はワークプレイスとしては最悪である。

・定期点検の実施と結果の活用

　建築基準法や官公庁施設の建設等に関する法律（官公法）では建物の検査・点検を義務づけている。すべての建物が対象というわけではないが、ある程度以上の規模のものであれば対象となっている可能性が高い。しかしながら実情は、必ずしも法律の規定が遵守されているとは限らない。また、点検等が行われていても結果がほとんど活用されていないという事例が散見される。点検等を確実に実施し、そこで指摘された事項をきちんと修正するだけで、メンテナンスの状況は相当に改善されるものと思われる。

・年に一度の自主点検と清掃

　建物には、普段は利用者が近づかない場所が多々存在する。その代表例が屋上である。危険防止のために通常は出入り口が施錠されているとか、梯子を使わないと昇ることができないなどで、結局は管理担当者も足を踏み入れたことがないという事例も多い。そのため排水口（ドレーン）に土が溜まったり、草が生えたりしたまま放置されている事例も少なくない。そうした状態の持続が、最終的に防水の劣化を招き、雨漏りにつながることが懸念される。

　こうした事例はみればわかることであるし、清掃も難しいことではない。年に一回見回りをして手を入れれば済むことなので、是非実行した

い。これを発展させると「ファシリティオーデット」ということになる。適切な日本語があるわけではないが、あえて訳せば、「施設監査」となろうか。これは APPA の文献で紹介されていたもので、FM 技術者が何人かで施設をめぐって状況を確認するというものである。その際に不具合部分をみつけたら、その部位や範囲、内容を記述し、修繕費用の概算を求めて記録しておくようにする。

・修　繕

　建物の一部が壊れることはよくあることである。窓の障子が開かないとか、ドアノブが壊れた、あるいはトイレの水が流れっぱなしになるなどはよく経験することである。こうした故障は、緊急性があれば（トイレ等）直ちに修理を依頼することになるが、緊急性がなければ放置されたままということも少なくない。犯罪学に「割れ窓理論」というものがある。これは、「建物の窓が壊れているのを放置すると、誰も注意を払っていないという象徴になり、やがて他の窓もまもなく全て壊される」（https://ja.wikipedia.org/wiki/「割れ窓理論」）という考え方であり、人間心理の一面をついたものである。建物全体についても同様で、どこかが壊れたまま放置されていると、利用者は建物を丁寧に使うべきだという気持ちを持たなくなり、乱暴に扱うようになる人が増える傾向がある。このサイクルを逆に回すことが、建物をよい状況に保つことにつながる。

　壊れた箇所はその都度こまめに修繕するに越したことはないが、費用面で対応が困難なことも多い。緊急を要する場合を除いて、故障個所を記録し、年に一回、あるいは半期に一回程度まとめて修繕工事を発注するという仕組みを考えてもよいのではないか。小規模な工事は、部品代より労務費や出張費の方がはるかに金額は大きい。人手を最小限とすることで大幅な経費の節約が期待できよう。

・**緊急を要する点検や故障への対応**

　日常の点検と修繕を適切に行っていれば、緊急を要するような故障の発生は抑えられるはずであるが、それでも突発的な事故は起こり得る。これを内部の職員だけで対応することは困難であるので、外部の業者等の応援を頼むことになる。そうした依頼先の確保と、事故発生から依頼

までの手順を明確化し、関係者の間で共有しておくことが重要である。また台風や地震などの災害を受けた場合は、重要な支障がないか緊急の点検が必要となる。これについても所管する部局の担当者との間で、誰が何を行うのかを確認しておく必要がある。

・長期修繕計画と大規模改修

　マンションでは長期修繕計画を作成し、一定の時期に大規模修繕を行うということがほぼ定着している。これは、マンション以外の建物でも進められるべきと考える。マンションの長期修繕計画は、将来の支出を予測し、それに備えて修繕積立金を準備することが主な目的のひとつである。大規模修繕とは通常では行えない部分の修繕を行うことが目的で、足場を使用することが通常の修繕とは区別される目安の１つとなっている。また比較的規模の大きな工事となるため、修繕内容の決定や工事業者の選定でコンサルタントを活用する事例も多い。また修繕のみならず、建物の機能や性能の向上を目的とした改修工事を同時に行う場合もある。

　大規模改修は長期修繕計画に定めたとおりのスケジュールで行わなくてはならないというものではない。長期修繕計画はあくまでも作成時点の予測に基づくものであるので、実際に工事を行うか否かは、その時の建物の状況をみて判断するべきである。予測より建物各部の劣化が進んでいないようであれば、修繕工事は先のばしにすることも可であり、その方が修繕積立金を有効に活用できることになる。ただし、大規模修繕工事を実施すると決定してから工事が始まるまでの時間は、最低でも１年程度は必要である。煩雑さを避けるため、あらかじめ決めた予定どおりに実行している事例も多いと思われる。

　今後、長期修繕計画を策定して大規模修繕（改修）工事を実行するとすれば、以下のようなスケジュール管理が必要となる。まず長期修繕計画を策定したら、毎年の点検結果などを反映して、最大でも５年置きには内容の再確認と必要な修正を行うようにする。また、予定した大規模修繕工事の時期が近づいたら、少なくとも２年、できれば３年前に改修予定となっている建物の各部位の状況を確認し、修繕工事を行うかどうかを決定する。一部の部位について修繕工事は必要ないと判断されたと

しても、他の部位で必要ということであれば、予定した工事をすべて行うということも多い。これは、工事の時期を分離すると複数回の工事が必要となり、足場などの仮設資材に掛かる費用が増大することや、利用者への負担が増大するためである。比較的健全な部位の工事を延長するメリットと、工事を複数回に分けるデメリットを勘案して、実施内容を決定することになる。

　工事の実施を決定したら、修繕箇所と工事内容を洗い出して費用の概算を出すが、こうした作業には専門家の力を借りることになる。もし、工事費用の概算総額が予定している工事予算を上回るようであれば、あらためて工事内容を精査して項目の取捨選択や仕様の変更などを行い、工事予算と費用の概算が釣り合うようにしていく。この際に予算額には１割から２割の余裕をみておくことが必要である。修繕工事の場合、工事が予想どおりに進行しないことは珍しくなく、実施途中で施工対象の面積が広がったり、予期しなかった修繕対象がみつかったりすることもある。工事予算の計画にはそうした事態に備えた予備費用が必要になる。

　修繕（改修）工事が完了したら、その記録を保存するとともに、その結果を踏まえた新たな長期修繕計画を策定する。ここからまた次のサイクルが始まるが、このサイクルをきちんと繰り返していく限り、建物が物理的に使えなくなるという事態は起こり得ない。

　大規模な修繕工事や改修工事を行っている際に、新築工事の時点での施工の不備などがみつかる場合がある。特に多いのがコンクリート工事の不備で、コンクリート打設時に発生する「ジャンカ」（本来セメントと砂の混合物であるモルタルに包まれているはずの砂利が、むき出しになっている状況）や「コールドジョイント」（コンクリート打設を時間を空けて行った場合に、先に打設したコンクリートと後から打設したコンクリートがうまくつながっていない状況）が代表的な事例である。こうした事象が発見されたら補修しておくことが原則であるが、補修方法を誤ると効果がないこともある。信頼できる専門家に対応策を提案してもらうことになるが、事象を放置しても支障がない場合もある。

・改修計画

　施設の機能に限界を感じたときには、まず改修か建替えかの判断が必

要になる。単純にいえばコストパフォーマンスのよい方を選ぶことになるが、新築はともかくとして、改修のコストパフォーマンスについては分かりにくい場合が多い。それは、改修にどの程度費用が掛かるか予測が難しいこと、改修によってどの程度の機能が得られるのか想像ができないことの２つに尽きる。わが国では戦後の高度成長時代を含めて、建築工事といえば、新築が当たり前という形で進んできた。そのため、建築業界には改修工事のノウハウ蓄積が不足しており、もし業者が改修か建替えかの相談を受けると、建替えに傾く傾向が強い。業者側にしてみると、新築工事の方が利潤が大きく、手順もわかっていて取り組みやすいことがその理由である。逆に改修については、予測不能な部分があり、工事の手順が細かく、また複雑になりやすいとか、居住者対応が必要になるなどのことが業者を躊躇させることになる。では発注者側からみればどうであろうか。もし改修で建替えとあまり変わらない機能が得られるとすれば、工事費用は低く抑えられ、工期も短くて済むことになり、メリットは大きいといえる。よく、「古いものを改修しても持たないのではないか」という声を聞くことが多いが、それについては「そんなことはない」といえる。建物の躯体（骨組みの部分）は簡単に劣化するものではないし、もし傷んだ部分があったとしても補修すればよいからである。内容にもよるが、徹底的な改修を行った場合の費用は、同程度のものを新築する場合に比べて５割から最大７割程度であるといわれている。少なくとも新築以上の費用が掛かることはないし、もし新築以上の費用が予想されるのであれば、そもそも改修を選択することはあり得ない（ただし文化財など、特別の価値が認められる場合は別である）。

　改修か建替えかを判断するには、費用と効果について大まかな推測を行う必要があるが、これは建物を新築する場合と同じことである。新築する場合、建物の用途や規模の概要を示すと、過去の経験から施工会社は大まかな費用を提示してくる。その精度はおおむね２桁程度、例えば１㎡当たり30万円として、5000㎡だから15億円程度という具合である。改修の場合はもう少し複雑な推計になるが、外装でいくら、内装でいくら、設備でいくらというように積み上げて、最後に不確定要素に対する安全率として１割から２割増しと計算していけば、概算は可能である。

建替え費用、すなわち解体工事費と新築工事費を合わせた概算値と改修の概算値を比較すれば、判断は可能となるはずである。新築にしろ改修にしろ、発注者に求められるのは出来上がる建物に対する要求をはっきりとさせることである。要求が曖昧なままだと、後から要求の追加や変更が発生して、業者側の想定と異なることになり、費用が大幅に増加するという事態にいたる可能性が高くなる。これが発注者と受注者の相互不信を招いてトラブルになるという事例も実際に報告されている。改修か建替えか以前の問題として、まず何を求めるのかを明確にする作業が必要であることを認識しておくことが重要である。

改修の効果について疑問視する向きも少なくないが、実際に改修工事を行ってみると、そうした疑念は払拭される場合がほとんどである。実際に改修を行った建物や施設を見学することは、こうした不安をなくす上で大いに効果が期待できる。

改修よりは明らかに建替えを選択するべき状況も存在する。例えば、以下のような場合である。

○求める建物、あるいは施設の機能が、従前の施設の改変では到底実現できない場合。

例えば、学校の校舎を体育館に改修するなどということはほぼ不可能である。また、設計の前提条件が違うために転用ができないというケースもある。学校の教室を重い機械を使用する生産施設に転用しようとしても、床や梁が機械の重量に耐えられないとすれば、転用は不可能になる。建築設計を行う場合、用途によって建物に加わる荷重の大きさの想定値など、必要とされる条件が建築基準法によって決められている。通常はその条件にしたがって設計が行われるので、例えば、小さな荷重の用途を大きな荷重の用途に変更することは難しい場合が多い。ただし構造的な補強など条件の追加的な充足が可能な場合や、設計時の判断で大きめの荷重を想定するなど余裕をみている場合もあるので、そのような状況では比較的容易に用途変更が可能となることもある。このあたりは元の建物の設計図などで専門家が確認することになる。

○材料の劣化あるいは当初の施工に不備が多くみられる場合。

第3章　施設マネジメントの実践　63

事例として多いわけではないが、ときたまこうした建物をみることがある。特に施工の不備は、鉄筋コンクリート構造の場合に注意が必要となる。劣化や施工不備を生じている部分の補修が可能であれば問題ないが、元々の材料の質が低く補修を必要とする範囲が全面に及んだりすると、費用面で改修のメリットは失われることになる。

　逆にいえば、もし以上のようなことがなければ単純に建替えに進まずに、改修の可能性を検討する価値はあるということになる。

4 日常の維持管理

　かつて部屋の清掃は、職員や社員が行うという時代もあったが、現在では清掃・警備・点検保守などBMにかかわる現場の作業はほとんどが外部委託、すなわちアウトソーシングされている。FMはそのBMをコントロールする位置にあることは先に述べたが、ではFMは具体的に何をするのであろうか。当然のことであるが、外部のBM実働部隊は、契約がなければ作業は行わない。したがってまずはBM業者との契約がFMの仕事となる。

・契約の業務

　契約を交わすに際して、必要な事務作業は決して少なくない。発注内容の決定、業者からの見積り収集、入札の実行、予算承認、契約書の作成、作業の検収など多岐にわたる。BMにおける個別の作業について、ひとつひとつ業者を選定して契約を交わすようにしている事例も多いが、その事務負担量は相当なものになっている可能性がある。複数の契約を1つにまとめるだけで、この事務作業は大幅に軽減することが可能となる。複数のまとめ方は、例えば、複数施設の清掃作業をまとめて発注するとか、清掃や警備などの作業を1つの契約にまとめるなどの方法がある。注意するべきは、契約をまとめることにより発注される業務量が過大にならないようにすることである。業務量が過大化すると受託できる業者が限られて、価格の競争原理が働かなくなる可能性がある。あ

64　　第1編　実践・公共施設マネジメント

るいは、その点は割り切って、信頼できる業者に一括して業務を依頼するということが民間、特に外資系の組織では行われることがある。これにより業務の効率化や人的資源の集中が可能になり、企業の競争力を高める手段の1つとされるが、公的な組織では法律等の制約で現段階での実現は困難かもしれない。

　契約の時期を誤らないことも重要である。毎年のことなので問題はないと考える向きも多いかもしれないが、担当者の人事異動がかなり頻繁に行われることを考えると、そのスケジュールを明文化し、あるいはシステムで管理しておくことが望ましい。また契約内容については専門家でないと分かりにくいということもあって、つい「例年どおり」ということになりがちであるが、適切な時期に専門家によって再確認しておくことが求められる。施設の使われ方や人員の変動等により、いつのまにか必要な清掃や警備などの水準が変化していることもよくある。

・点検保守
　建物や施設の用途、規模などにより法律で点検を行うことが定められている。例えば、防災設備やエレベーターなどの点検は法定点検の典型例であり、建築基準法、および官公法のそれぞれ第12条には建物全般についての検査・点検義務が定められている。検査・点検業務には一定の資格が必要なことも多く、通常の清掃業務等とは別個に契約を行う必要がある。またこの点検を怠ると、法律違反となることがあるので注意が必要である。

　建物に求められる点検の種類は数が多く、それぞれに法律の裏付けがあり、個別に実施する必要がある。点検作業者の資格の関係で、業務の発注先をまとめられないこともあるので、事務的には煩雑になる可能性もある。また点検が終了すると報告書が提出されるが、それには不具合等を指摘する事項が記載されていることがある。これらの指摘事項については、その修正が義務化されていない場合が多いので、指摘を受けたまま放置されているという状況も散見される。これは建物の維持管理という面では決して好ましいことではなく、計画的な修繕の対象とするべきである。これはFMの業務である。

第3章　施設マネジメントの実践　65

・日常点検

　法定点検以外にも、日常的に目視などによる点検が必要であるということが、関連書籍に記載されていることも少なくない。理想としてはFM担当者が施設を日常的に巡回し、異常の発見に努めるべきであろうが、さまざまな業務をこなしていかなくてはならない状況では、理想は机上の空論に近いとせざるを得ない。そのため、清掃作業員に異常を発見したら報告することを依頼する（義務化するとすれば、契約内容に加えておく）とか、利用者からの報告（あるいはクレーム）や施設評価（アンケート等）を積極的に収集するというようなことが考えられる。異常の報告を受けたらその事実を記録し、ただちに対応の方針を決定することが重要である。すべての異常を直ちに修正（補修）する必要はなく、緊急性や放置した場合のリスクの大きさ等を考慮して、緊急性がなくリスクも低いものは一定の時期にまとめて補修するということで、十分であろう。

・予防保全と事後保全

　施設の長寿命化において、事後保全ではなく予防保全とするべきであるという方針が国から示されている。そのため、建物についても事後保全はやめて予防保全とするというようなことを、方針に取り入れる自治体も少なくない。しかしながら本当にそれでよいのかという疑問が筆者には残る。もともと国が予防保全が重要であるとした背景には、土木構造物の劣化の問題があるように思われる。土木構造物は建築物に比べると、規模は大きいものの構成はシンプルであり、また使用されている材料の種類も少ない。機能も建築物に比べると明快に規定することができ、例えば、橋梁は空中に床版を支持して交通を確保することといえる。他方で土木構造物は常に外力（ストレス）を受けており、それによる材料の劣化進行の可能性が高い。橋梁であれば、通過交通によって絶えず荷重、とりわけ振動の影響を受けるのでコンクリートの床版に亀裂が発生し、それが進行すると床版の落下につながりかねないということになる。この亀裂の発生を早期に発見し、進行を阻止する方策をとることが可能であれば、あとあと支障を生じて大規模な補修工事をするよりは、費用はずっと少なくて済むことになる。これが予防保全という考え方であり、

本来の機能を損なう進行性の劣化を早期に発見し、その進行を阻止することにより経済的に長寿命化が可能になるはずということである。土木構造物は、目的とする機能が明快なので、劣化等を監視するべき対象も比較的明快である。したがって壊れてから直すという事後保全より、予防保全を徹底して傷の小さいうちに手当てをしてしまうということがやりやすいと思われる。ただし、それを実行するだけの労力を確保することは別である。

　これに対して建築物（建物）は使用される材料の種類が多様であり、土木構造物に比べると構成もはるかに複雑である。また、直接人と関わりをもつものであるために求められる機能も多様であり、メンテナンスの対象や方法は決して単純ではない。また、発生する劣化、あるいは故障もすべての予兆を察知することは不可能であり、結果として事後保全となってしまう部分も多い。ただし、劣化あるいは故障が発生したとしても、建物としての機能に致命的な影響（例えば、落橋のような）を与えるものはそれほど多くはない。したがって、土木構造物のような予防保全がすべての場合に意味をもち、また効果があるとは限らないといえる。むしろ建物の維持管理をすべて予防保全で行うとするならば、まず点検に膨大な労力を必要とするにもかかわらず、その効果は事後保全の場合と大差がないということになる可能性が高いと考えられる。考えるべきは、もし劣化や故障により事故が発生した場合にどれほどの損害が発生するかということ、すなわちリスクの大きさである。リスクを考慮に入れなければ、常に予防保全が有効であるとはいえないのである。

　橋梁の場合、劣化の進行で落橋という事態に至れば人命にかかわることであり、甚大な被害が発生すると予想できる。事故によって損害が発生する場合、その事故が発生すると予想される確率と、発生した際の損害額（予測値）を掛け合わせたものを「リスク」ということがある。例えば、原子力発電所（原発）は、もし事故が発生するとそれによる周辺の被害額（損害）は甚大なものとなるであろう。しかしながら、原発を推進する側は、事故そのものの発生確率は非常に低くなっているはずだということで、（損害は甚大だとしても）「リスク」としては小さいという立場で原発を建設してきたということがある。原発は例として触れる

第3章　施設マネジメントの実践　67

だけにして、逆の状況を考える。発生の確率は小さくないが、もし発生したとしてもあまり被害はないという劣化、あるいは故障事象があるとする。例えば、執務室の天井照明器具の1つが機能不全（蛍光管が切れる、点灯器具が故障するなど）を生じたとしても、他の照明器具が機能していれば執務にはほとんど影響しない。つまり損害はほとんどゼロなので、発生確率は小さくないとしてもリスクとしてはゼロということになる。このような状況では、個々の照明器具の状況を常にチェックして故障を未然に防ぐというような予防保全を行っても、全く意味がないことは容易に理解できるであろう。すなわち建物については、リスクが大きい部分に限れば予防保全を行う意味はあるものの、そうしたものは限定的であり、大半は事後保全でも差し支えないと考えられる。ただしそれは、劣化や故障を放置してよいということではない。劣化や故障が発生すれば利用者に不快感を与えて不便を感じさせることになるため、適切な時期に補修を完了させることは、利用者の印象を悪くしないためにも重要である。

　何を予防保全の対象とするかについては、繰り返しになるが、故障発生によるリスクの大きさで決めることになる。どの程度のリスクの大きさであれば予防保全の対象とするか、そもそもリスクの大きさをどう評価するべきかということが問われることになるが、それらの点については特に指針や基準などがあるわけではない。それぞれの業務内容や施設の事情をふまえつつ、発生確率や損害額を想定していくことになる。

　なお、特に予防保全ということを強調しなくても、日常の点検結果をきちんと分析していれば、故障の発生を未然に防げることも多い。あたりまえのことであるが、施設や建物の維持管理をきちんと行うことが大事だということになる。あるいは、そのことを国は「予防保全型維持管理」といっているのかもしれない。

5　中長期修繕計画

　建物についての長期的な修繕計画は、概ね20年から50年程度にわたっ

て、将来必要になるであろう比較的規模の大きな修繕工事を想定し、実行時期と費用を予測するものである。これを作成することにより、必要な工事を事前に予定して準備を行うことが可能となる。これが建物を好ましい状態で維持していくことにつながる。

　長期の修繕計画で予定されている修繕工事を実施するための計画が、中長期修繕計画である。実際に工事を行うかどうかは、その時点での建物の状況をみて判断するべきであり、計画があるからとにかく実施するという判断は、適切ではない。建物の状況が良好であれば、予定している修繕工事を延期してもなんら支障はないはずで、費用の節減にもつながることになる。工事を実施するにしろ延期するにしろ、その判断は直前（例えば、工事予定年度の前年度など）に行っていたのでは準備が間に合わないことになる。工事実施を決定してから実際に行われるまでは、2〜3年程度、場合によっては5年程度の時間が必要になる。まず工事の実施を発意すると、周囲への説明のためにも工事費用の概算を出す必要がある。業者に依頼するとしても契約の手続き、建物の事前調査、工事内容の想定、費用の積算という手順が必要である。費用の概算が出るとそれに基づいて庁内の承認を求め、ついで予算要求を行うとともに、工事発注条件の整理、対象となる建物の利用者への対応策の検討（工事期間中に仮設の施設を用意するか、一時的な移転を求めるか等）など、さまざまな作業が続くことになる。最終的には議会の承認を経て予算が決定され、翌年度の工事実施ということになる。こうしたことに必要な時間をあらかじめ見越しておかなくてはならないが、担当者の異動も多い状況では必要なノウハウが継承されないままで、工事予定が迫った段階であわてるということになりかねない。業務のマニュアル化などを考えておくことが必要である。

　新築工事も同じであるが、予算が削られたため、当初予定していた内容をすべて盛り込めないという事態に直面することも多い。その際は、当初予定していた内容を絞り込み、予算に合わせた工事内容としていくことが求められる。新築工事の場合は、面積を減らす、仕上げなどの材料や設備機器のグレードや構成を変える、建物の機能そのものを一部取りやめるなどで対応することが多い。しかしながら修繕工事では検討す

るべき内容が違っており、例えば、材料の質を落とすと長期の使用に耐えられない場合も出てくるので、どこで費用を抑えるかについてはかなりの専門知識が必要となる。経験のあるコンサルタントへの業務委託なども視野に入れておくとよい。

　また専門家はよく分かっていることであるが、種類の違う工事をうまく組み合わせることで費用が節約できることがある。一番簡単な例は、足場の共用である。屋上の防水を全面的に改修するような場合は足場が必要となることが多い。また外壁の補修（タイルの浮いた部分の補修やシーリングなどの防水材料の交換等）でも足場が必要になる。これらの修繕時期が一致するとは限らないが、別個に行うよりは同時に行う方が仮設費を節約できることになる。長期修繕計画では、あらかじめこうしたことを考慮して計画を作成することも行われている。さらに知っておく必要があるのは、「道連れ工事」である。例えば、天井裏の配管を交換する場合、当然ながら天井を一部撤去する必要が出てくる。天井の仕上げ材が健全であっても、天井補修のような工事がいわば強制的に発生することになるが、これを道連れ工事と称している。道連れ工事が発生するか否かは、当初の設計の問題なので、後からどうこうするというわけにはいかないものである。どうせ道連れ工事になるのであれば、この際古い天井の交換もしてしまおうという判断はあってもよい。あえて道連れ工事の補修だけにすると、補修部分が目立ちすぎて見苦しくなることが多い。「必要なところに必要なだけ供給する」というのは節約の原則であるが、建物の修繕、あるいは改修工事の場合は、必ずしも節約にはつながらないということは知っておくべきである。

　繰り返しになる部分もあるが、改めて予防保全に触れておく。電子機器類の場合、故障の状態は明瞭であり、多くは部品、あるいは基盤の交換により修理が行われる。予防保全とは故障の原因となりやすい部品をあらかじめ特定しておき、実際に故障する前に交換してしまう方法といえる。この場合、交換する前の部品はまだ使える状態であり、もし使い続ければその機能を発揮するはずであるが、その機能を捨てて交換することになるため、本来使用可能な時間より、短い時間で廃棄することになる。これを繰り返すことにすると、例えば、その部品を本来の寿命が

70　　第1編　実践・公共施設マネジメント

くるまで使えば10年間で3回の交換ですむはずのものを4回交換するというようなことになり、費用は1回の交換分だけ余計に掛かることになる。

　では、なぜ予防保全を行うかというと、もし故障が発生してしまうと大きな損失が発生することが予想されるためである。故障の発生確率と（予想）損害額を掛け合わせたものをリスクと呼ぶことはすでに説明したが、予防保全とするか事後保全とするかは、このリスクの大小で判断することになる。もしリスクが部品の交換費用（一次被害）のみであれば、予防保全は行うべきではない。なぜなら使用時間が事後保全より短くなるため、事後保全より多くの費用が発生するからである。故障によって業務が停止し、得られるべき収入が得られなかったなどの損失（2次被害）が大きいほど予防保全の意味がある。

　建物の場合、何か故障が生じて大きな2次被害が発生する部位や部品はさほど多くない。電気関係の設備は故障が業務の停止につながる可能性が大きいとか、人通りの多い街路に面する外壁のタイル剝落は人命損傷に直結するなどが考えられるが、台風時に窓から多少雨漏りがしたとしても生活に大きな支障を生じるとは考えにくい。軽微な雨漏りは発見した後で適切な時期に修繕すれば（事後保全）、十分である。

　また、建築の場合は土木とは異なり、進行性の致命的な劣化現象というものも想定しにくい。土木で推奨する予防保全的な考え方がそもそもあてはまらないとしてよいのではなかろうか。結論をいえば、建築で予防保全が必要な箇所は限定的であり、大部分は事後保全で問題ないと思われる。

6　情報管理と活用

　マネジメントの基本はPDCAサイクルであるとは、よく教科書に書かれていることであるが、わが国にはPDCAサイクル以前の問題があると筆者は考えている。それは情報の管理である。情報管理といっても、ただ保存しておくという程度のことならば、ごくあたりまえに行われて

第3章　施設マネジメントの実践　71

いるはずである。ここでいいたいのは、活用を前提とした情報管理ができているかどうかということである。活用を前提とした情報管理を具体的なイメージとして示すと、例えば、年間のエネルギー使用量が施設ごとに一覧で比較できるとか、各施設の1㎡あたりの電気使用量が月別に表示可能であるとか、過去のエネルギー使用量の推移が個別の施設、あるいは特定の用途の施設全体についてすぐに取り出せるなどのことをいう。これは書類で情報を保管しているとか、紙に書くように表計算ソフトの中にイメージを作成して保管しているような状況では望み得ないことである。

(1) 基本となる情報

もしデータを人手を介さずに収集することが可能であれば、収集するべきデータ項目の制約はない。集めるだけ集めて、あとから何を取り出すかを考えればよい。いわゆるビッグデータとはこうしたものである。わが国の場合、業務のプロセスがなかなか電子化されていないために、必要な書類は紙ベースでやり取りして保管しているという組織が少なくない。このような状況では、活用可能な形で管理する情報項目をまずは必要最小限に絞っておく必要がある。なぜならば、そこにはデータ入力という業務が別に発生し、ここに過度の負荷をかけてしまうと、データ入力作業そのものが忌避されてしまうことになるからである。以前にも触れたので繰り返しに近くなるが、FMにおいて最小限必要なデータ項目は以下のようなものになろう。

・施設の諸元（敷地面積、建物数、各建物についての建築面積、延べ床面積、構造、階数、竣工年月、用途等）
・エネルギー使用量（電気、ガス、水道、重油などの月別・棟別使用量）
・修繕工事発注記録（対象個所・内容・金額）
・点検結果（法定点検、自主点検）
・クレームと対応（内容、日時、提出者、対応について判断結果、対応ありの場合の開始と終了日時、対応結果）

このうち施設の諸元については、一度データ化すれば基本的に変更はしないものである。それに対して、残りの4項目は時間の経過にしたがって蓄積されていくものであり、データの蓄積方法を自動化すると大きな効果が期待できる。

(2)　情報は使い回すべし

組織の運営の中で、対外的あるいは対内的に報告を求められる事項は多数ある。また少し見方を変えると、あるデータが別の目的に利用できるということも少なくない。報告書を作成するたびに、データを求めて担当者があちらこちらの部署を駆け回っているという姿は、決して効率的とはいえない。例えば、一定規模以上の事業所では省エネルギーに関係する報告書の提出を求められることがあるが、もしエネルギー使用量に関するデータがすぐに取り出せるようになっていれば、それを集計するだけでトータルのエネルギー使用量は簡単に求められるはずである。

また、物品の購入や廃棄の記録はどこでも付けているはずであるが、それを固定資産の台帳に関連づければ、固定資産台帳は常に最新の状況を反映したものとなるはずである。

また、施設の利用率は施設を評価する際に重要な指標の1つであるが、実際にきちんと把握されている事例はさほど多くはない。施設の利用申請を記録して施設の入退館記録を合わせれば、利用率はいとも簡単に調べられるはずである。これを実現するには、利用申請を紙ベースではなく、電子的に行う（インターネットを使う）とか、施設の安全管理をかねて監視カメラを設置し、その情報を活用するなどの工夫が必要になる。

要するに1つの情報をうまく使い回すことを工夫すれば、情報管理に手間をかけなくてすむ場合があるということをいいたいのである。

(3)　情報の扱い方

何かデータを入力する場合、後の使い方を考えて加工しておくことがあるが、データはなるべく元の形のままで入力する方がよい。何か加工する必要があれば、コンピュータにやらせる方が手間はかからないし正

第3章　施設マネジメントの実践　73

確である。逆に加工してしまったデータは元に戻すことは困難（不可能）である。また先にも触れたが、わざわざデータを入力するというのは作業の負荷が大きく感じられる。できれば業務の進め方を変えて、データの入力を業務の遂行と連動させておくことが必要である。つまり紙をやめて端末ですべての仕事をするようになればよいということである。

　また、情報は同じ内容を何度も入力することは是非とも避けるべきである。何度も入力すると、まず時間の無駄であるばかりではなく、必ずといってよいほどどこかで間違いが発生する。間違いの発生は避けられないが、その確率が一定とすると、入力の回数が増えれば増えるほど間違いも多くなることになる。さらに、データは組み合わせることによって、より多彩な情報を得られる。特に建物や施設については情報が分散していることが多く、関連づけを意識して行う必要がある。そのための基本は、建物あるいは施設に一連のコード番号を付与し、関連するデータにはすべてその番号を付加することである。そのコード番号を鍵にして、同じ建物や施設に関する情報を結びつけることができれば、さまざまな分析が可能になる。とりあえず使い道がわからなくても、建物や施設のコード番号を定めておいて、これを関連情報に付加することを是非とも実行していただきたい。

(4)　情報管理の方法

　これまで述べてきたように、紙ベースで情報管理をしているというのではデータの活用は不可能である。活用可能なデータの保管方法としてもっとも簡単な方法は、エクセル等の表計算ソフトを利用することである。この場合も紙に書くようなレイアウトのイメージでの保管（「神エクセル」と呼ばれることがある）は、紙ベースと同じことになるので避けるべきである。表計算ソフトのデータは、1件を1行（横方向）にすること、また、データの項目は各列（縦方向）で同一のものとするのが基本であり、多少表計算ソフトを使って計算をした経験があれば、誰でも知っていることである。この形でデータが保存されていれば、あとはいかようにも活用可能である。例えば、紙ベースのイメージでみたい、あるいは、印刷したいということであれば、簡単なプログラムを使って

そのような形に出力することは十分可能である。また、より高度なデータベースソフトを活用する場合にも、必要なデータはそのまま取り込むことができる。データベースソフトの活用にはやや専門的な知識が必要になるので、素人だけでは難しいが、簡単なシステムであれば、市販のデータベースソフトを使って素人でも構築できる場合がある。

現在の最先端はクラウド・コンピューティングを利用したものである。これは特定のコンピュータに情報を蓄積していくのではなく、インターネット上にあるコンピュータに情報を分散させて保管するものである。これにより複数箇所で情報を入出力できるとか、災害や外部からの攻撃に対して安全性が高まるなどの利点を生じる。実際にいくつかのシステムが稼働しているが、それぞれに特徴があるので適当なものを選択して導入することになる。使用料金が発生するが、従来のようなオーダーメイドの情報管理システムを導入するよりは、コストを抑えられることが多い。

(5)　情報の使い方

情報の活用といってもさまざまなレベルがある。高度な方法にはきりがないが、比較的単純で効果のあるものをいくつか紹介しておきたい。

もっとも単純な方法は、同一施設の情報を時系列に並べてみることである。エネルギー消費量などは特に有効で、1年のうちで何月に消費量が多くなるかが分かれば、原因を推定して改善の方法も目処がつけやすくなる。また、似たような施設について、規模の影響を排除するために単位面積あたりのエネルギー消費量を比較してみたとする。すると効率のよい施設とよくない施設が判然としてくる。よい施設はなぜ効率がよいか、悪い施設はなぜそうなのかを調べてみると、エネルギー節減のヒントが得られることになる。こうした手法はすでに紹介しているが、ベンチマーキングと呼ばれることがある。

また、時系列に並べた累積データに直線を当てはめて、将来の時間へその線を延ばすことにより将来予測が可能となる。単純に直線を当てはめるのがよいといえない場合も多いが、さまざまな手法があるので、専門家の意見を聞きつつ予測方法を選択していくことになる。

第3章　施設マネジメントの実践　75

情報の分析方法は統計解析という分野で研究されている。最近では
AI活用とかディープ・ラーニングなどという言葉がビッグデータ解析
の場面で使われるが、これらも広い意味では統計解析の一部として位置
づけられる。最も簡単な統計解析の方法は単純集計と呼ばれ、データの
個数を数えたり、数値データの平均値や標準偏差を求めたりする（なお、
統計の用語については専門書を参照されたい）。さらには、2つの項目
の間に関連があるかどうかをみたり、複数の項目がある項目にどう影響
しているかを解析するような方法も開発されている。これらは表計算ソ
フトでも分析可能な場合がある。

　このように統計解析を活用していくと、今までみえてこなかったこと
がみえるようになり、施設マネジメントにとって有益な情報が得られる
ことになる。従来であれば担当者の経験や勘に頼っていた部分を、ある
程度科学的な裏付けをもって語ることができ、またそれ以上の知見を得
ることも可能になる。これは、実際に企業経営の場面で利用されている
情報活用と同じことである。

COLUMN

予防保全・事後保全・予知保全

　工学には信頼性という概念がある。主にコンピュータなど電子
機器や情報系の分野で発展してきた故障等に関連する研究で、国
際的な規格がいろいろと定められており、わが国にもJISとして
取り入れられている。

　ディペンダビリティは聞き慣れない言葉であるが、主にコン
ピュータの世界で用いられている用語で、システムの総合的な信
頼性を表す概念である。そうした事項を扱う分野の用語の一部と
して、保全に関する用語の定義が作成されている。JIS Z 8115：
2019 ディペンダビリティ（信頼性）用語から一部を引用・要約
すると、以下のようなものがある。

予防保全

アイテム（注：対象とするもの）の使用中の故障の発生を未然に防止するために、規定の間隔又は基準に従って遂行し、アイテムの機能劣化又は故障の確率を低減するために行う保全。

備考　予防保全には、「時間計画保全」と「状態監視保全」がある。

時間計画保全　定められた時間計画に従って遂行される予防保全。

状態監視保全　状態監視に基づく予防保全。

状態監視　アイテムの使用及び使用中の動作状態の確認、劣化傾向の検出、故障及び欠点の確認、故障に至る経過の記録及び追跡などの目的で、ある時点での動作値及びその傾向を監視する行為。監視は、連続的、間接的又は定期的に点検・試験・計測・警報などの手段又は装置によって行う。

事後保全

フォールト（注：故障と考えてよい）発見後、アイテムを要求機能遂行状態に修復させるために行われる保全。

アイテム

ディペンダビリティの対象となる、部品、構成品、デバイス、装置、機能ユニット、機器、サブシステム、システムなどの総称又はいずれか。

備考 1.　アイテムは、ハードウェア、ソフトウェア、又は両方から構成される。さらに、特別な場合は、人間も含む。

保全、保守

アイテムを使用及び運用可能状態に維持し、又は故障、欠点などを回復するためのすべての処置及び活動。

フォールト

a)　ある要求された機能を遂行不可能なアイテムの状態、また、その状態にあるアイテムの部分。

b) アイテムの要求機能遂行能力を失わせたり、要求機能遂行
能力に支障を起こさせる原因（設計の状態）。ただし、予防保
全又はその他の計画された活動による場合、若しくは外部か
らの供給不良による場合は除く。

備考 1. フォールトはアイテム自体の故障の結果であるが、先
行する故障がなくても存在することがある。
2. 故障発生の過程を原因—結果の連鎖とした場合、故障
の原因をフォールトとみなすこともある。フォールトは、
着目しているアイテムの下位のアイテムの故障である場
合もあるが、アイテム自身に内包されている場合もある。

第2編

公共施設等総合管理計画に続く「個別施設計画」の姿

第4章 個別施設計画の実行のための体制整備

1 公共施設等総合管理計画と個別施設計画

「これまで森にはたくさんの木々がさまざまな種類ごとに植えられ、それぞれが大きく育ち、いまや森は飽和状態と化すこととなった。

よく見ると木々の根はお互いに絡み合い、適切な剪定もなされなかったため枝は朽ちかけ、太陽の光は地表に届きづらくなっている。かつて肥沃であった土地も今は痩せ細り、今後は降雨も少ない状態である。

このままでは森の健全な環境を保てなくなることは明白である。

そこで我々は、どうにかしようとして一本一本の木を見ているのだが、森は果てしなく広大であるということを忘れてはならない。

一本の木だけを見ていては将来に渡って持続可能な森をつくりだすことは到底できない。ましてや、それを一世代だけでやろうとしてもほとんど不可能である。

いま我々の世代が真に成すべきことは、将来に向かっての基本的な『森のルール』を考えることではないだろうか。将来世代が持続可能な状態で森を維持することができるようにするためのルールづくりである。」

これは、公共施設等総合管理計画と個別施設計画の関係を、「森と木」に準えた例え話である。

公共施設等総合管理計画の策定により、このままでは森の健全な環境、すなわち施設全体の安全は保てないことが明白となり、その状態をどうにかしようと、一本一本の木を見ていこうとしているところは、まさにいま我々が個別施設計画を策定しようとしている状態を示している。

木を枯れさせないだけであれば、20年位はなんとかできる。個別施設計画とは枯れない木、すなわち長寿命化した建物を想定して、状況を20年、30年先に固定化させるものではなく、5年後、10年後…と適宜見直しをしなければならないもの、すなわち、時代の変化にあわせて軌

道修正をしていかなくてはならないものである。

したがって、個別施設計画を作るということの本当の重要性とは、個別施設計画を今後持続可能な状態で作成・実行していくために、全施設に共通する体制づくりをこの機会に構築することではないだろうかと考えている。

1つずつの計画を実行に向かわせていくことを可能とする全庁的な仕組み、すなわち「森のルールづくり」が、いま真に求められているのである。

2 背景——個別施設計画はどうあるべきか

全国の自治体の多くが、公共施設等総合管理計画の策定を終え、次にどのような個別施設計画を策定すればよいのか、悩んでいるのではないだろうか。

総務省の公共施設等総合管理計画に関するホームページを見ても、各省庁や自治体の個別的な事例の掲載はされているが、「このようなものを策定しなさい」というような雛形は示されていない。そもそも各団体によって保有している施設の種類や数、老朽度、財政事情等が異なるのだから、個別具体の施設計画については、一律的に定められるはずはない。しかしながら、施設が老朽化していることや、財源がないことは共通しており、これらを少しでも解決させるための一定の方向性をもった個別施設計画の策定が重要であることは間違いない。

いうなれば、これまでの公共施設等総合管理計画というのは、「課題整理」の段階であり、今後策定する個別施設計画が、「課題解決」となる。思考回路も「問題提起型」から「問題解決型」へと転換しなければならない。

そもそも、多くの自治体の職員や、業務をサポートする民間のコンサルティング会社は、曖昧な幻想を抱いてはいないだろうか。今後策定しなければならない個別施設計画はこう書くべきという模範が、いずれ誰かから提示されるので、概ねそれに従っていけばよいのだという幻想で

第4章　個別施設計画の実行のための体制整備　81

ある。

　あるいは個別施設計画とは、先進事例をモデルとして、施設用途ごとの再編計画を、全ての施設において未来に渡って精緻に策定することであると思い込んでいないであろうか。学校の複合化の事例にはこんなものがあると示されても、それが参考になるとは限らない。計画はこうあるべしというものに従わなくてはならないという、漠然とした呪縛に囚われてはいないだろうか。

　筆者は、今後それぞれの自治体が将来像を描きながら公共施設マネジメントを推進することが大事だと思っているが、それがすなわち、個別施設計画を通じ、未来に渡って精緻な再編計画を策定することであるとは思っていない。

　では、何が大切かといえば体制づくりである。理想とする将来像に近づけていくための全庁的な取り組みを考え、それを具現化させていくための体制づくりが重要だと考える。自治体には、民間企業とは違った法体系での仕事や、広範な業務体系、組織体制、人事異動制度といった独特の仕組みがある。それらを十分理解した上での、画餅に終わらない現実的な体制づくりこそが重要である。持続可能な個別施設計画づくりとは、まさにこの全庁的な体制づくりを構築していくことである。なぜなら、個別施設計画は一度作ったら終わりというものではなく、継続的に動いていくものであり、実行することに意味がある計画であるはずだからである。実行するためには、絵空事ではなく現実の公務における実践への適応性を備えたものでなければ、十分な効果は得られない。

　「数十年先の適正でかつ精緻な公共施設の再配置計画を作らなければならない」というような、曖昧な個別施設計画策定の呪縛からは解き放たれて、真に実行すべき方策をひとつひとつ積み上げていくことの方がよほど大切である。

　以下に具体的な個別施設計画の内容を示していきたい。

3 質と量を共に考える

　ものごとを考える際には、問題点を単純化し明確化することが大切である。自治体における日常の業務では、組織間のいざこざや、住民からの視線あるいは議会対応等に気を取られ、ついつい問題を複雑にしてしまったり、また解決を暗黙化したりしてしまいがちである。

　現代の公共施設が抱えている課題を改めて整理すると、老朽化していることとたくさん持っていることの２点に尽きる。具体的に何が問題かといえば、公共施設を多く持ち過ぎているために、それらの老朽化対策に当てる修繕費や更新費等が膨大で、もはや対応できそうな財源が底を突いているということにある。

　公共施設マネジメントの基本は、「財務・品質・供給」の３視点から構成されているが、老朽化していることは「品質」の、たくさん持っていることは「供給」の問題であり、その両方に共通してあるのが「財務」の問題といえる。

　もし、財源を新たに確保できれば問題ないのであるが、支出における扶助費等の上昇は急激であり、今後どう財布をひっくり返しても二進も三進もいかない状況なのは、火を見るより明らかである。さらに、団塊の世代が一気に75歳を迎える2025年問題が迫っていることも、公共施設更新の問題をさらに深刻化させている要因である。

　公共施設等総合管理計画において、老朽化している「質」の解決策としては「長寿命化計画」を、たくさん持っている「量」の解決策としては「再配置計画」を上げる自治体がほとんどではないだろうか。お金がなくて今すぐ更新できないことから、更新時期を先に延ばす長寿命化計画と、全てを更新できないため、更新する量を減らす再配置計画という落としどころとなったのであろう。

　ここで注意が必要である。長寿命化計画も再配置計画も一見正しそうではあるが、その双方ともにそれ相当の財源が必要だというところである。０円で長寿命化のための予防保全はできないし、０円で再配置のための集約化・複合化工事ができるはずはない。厳しい言い方ではあるが、

第４章　個別施設計画の実行のための体制整備　83

長寿命化計画や再配置計画という言葉を使えばいかにも問題が解決したかのような、そして次にはパラダイスが待っているかのような認識では、個別施設計画の策定は不可能である。現実に有効な個別施設計画を策定するのであれば、もっと直球勝負で問題に対峙しなければならない。現実を直視しつつ、この「質」と「量」の問題に立ち向かうとすれば、「質」に対しては、まずは人命の安全をいかに確保するかという「現実的安全確保計画」になり、「量」に対しては、単に施設の床面積削減だけではなく、人件費も含めたトータルコストを下げる「施設トータルコスト削減計画」になっていくはずである。

　「長寿命化計画」という総花的な表現を「現実的安全確保計画」に、「再配置計画」を「施設トータルコスト削減計画」という表現に変えるだけで、策定しなければならない個別施設計画の姿はより明確になってくる。個別施設計画は、この双方を考え合わせ連携させてこそ、現実的な効果が表れるはずである。

※　質　：　長寿命化計画　→　現実的安全確保計画
※　量　：　再配置計画　→　施設トータルコスト削減計画

---

(1)　現実的安全確保計画

　現実的安全確保計画は、その施設で活動する者や働く者、利用する者の生命の安全を確保するための計画である。

　そのために、何はさておき最初にやらなければならないことは、施設の現状を知ることであり、そのためには、1年間を通じた点検等のスケジュール管理体制を整えることが重要である。

　そして点検等を実施した結果、目の前に危険がある場合は一刻も早くそれを取り除くことが安全対策上大切である。そのためには、恒久的な対策が望ましいが、財政不足を考慮すると、とりあえずは緊急回避的な暫定措置を実施する体制が必要となる。

　暫定措置の後は、予算が少ない中でできる限り実効性を高めていくため、不具合箇所を日常的に監視し、必要なタイミングで修繕・改修を行

う状態監視保全に移行していくことが重要である。そこでやっと計画的に保全をしていこうというスタートラインに立てることになる。

その一方で、役所というところは理論や理屈を頭では理解できていたとしても、体が実際に動くようにはできていない。動くためには役所のルールというものが必要になってくる。つまり、動くことを全庁的に制度化させるための仕組みづくりである。例えば、状態監視保全を続けていくとして、いよいよ来年度の改修工事が必要と判断されても、実際にそれを行うためのルールがないと実行はできないことになる。例えば、実行に際しては必ずこの会議に諮らなくてはならないといった事前相談制度のようなルールがあればよい。さらにその仕組みを継続的に実施していくためには、様々な立場からの支援体制を構築していくことが必要となる。

以上をまとめると、自治体において現実的安全確保計画を具体的に実行していくためには、まず1年間を通して施設管理を実施するための「年間スケジュール管理体制」を整えると共に、目の前にある危険を暫定的にでも回避するための「暫定対策体制」を構築し、その上で可能な限り状態監視保全体制に近づけていくための「事前相談体制」などのルールを敷き、さらにはそれらの仕組みを定着させ、かつ継続させていくための「実行支援体制」を設けるという、4つの体制を整えることが重要となってくる。

現実的安全確保計画
- (1) 年間スケジュール管理体制
- (2) 暫定対策体制
- (3) 事前相談体制（状態監視・時間計画保全）
- (4) 実行支援体制

---

(2) 施設トータルコスト削減計画

施設トータルコスト削減計画は、単に施設の床面積を削減しようというものではなく、将来的に所有する床面積の見直しを含め、人件費も含

めた施設運営全体に係るコストをトータルで削減しようという計画である。

そのためには、所有している施設を全庁的な視点から眺めつつ、長期的な時間軸の中において順次整理していく、総合的な棚卸体制といったものが必要である。

また、その棚卸において、より近い将来に具現化しなければならない事案については、具体的な方向性を財務・品質・供給の視点から記述し、庁内で議論、検討するための一定のフォーマットを作成しておく必要がある。これは、その検討の方向性により何が解決でき、何が解決できていないかを明らかにするためであり、そこから根本的に解決しなければならないことを見据えて施設整備の体制を構築することが重要だからである。

これだけ全国の自治体において公共施設マネジメントが盛んになってきた現状をみると、これまで内部協議に使用されるべき上述したようなフォーマット（ここではマネジメントシートと呼ぶこととする）が作成されていなかったことはいささか不思議にも思える。このマネジメントシート（財務・品質・供給）作成体制が庁内の検討協議においては非常に重要なキーポイントとなる。

こうして協議された案件が現実化されていくとしても、その全てが同時進行するわけではない。予算上の制約や、実行するマンパワーの制限もある。さらには実行に際しての地域性や歴史性への配慮や、複雑な事業手法の選定などに時間を要する場合もある。こうした背景から、事業化されていく事案の中でも代表的な事案については、優先的に推進していくことが効果的である。

モデル事業推進体制を構築し、庁内のカネ・ヒトのエネルギーを一定程度集中させる仕組みを構築するべきである。地元との住民ワークショップなども、全ての公共施設について採用することは現実的ではないし、そもそも参加者にとって参加する意義を見出せないような住民ワークショップでは不平不満が募るだけである。施設用途やワークショップ参加住民の人数等を総合的に勘案し、モデル的に推進する事業を選定していくことが大切である。

86　　第2編　公共施設等総合管理計画に続く「個別施設計画」の姿

いよいよ事業が具現化される段階においては、まさにお金が必要となる。庁内で正式な意思決定の手続きが行われ、予算案が議会に提出されることとなる。提出された予算案は議会の審査にかけられ、議会の手続きを経て決定されていく。また、こうした一連の流れの中においては、住民への説明責任を果たすためのパブリックコメントなどの行政手続きなども実施される。これらは、上述の住民ワークショップとは違い、あくまでも行政上のオーソライズ（権限・承認・認定を得ること）の仕組みである。ただし、自治体の地域性や規模等により、多少なりともこれらのオーソライズ方法には違いがあるため、それぞれの自治体に合った体制を構築していくことが重要である。

　以上のように、施設トータルコスト削減計画を具体的に構築するためには、４つの体制を整えることが重要となってくる。先ず全庁施設を俯瞰した施設整備体制を行うための「全庁棚卸体制」を整えると共に、時間軸上、具現化しなければならない施設については、「マネジメントシート作成体制」を整えることによって、客観的な検討を加える。その上でカネ・ヒトを集中させて個別施設計画としてスタートさせる「モデル事業推進体制」を想定し、それらを庁内外にしっかり周知し前に推し進めていく「オーソライズ体制」を再確認（再構築）する。

施設トータルコスト削減計画
　（5）　全庁棚卸体制
　（6）　マネジメントシート（財務・品質・供給）作成体制
　（7）　モデル事業推進体制
　（8）　オーソライズ体制

COLUMN
0.7 × 0.7の議論

　現状では施設更新コストの削減というと、施設面積の削減（総量削減）がまず、取り上げられる。

　施設更新コストを半分にしなければならない自治体は、床面積を50％削減することを目標に掲げ、例えば、2校を統廃合して1校にするしかないと訴える。果たして方法はそれだけであろうか。

　単純な計算としても、この論法は片手落ちである。施設更新コストの計算を［床面積（u）×更新単価（円／u）］とするならば、答えを0.5以下にするのに、0.5×1.0＝0.5という計算式しかないと言っているのに等しいが、そんなはずはない。例えば、0.7×0.7＝0.49でもよいはずである。すなわち、統廃合しなくとも、床面積をそれぞれ30％削減し、更新単価を30％削減すれば、少なくともイニシャルコストとしては、50％以下になるのである。更新単価を30％削減する方法としては、鉄筋コンクリート造ではなく、鉄骨造や木造にして基礎部分の費用を抑える方法などが現実的に考えられる。

　大切なのは、施設コストを下げる方法は、床面積だけを削減するだけではないということに気がつくことである。

4 公共施設マネジメント8体制

　上述した概要から、個別施設計画を実現させるためには、8つの体制を整えることが重要であることがお分かりいただけたと思う。以下で、それぞれについてより詳細な内容を述べていきたい。

88　第2編　公共施設等総合管理計画に続く「個別施設計画」の姿

(1) 年間スケジュール管理体制について

　公共施設の維持管理に携わる自治体職員のほとんどは、技術系ではない一般事務系の職員である。施設の管理など、これまでの人生の中で経験したことなど全く無い人たちがほとんどである。あるいは、かつて団塊の世代が多く働いていた時代には、技術系職員がある程度はいたが、今は（今後は）いなくなってしまった（しまう）自治体も少なくないであろう。

　施設の維持管理に関わる事務系職員も、勤務時間中ずっとそのことばかりをやっているわけではない。逆に、維持管理に費やせる時間はほんの限られた時間であり、自らの主要な業務ではない場合がほとんどである。

　また、職員の異動ローテーションは、自治体の規模や職員数、これまでの慣例などにより多少の差はあるにしても、概ね2～3年程度であろう。建物の維持管理に多少慣れてきたと思ったら、また次の異動が待っている。

　さらに、自治体というところは、専門性を活かす民間企業とは違い、福祉から子育て、教育、財務、会計、税務、都市計画、防災、土木、建築、警察、消防等々、ありとあらゆる分野の行政事務を担う広範な組織であり、職員は異動するたびに、それぞれのジャンルの法体系を学び実務をこなしていかなくてはならない。

　こうした状況において、これまでの維持管理や保全業務遂行についての問題解決のアプローチとしては、理解しづらい建築専門用語の解説書や、分かりやすい施設点検マニュアルやチェックシートの作成など、あくまでも施設管理を理解してもらうための方法が主体であった。

　しかしながら上述したように、実際に業務を担う職員は技術系職員ではなく、2～3年で異動しなくてはならない。さらには職員数が激減する中において業務量は膨大に増えており、解説書やマニュアルをじっくり読んでいる時間などほとんどないのが現状である。

　もちろん、これらマニュアルの類は、素人に専門的な知識の理解を促すためには非常に有効である。しかしこの方向だけを追い求めていても、事務系職員と技術系職員の溝が埋まることはない。

現状を打開するには、実務を担う職員の事務量を減らすこと、すなわち施設管理の効率を実質的に高めて、職員のストレスを軽減することに尽きる。

　施設管理担当へ異動した際に担当者が一番苦労することは何か、あるいは時間を無駄に要してしまうことは何かといえば、業務の全容が分からないという点であろう。まずは4月から翌年の3月までの間に、当該施設の維持管理・保全に係る業務にはどのようなものがあるのかを理解することから始めなければならない。

　もう少し具体的にいえば、施設のハード面についての業務のスケジュールでは、4月に前任者から簡単な引き継ぎを受けるとすぐに、各種維持管理業務の契約事務の諸手続き、各種届出事項の提出（学校であれば教育委員会に毎年5月1日現在の学校施設台帳を提出、あるいは建築物のエネルギー消費性能の向上に関する法律〈省エネ法〉による届出等）、冷暖房機器の切替段取り、消防・避難訓練の実施等々が待ち構えている。

　そのほか、点検・保守業務系の契約だけでも、建築基準法第12条の検査・点検や、自家用電気工作物、エレベーター、消防設備、中央監視装置があり、また、清掃業務、警備業務、執務環境測定業務、植栽剪定業務等々、数多くの役務業務が存在する。

　さらにこれらの業務の仕様書を確認しようとすると、書棚にファイリングされているはずの資料を探したり、引き継ぎを受けたパソコン内のフォルダーをチェックしたりすることから始めなくてはならない羽目に陥る。

　そうであっても業務は日々進行していくので、理解も不十分なまま請負業者と打ち合わせを行い、日程をドタバタと決めていく中で1年が過ぎていってしまうことになる。

　こうした状況では、計画的に施設全体を俯瞰して業務を遂行するなどということはかなり厳しいといわざるを得なくなる。

　この状況を少しでも改善し、事務量を減らして実質的な施設管理効率を高めるためにできることは、やたらと専門的な解説書を作ることではない。4月から翌年3月までの1年間を通して、何月にどの発注・契約

図表4-1　年間スケジュール管理票

二重下線部をクリックすると、【修繕履歴（委託業務履歴含む）】や【日常点検表】にリンクされる

2018	年度	委託業務関係	修繕・点検関係	庁内事務関係
月	時期			
4月	上旬	・エレベーター保守点検 ・消防設備点検 ・中央監視制御装置保守点検 ・自家用工作物保守点検 ・清掃業務 ※上記委託者との打合せ	・施設確認、日常点検	・前任者からの引継書及び施設の概要、各種ファイリングの説明 ・工事依頼書作成
	下旬	・法定点検（建築基準法等）	・修繕A	（6月補正予算作成）
5月	上旬	・冷暖房設備切替保守点検		・施設台帳作成
	下旬	・自動ドア点検	・季節点検	
6月	上旬	・執務環境測定業務		（6月議会資料作成）
	下旬	・植栽剪定業務 ・受水槽、高架水槽清掃		・決算審査資料作成 ・省エネ法資料作成
7月	上旬	・消防査察		
	下旬		・修繕B	（9月補正予算作成）
8月	上旬			
	下旬			
9月	上旬		・避難訓練	（9月議会資料作成）
	下旬	・法定点検結果報告	・点検結果確認（予算）	
10月	上旬		・修繕C	・定期監査資料作成
	下旬			（12月補正予算作成）
11月	上旬			・来年度当初予算作成
	下旬			
12月	上旬	・除排雪業務		（9月議会資料作成）
	下旬			（2月補正予算作成）
1月	上旬			
	下旬			
2月	上旬	・消防査察	・暫定措置a	
	下旬			（2月議会資料作成）
3月	上旬			
	下旬	・警備業務		・引継書作成
備考		※成果物ファイリング位置 　ビジネスセーバー --- 棚	※図面保存場所 　ホルダー名---	【共通】 ・光熱水費の支払事務 ・その他照会文書等

下線部をクリックすると、下記項目等が表示される
・契約金額　・契約者名
・契約期間　・契約概要（修繕概要）
・仕様書PDF（来年度への修正点含）
・保存文書ホルダー先（リンク先）

第4章　個別施設計画の実行のための体制整備　　91

業務をしておかなければならないか、何月までにそれらの結果報告を受けるようにしておかなければならないのか、また何月に何を支払っているのかを明らかにしておくこと、そしてそれらの発注仕様書の在処をパソコンのシステムで明確にしておき、すぐに確認できるような仕組みを構築しておくことが大事である。

　自治体職員には非常に優れた能力の人が多い。単に資料を探すだけの手間に無駄なエネルギーを使うことなく、1年間を俯瞰して業務を遂行できるのであれば、これまでとは全く違った効率性が生まれるはずである。効率化により生まれる時間を、本来のコア業務に費やすのが真の姿ではないだろうか。あるいは、時間ができるからこそ、各種のマニュアルを開く時間も生まれるのではないだろうか。まさに働き方改革のひとつである。

　図表4-1（前ページ）は年間スケジュール管理表のモデルを示したものである。当然、施設の用途や規模、構造、設備の種類等によって詳細は異なってくるが、大まかにはこうした流れを俯瞰して個々の業務を

図表4-2　メンテナンス企業一覧表

業務等	名称	住所	TEL	E-mail	担当者
主管課	○○課				
エレベーター保守点検	㈱○○○○	○○市……	-　-	…lg.jp	○○
自動ドア保守点検					
消防設備点検					
中央監視制御装置保守点検					
自家用工作物保守点検					
冷暖房設備切替保守点検					
清掃業務					
受水槽・高架水槽清掃業務					
警備業務					
植栽剪定業務					
法定点検業務（建築基準法等）					
執務環境測定業務					
除排雪業務					

こなすことが重要である。

　この内容を並べ替えることによって、**図表4-2**（前ページ）のような一覧表を作成することも可能である。これは当該施設におけるメンテナンス企業一覧表であり、緊急時等も含め、日常的な施設管理の適正化に有効に生かすことができる。

(2)　暫定対策体制について

　公共施設マネジメントの業務に就いていると、計画保全とか予防保全という言葉を聞く機会も多いと思われる。これは、施設の保全に関して、大きな障害や不具合が発生する前に、計画的に保全を行うことを指している。これによって、突発的に生じる大規模な改修工事を防ぎ、結果として余計なコストを発生させることなく、また事業自体も急きょストップさせることなく、持続可能性が保てるというものである。

　たしかに、計画的に危険を回避、あるいは予防できる状態であれば非常に望ましい。しかしながら現実には、それはもともと、一定水準の維持管理体制をとってきた施設に対して当てはまる論理である。

　きちんとした点検をすることもなく、見た目からして老朽化が進み、機能低下を招いている公共施設は山ほどある。それは、どこかの誰も使っていない廃墟となった公共施設の話ではなく、我々の身近な小中学校や公民館、児童センターなどにも多く見られる。施設機能面での点数をつければ、ゼロ点以下のマイナスの状態も見受けられる。

　こうした事実から目をそらさず、真正面から保全に立ち向かうのであれば、最初にやらなければならないことは最低限の安全性を確保することである。しっかり施設点検（劣化調査等含む）を実施し、人命に危険を及ぼす恐れのある部位を抽出し、その修繕を実施する。計画保全や予防保全という理想的な保全を議論する前に、最低限プラスマイナスゼロの状態まで持っていくことが先決ではないだろうか。それが公共施設の現実である。

　一方、自治体の中にはその施設点検の重要性に気づき、財政部局に点検（劣化）調査費を要求するものの、財政部局からは「その点検（劣化）調査によってどれほどの費用対効果が挙がるのかを示してほしい」との

第4章　個別施設計画の実行のための体制整備　　93

意見が寄せられ、「そんな計算はとてもできない」と、泣く泣く要求を取り下げる事態も散見される。財政部局の理屈も分からないではない。点検（劣化）調査費に数百万円から数千万円使うのであれば、その予算を修繕費に回した方がよっぽど道理にかなっているようにも思えるからである。

そこで筆者は、発想を変えてみてはどうかと考えている。例えば建物への悪影響というと、建物内部に雨などが侵入することで建物各部の劣化の進行を加速させることが第一に考えられる。それは、ほとんど屋上や外壁（外部建具を含む）の防水性能の劣化から起こっている。そうであれば、屋上と外壁に絞って劣化調査を先行してもよいのではないか。事実、外壁の劣化によるコンクリート塊やタイルの落下による人や器物への損害事例は多数報告されている。

かりに数百万円をかけて屋上の防水層の点検を実施して、屋上の排水口の周りに泥が溜まっているために、雨水が流れない状態になっていることを点検業者から不具合個所として報告されたとする。報告はされたとしても、実際にその排水口の周りの泥が取り除かれ、水が流れる状態にならなければ、施設保全上はなんの効果も発生せず、費用対効果はゼロということになる。こうならないために発想の転換を図り、最初から屋上清掃業務を発注し、水たまりのような不具合箇所があった場合は、写真を撮って作業日報に添付してもらうことにする。こうすれば掃除をするということについての費用対効果がゼロから 100％ に上がるだけではなく、不具合箇所の発見という簡易点検としての付加価値が付く作業とすることができる。予算面でも、数千万円の点検（劣化）調査費は難しくとも、数十万円の清掃費は確保できる可能性は高いはずである。先に触れた予算の費用対効果（コストパフォーマンス）の説明については、それをあえて財政部局に説明する必要もなくなる。掃除をしてきれいになったという成果だけで十分なはずである。

補足であるが、こうした屋上清掃は、ゲリラ豪雨や台風が発生する前の時期、すなわち 5 月頃に実施しておくと、さらに効果は抜群である。保育園などのように女性職員の多い施設や、タラップでしか屋上に上がれない構造の建物、勾配屋根をもつ建物などには、さらに効果的と思わ

れる。

　同じようなことは外壁についてもいえる。外壁の点検（劣化）調査を行う際に、クラック（ひび割れ）箇所の調査報告書とあわせて、もしその劣化した部分の外壁が落下した場合の影響範囲、すなわち、直接人的被害あるいは器物の破損につながるような地上の範囲を、別途、図示してもらうように点検業者に委託してはどうであろうか。それにより、外壁落下による影響範囲が明確になり、もし、その外壁部分の修繕が直ちに実施できなかったとしても、その影響範囲に立ち入りを禁止する措置をすることができる。これはあくまでも暫定的な措置ではあるが、人的な被害を未然に防ぐことはできるだろう。なお、小中学校であれば、バリケードやコーンを並べると児童生徒への刺激が強すぎるので、例えば、植物用プランターを敷き並べて暫定的な花壇空間を作りあげ、実質的に児童生徒が立ち入れないような措置とするのも一考である。

　このように、いま公共施設が置かれている建物の物理的な劣化の状態は、理論上の計画保全や予防保全を直ちに適用できるような段階にはない場合が多い。まずは当面の危険な状態、すなわちマイナスの状況を、とりあえずプラスマイナスゼロの状態に持っていくことが先決なのではないだろうか。

　そのための方策として、上述したような清掃業務にあわせた暫定的な屋上点検の実施や、外壁周りの立ち入り禁止措置の実施など、これまでの点検や清掃の発注方法にかかわらない、視点を変えた施設管理の発想を取り入れることが必要である。さらに踏み込むと、限られた予算や人員、時間という制約の中にあって、始めから完成形のみを求めるのではなく、まずは一歩を前に進める措置を取ることが大切である。最優先で安全性だけは確保するために、暫定措置でもかまわないので、可能な限りの対策を施すことに、これからの数年間を費やすべきであると考える。

　医療の世界の患者に例えるとすれば、入院して環境の整った手術室で手術を受けられる患者ばかりではない。まずは救急医療という患者も多いが、まさにそんな患者に相当する公共施設がたくさんあるということを再認識するべきだと感じている。

COLUMN

土木・交通インフラに学ぶ

　ここまで、発想の転換の話をしたが、今後、建築保全のあり方は大きな転換を迎えるように感じている。

　具体的には、土木や交通インフラに見られるような、「危険な状態に陥る前に施す対策」に重点が置かれていくような気がするのである。

　例えば道路では、右折レーンに導くためにわざわざ道路表面にゼブラゾーンを設置し、車が急に車線変更をしないような誘導をすることで安全を確保している。

　交通インフラでも、東京を走る山手線の新型車両は、高齢者や障害者のための優先席部分に工夫がある。座席の背もたれの色を赤くしているだけではなく、その周辺の床全体の色を赤くして、他の部分とははっきり違うエリアなのだということを認識させている。

　これらのゼブラゾーンや赤く塗られた床は、事故や問題が起こる前に無意識にそのリスクを避けるように誘導している。

　これらの発想を建築保全に活かすことを考えたい。例えば、防火シャッターや防火戸が閉まる部分の床にゼブラゾーンや赤い床シートを採用する。そうしておけば、防火の設備に知識がない人でも、そこにむやみに荷物を置いたり、障害になるような行為をしたりすることはなくなるのではないか。排煙オペレーター（火災時に排煙窓を開ける装置）の周りの壁をゼブラ表示にしておけば、そのオペレーターの前に、わざわざ荷物を積み重ねるような愚かな行為はしなくなるのである。

　これまでは、施設保全のマニュアルを作成し、点検の研修を行い、微細に注意を促すことによって安全を確保しようと努められてきたが、これからは、直観的に人間が危険や問題を感じ取れるようなデザインに変わっていくように思うのである。

先ほどのべた、防火シャッターや防火戸が閉まる部分の床にゼブラゾーンを設けることなどは類似の実施事例もあり、いますぐにでもできる「予防保全」の一種ではないだろうか。急激に高齢化が進む社会にあっては、早急かつ真剣に取り組む必要があるように思う。

(3) 事前相談体制（状態監視保全・時間計画保全）について

　上述の暫定措置を施すことによって、喫緊の危険な状態は回避できたとしても、もちろん抜本的な修繕を行ったわけではない。では、その後はどうすればよいかであるが、大きく分けて状態監視保全体制と時間計画保全体制の2とおりの体制を敷いていくことが肝要だと考えている。これまで計画保全（予防保全）と事後保全という言葉はよく聞かれたと思うが、これは支障が発生する前に保全を実施するか、発生後にするかの違いである。いまの公共施設が置かれている状況を鑑みると、品質面ばかりに注目した保全をするのではなく、財務面と供給面についてもバランスよく考慮しなければ、その実効性は乏しくなる。そこで特に重要になるのが、状態監視保全体制であると考えている。状態監視保全とは、不具合の状態を経過観察しながら、いよいよ耐えられなくなりそうになった際には、可能な限り事前に計画を立てて予算措置を行い、修繕を実施しようというものである。この状態監視保全に適した部位は、急激な変化が起こりにくく、かつある程度表面的な事象により劣化状況を判断することが可能な、コンクリート躯体や屋上防水、外壁などである。

　一方、我々が日常の業務を行っている際に、急にパソコンが壊れてしまったらどうなるであろうか。仕事は急にストップし、予定はキャンセルが続き、場合によっては、これまでのデータは消え去り、業務の継続性が著しく損なわれる状況に陥るであろう。これは見た目には劣化の兆候が判断しづらく、事態が急激に変化し、また起こってからでは遅いという不具合である。この状況は上述の状態監視保全体制ではフォローできない。このリスクを回避するためには、ある程度時間が経過したものや使用頻度に応じて計画的に更新を実施する、時間計画保全というもの

を採用する必要がある。その時期の設定には、建築物の修繕周期表や各メーカーの仕様書、あるいは減価償却の年数を参考にするなどが考えられる。時間計画保全の対象としては、その特質から空調機や消防設備等の機械設備が適切であろう。

　状態監視保全や時間計画保全の精度を高めていくためには、これまでの発想を変えなければならない。それは施設管理者（専門家以外）による日常的な簡易点検と、定期的に行われる専門家による法定点検との連携の強化である。簡単にいえば、専門家による法定点検時（例えば、建築基準法第12条に基づく検査は、建築が３年に１回、設備が１年に１回行わなければならないとなっている）に、施設管理者による日常点検結果のデータを特記仕様書等により提示し、日頃から気になっている箇所について、専門家に危険度等を判断してもらうことを業務委託とすることである。点検する専門家にとっても、１年あるいは３年に１回、わずか数時間しか滞在できない現地調査において、これら日々のデータが事前に提示されるということは、非常に有効なことであることは間違いはない。年に１回の定期健康診断時に、本人からの問診票が提出されるのと同じである。

　また逆に、専門家により要注意と指摘された事項については、施設管理者まで確実に情報を伝え、日常的な点検時の確認を常習化させていくことが重要である。

　また、法定点検実施者からの結果報告については、できれば劣化状況（危険状況）を３段階（例えば、Ａは「現状維持」、Ｂは「今後概ね３年以内に修繕をすることが望ましい」、Ｃは「至急修繕が必要」など）で評価してもらうような発注仕様とすることや、修繕費用の概算見積額を可能な範囲で聴取することも重要である。これは点検項目の重点化や修繕の優先順位付けに役立つ。

　これらの状態監視保全体制や時間計画保全体制を自治体の組織の中において根付かせるためには、組織における一定のルール化が必要である。特に予算確保のためのルール化が最も効果的であり、したがってルール化の担当は財政部局であることが望ましい。具体的には、一定額以上の当初予算要求に際しては、必ず事前に財政部局（財務面）や行革・政策

部局（供給面）、建築部局（品質面）等との事前協議制の体制を敷くことなどが重要である。良くも悪くも、自治体はルールなくしては前に進まない組織なのである。

⑷　実行支援体制について

　自治体の中では、公共施設マネジメントを担う部署は大きく分けて２つある。１つは企画・財政・行革・管財部署であり、もう１つは建築・土木部署である。公共施設マネジメントにおける「量」の話は、企画・財政・行革・管財部署が担い、「質」の話は建築・土木部署が担うというスタンスが大勢ではないだろうか。自治体は組織も大きく、業務範囲が広いため、それぞれの部署が役割を分担して実行することは合理的と考えられる。

　しかしながらこの２つの山が、お互いのデータの連携も含めてうまく連動していなければ、一番混乱するのは、施設を実際に管理し予算を持つ所管部署である。分かりやすくいえば、企画・財政・行革・管財部署は「統廃合を検討せよ」といい、それに対し「急な統廃合は到底不可能」と所管部署は抵抗する。その中で所管部署は、「とりあえず来年度は劣化したエアコンの改修を」ということで、建築部署に工事費の見積り依頼を行い、依頼を受けた建築部署は現地調査を実施した上で、「さすがに古くなって機能低下したエアコンは、最新の省エネ型のものへ改修しなくては」と改修工事の積算を行うといった、一連の事務上のやりとりが役所の中で行われているのではないだろうか。

　一見この動きの流れの中において、それぞれの部署の訴えや行為は正しいように思える。

　もし、この動きを少しだけ変えてみるとどうなるであろうか。例えば、企画・財政・行革・管財部署が３年先を見て、早めに統廃合の検討会を所管部署と一緒に立ち上げることを提案し、所管部署は差し迫ったエアコンの改修工事を最低限必要な部屋に絞って、リース契約にて最新型に交換することで妥協し、建築部署は面倒な積算書を作る時間を掛けることなく、かわりに所管部署が行うリース会社との見積依頼時に同席して技術的なアドバイスだけを行う、といった一連の事務に変わるとすれば

どうであろうか。所管部署の職員にとっては、リース会社との打ち合わせ時に技術系職員が同席してくれていれば一安心だし、財務面ではリースにすることによって無駄な出費を防ぐことができ、品質面では一定の最新の機能を確保することができ、供給面では将来統廃合するかもしれない施設のエアコンを、この時点で全面更新する必要はなくなるのである。

　さらにこの発想は、民間資金や民間ノウハウを活かして空調設備などを改修する ESCO 事業（Energy Service Company 事業）の事例などにも発展していく可能性もある。

　このように、企画・財政・行革・管財部署の山が動かそうとしていることは、建築・土木部署の技術的支援がなくては、なかなかうまく動かない面が多い。少なくとも技術的支援があれば、実効性やスピード感に大きな差が生じてくるのは事実である。

　いずれにしても、このように企画・財政・行革・管財部署と所管部署と建築・土木部署が、思考や行動パターンを少しだけ変化させれば、これまでよりも仕事の量やエネルギーの消費量が減る可能性は高いのではないだろうか。これからはバブル時代のような予算はない。それどころか 2025 年問題といわれる問題が目の前に控えている。団塊世代が後期高齢者層へ突入する時代となり、扶助費の高騰が危惧されているのだ。職員の絶対数も減少する。特に、働き手となるべき若い職員の数は激減する。新たなイノベーションを起こさなければならないのは必然である。

　こうした新たな動きに組織全体をどう合わせていくかというと、一朝一夕にできるような安直な方法などはない。企画・財政・行革・管財部署、所管部署、建築・土木部署のそれぞれが、真剣に意識改革を図っていくしか道はない。ただ精神論をいうだけでは効果は挙がらないので、少しずつでも具体的な取り組みを実行していく必要がある。上述した年間スケジュール管理体制や、暫定対策体制、あるいは事前相談体制（状態監視保全・時間計画保全）といった仕組みを順次構築していく一方で、それらを支えるため、組織としての意識改革を行っていくことも重要なファクターとなる。

　そのために、繰り返し継続して「量」と「質」の研修を実施していく

100　　第2編　公共施設等総合管理計画に続く「個別施設計画」の姿

必要がある。特に新人研修時などにこうした財務・品質・供給の概念を頭に叩き込んでおくことは、事務系、技術系の別なく、バランス感覚や新たな発想力、マネジメント能力（プロデュース能力）を養うために大いに有効であると考えられる。

　改めて確認しておくが、今後、超高齢社会や少子化社会を迎えて生産年齢人口が極端に減るということは、自治体においても日本の民間企業においても同じである。すなわち、生産年齢人口の絶対数が減るということは、技術者層も激減するということを示す。今後、自前の技術系職員を抱えていられる自治体は激減することが予想される。それゆえに、今後は民間企業を単なる請負業者感覚でとらえるのではなく、自治体を支えてくれるパートナーとして早めに確保しておくべきである。それが自治体の生き残りに重要な要素になるはずである。

　これまでに触れた年間スケジュール管理体制や、暫定対策体制、あるいは事前相談体制（状態監視保全・時間計画保全）といった分野は、技術的サポートが不可欠である。また、暫定対策体制の中で触れた屋上清掃を主体とした点検作業などは、大手企業ではなく各地域や地区に根差した建設会社とのパートナー契約をしていくことがより望ましい。災害時にだけ地元建設会社に支援を求めるのではなく、地元だからこその気候や風土、小回りのよさを活かしたパートナー契約をしていくことが今後ますます重要になるであろう。

　このように考えていくと、今後は組織の内部だけでマネジメントを行っていくだけの技術的ノウハウを確保することは、現実的には難しいと思われる。そこで包括管理業務委託など、官民が連携して公共施設マネジメントを実行していく体制がますます重要になると考えられる。こうした視点での官民のパートナーシップの必要性に気づいている自治体が、果たしてどれだけいるであろうか。少々心配なところではあるが、杞憂に終わることを願いたい。

(5)　全庁棚卸体制について

　筆者の私事にわたることであるが、自治体の職員を20年以上務める中にあって、何か計画を作る際には、いつまでに仕上げなければならな

いかについてはかなり意識していたように思う。しかしながら、そのためにいつから検討を開始するかということに関しては、あまり決めようとはしていなかった。決めると急に切迫感に襲われ、真剣さが求められるような気がして、それを避けてきたような気がする。

　まさにこのことが「お役所仕事」の根っこにある。いつまでに仕上げるかは決定させるが、そこまでが計画決定である。そこから逆算していつから検討を開始しなければならないかのスタートラインは決めたがらない体質を持っているのがお役所である。先にも述べたように、自治体は2〜3年のローテーションで常に異動を繰り返さなければならない組織であるので、中長期に渡って1つの分野に在籍し、責任を持ち（あるいは権限を持たされ）、先を見通した仕事ができるということがない。それゆえにそんな体質が組織に染みついたのではないだろうか。

　公共施設マネジメントにおいては、いずれ自分達が苦労するのであれば、少しでも早め早めに検討を開始し、地元との調整を含め、ある程度余裕をもって対処できる体質に変えていくことが肝要だと考えている。

　大きな施設の更新（建替え）事業を考えてみる。事業の大まかな手順に則って逆算してみると、必要な年数は次の通りである。工事期間に2年、工事を行うための実施設計に1年、その前の基本設計に1年、さらにその前の基本計画（基本構想）に1年である。いざ工事を実施すると決めてからでも設計期間を入れれば、約5年かかるのである。もちろんこの手続きの中には各種入札手続きが含まれるため、実際にはもっと長い時間を要する場合も考えられる。ましてやもし、入札の結果で不落が続くような事態になれば、さらに期間は延長となる。

　そして最初の基本計画（基本構想）に入る前に、前年度には予算要求を行っておかねばならず、さらに国庫補助などを想定する場合にはその事前協議期間も必要となり、これらに概ね1年程度の時間を要する。また、その予算要求に先立って、基本計画案の庁内調整、議会への説明や議会承認、住民への説明やパブリックコメントの実施等が必要な場合もあり、これらにも概ね1年の実務的期間を要する。そのほか、もし住民ワークショップをきめ細かく実施しようとすれば、そのために相当の時間を用意しなければならないのである。

こうして考えると、首長が竣工のテープカットを行う概ね7年前には、行政内の実務的手続きがスタートしていなければ間に合わないことになる。もちろん事業規模や自治体の慣例等によってこの期間には差はあるだろうが、日本人にとって性急に物事を決めていくことには非常に抵抗感が強い。検討の開始年を少しでも前倒しで設定し、とにかく検討を開始するという仕組みが肝要となる。

　これを全庁施設について統一的に実施すれば、まず施設全体の老朽度の進行状況が把握できるが、さらに基本設計費や実施設計費、工事費等を大まかにでも把握しておけば、向こう何十年に渡っての財政措置に必要な額の目安が得られることになる。

　なおその更新（建替え）の時期は、あくまでも庁内でのシミュレーションとしての意味しかないので仮の設定でよい。経済的耐用年数（財務）ともいうべき会計法に基づく減価償却期間を設定してもよいし、減価償却期間+10年や20年などでもよい。そのほか、構造的耐用年数（品質）や機能的耐用年数（供給）などの考え方もあるが、いずれにしても更新時期は、それぞれの所有者が自らの判断で設定するしかないもので、正解はないのである。要はあと何年使うかの目安を持つことが大事なのである。

　この考え方は一見難しいようであるが、マイホームになぞらえて考えてみれば分かりやすいであろう。例えば30年前に新築の一戸建て住宅を購入し、現在も住んでいるとしよう。するとこの家は、今年には築30年目を迎え、屋根や外壁、内装の壁紙、風呂や台所の水回りはそれなりに古くなってきている。さらにはエアコンの効きも悪くなり、それぞれ改修が必要な時期を迎えていることは素人でも分かる。こんな時に我々は、屋根や外壁はいま直しておけば、あと10〜15年くらいは台風にも耐えられ、風雨はしのげるだろうと想像はつくが、あわせて、風呂や台所等の水回りも最新型に取り換えるべきかどうかについては悩むことになるのではなかろうか。それは最新型のシステムキッチンに取り換えたとしても、果たしてこの先何年、これで料理をすることになるか想像ができないからではないか。要は、最初にあと何年この家を使うかを頭の中で決めなければ、どこをどのように改修するかは考えられないの

第4章　個別施設計画の実行のための体制整備　　103

である。更新時期を想定するとはこういうことなのである。

　少し話は逸れたが、この更新時期設定の考え方は、単純にいえばコンクリートなどの躯体の劣化度を経年のみで仮に判断することにして、更新時期を定めるものである。これは事務系の職員にとっても技術系職員にとっても、ある程度共通して理解し合える考え方であろう。この考え方によれば、建物の中長期の保全計画あるいは整備計画を、細かな建築技術論によって構築するのではなく、いたって簡易に、しかし実務的には理解しやすい年表として提示することができることになる。

　具体的には、建物の各種改修時期を、例えば○○系統の排水管とか、○○部位の床材などのような、細かなパーツごとに決めるのではなく、屋上防水や外壁、トイレ、エレベーター、照明器具、空調機といった、発注工事名に相当するような大きなまとまりで括り、そのまとまりごとに経年管理を行い、中長期保全計画とする考え方である。経年管理とは、そのまとまりごとに直近で行った改修の年度を起点とし、修繕周期表などで示される改修期間を加えた年度を次の改修年度とする単純な考え方である。この時に大切なのは、その改修年度から遡った数年以前に、改修の検討を開始する年度や設計を開始する年度を設定しておくことである。先にも述べたように、検討開始の年度を設定すれば、その時に今後本当に改修を行わなければならないのかどうかを見定めることができる。状態監視保全の結果からもう少し見送れるのか、あるいは改修ではなく他の施設に複合移転する方がベターなのかなど、複数の選択肢から検討を進めることができるはずである。このように、前もって検討が開始されるところが大事なのである。

　総量縮減、総量最適化云々の言葉だけが躍る現代社会にあって、全庁施設（極小の施設は除いても可）を対象に、更新時期、大きなまとまり工事ごとの改修時期、そしてそれらの検討開始年を一覧表にして全体把握することを全庁棚卸計画と呼ぶことにする。これは、自治体の全体最適化にとって非常に重要な思考過程であり、中長期の保全計画あるいは整備計画の策定につながっていくのである。

COLUMN

人と建築物の寿命

　それぞれの人があと何年生きられるか、すなわち寿命はあと何年かをピタリと当てられる術はない。

　同じように、建築物もあと何年もつかと問われても明確な答えは出せないものである。答えはないというべきなのかもしれない。数年後に解体することもできるし、修繕に修繕を加え数十年、場合によっては数百年もたせることも可能であろう。

　ただ、公共施設マネジメントの議論をする際に、感覚的にあとどのくらい使えるかという概念を持っておくことは大変重要だと思っている。

　それは、建築後○○年経った建築物とは、人間に例えたら大体どのくらいの年齢なのかということをざっと計算できる感覚を持っておくということである。

　筆者は築後年数を概ね1.4倍している。例えば、建築後30年が経った建築物ならば、人間でいえばおよそ42歳ということになる。42歳といえば、ちょうど人間の男性であれば本厄の歳であり、建築物でも重要なメンテナンス年を迎えるということになる。

　この1.4倍の根拠は、まず建築物の寿命を日本建築学会が「建築物の耐久計画に関する考え方」の中で示した標準耐用年数である60年と仮定する。人間の寿命は84歳、これは厚生労働省の平成29年簡易生命表により、日本人の平均寿命が男性81.09歳、女性87.26歳の平均値である。この両者を単純に比較したものである。

　この1.4倍の考え方を利用すれば、日本人の定年退職年を65歳として、建築物でも建築後46年頃を迎えたものは、そろそろ1回目の定年退職などと想定してみるのもよい。その上で、あと何年使い続けるかを考えてみると、人間に準えておおよその想像がつくのではないだろうか（ただし建築物は生き物ではないとい

うことは忘れないでほしい。生き物には自然による寿命の限界があるが、建築物はそうではない)。

　また、その半分の年である建築後 23 年を迎えた建築物は、人間でいう 32 歳頃であり、女性にとっての本厄 33 歳と近い。健康なようでも案外予期せぬ病魔に襲われることもあり、人生の中間時点で注意が必要な頃なのかもしれない。

　このように考えていくと、建築後 23 年頃までには一度しっかりした精密検査つまり劣化診断を受診し、建築後 30 年頃には最低でも大規模な改修工事を終え、建築後 46 年頃には無事に名目上の定年退職を迎え、今後さらなる長寿命化改修工事をするのかどうかの見極めが必要になるのであろう。こうして考えてみると、建築物のライフサイクルというのが愛しくなるのではないだろうか。

⑹　マネジメントシート（財務・品質・供給）作成体制について

　公共施設マネジメントやファシリティマネジメントという言葉は、今や自治体の中では珍しくなくなった。2018 年 9 月末までには、全国のほぼ全ての自治体において、公共施設等総合管理計画も策定された。公共施設マネジメントは、少子高齢化がますます進展し財政状況が厳しくなる中において、将来を見据えた施設総量の適正化（○○ % 削減）や効率の良い老朽化対策を実施し、持続可能な自治体経営を行い、コンパクトシティを実現させ、PFI などを活用した官民連携を強化していくことなのだ、と教科書的には理解した感がある。

　しかしこうした総花的な話の展開と、現実的な庁内における議論とは、はっきりいえば全くの別物である。関係各課で行われる協議において、各課がこのような理想論ばかりを唱えていては、いつまで経っても解決策は出てこない。なぜなら、各課が訴える理想論はある意味では正論であり否定されるべきものではないが、それは各課の個別最適化について論じていることであって、組織全体としての最適化という視点を欠くからである。前提となる財政的な根拠や、時間的な考慮が抜け落ちた議論をしていることが多いのである。これまで関係課協議の多くは、提示される資料はバラバラ、明確な論点、すなわち何が問題で、何を根本的に

解決しなければならないのかということも整理されず、なんとなく「できない感」が漂うことが多かったのではないだろうか。

　そこで提案したいのが、**図表4-3**に示すようなマネジメントシートである。これは、例えば、上述した全庁棚卸体制において、検討開始年を迎えた施設に対して、所管部署及び関係部署がそれぞれ必要事項や根拠を記入し、統一した協議のテーブルに乗せることを想定した定型の書式案である。

　具体的には、先ずは所管部署が、施設のそもそもの条例上の位置付けや目的を記入すると同時に、実際の利用者層の特色（年齢層や男女別、重複者を除く実質利用者数等）や活動内容の実態（貸館状態等）について、予測や希望を排して事実だけを記入することとする。それらを考慮した上で、所管部署としては、当該施設を今後どのようにしたいのかを記載してもらう。例えば、建替えや大規模改修工事の実施、業務自体の民間への移行、あるいは廃止、仮移転、応急対策などといった具体的な方向性を記入してもらうのである。

　そして次に、そのように考えた根拠を具体的に記載してもらう。その際には感情論ではなく、論理的な視点で記載してもらうことが肝要であるため、「財務面」「品質面」「供給面」の3つに分けて記載してもらう。

　「財務面」では想定する施設利用者に応じた収支見込を記載する。収入には通常施設利用収入等があり、支出には人件費や委託料（指定管理委託料も含まれる）、光熱水費、修繕費、施設管理料等を大まかでよいので記載してもらうのである。これらの数字は概算でかまわないし、あるいはどこかの実績を参考として引用してもかまわないものとする。ただし、想定する施設利用者については、これまでの当該施設の実績値を基本とした上で、事業内容を見直すことによるトレンドの変化について論理的に説明してもらうようにする必要がある。なぜなら、これまではかなり曖昧な希望的観測に基づく、いわば虚構の数字が使用されることが多かったからである。今後はそうしたバブル時代が生み出した妄想や幻想は、かえって住民を混乱させ、計画自体を取り返しのつかない迷路に導くことになるかもしれない。

　次に「品質面」については、施設の想定する更新をどのように考えて

第4章　個別施設計画の実行のための体制整備　　107

図表4-3　マネジメントシート

様式 **A** マネジメントシート	施設名称							
	施設分類							
	施設番号					棟番号		
	建物概要	建築年	残存年数	延床面積	構造		耐震診断	耐震補強
	所管部課	部　　　　　　　　　　　　　　　　　　　　　課						

■設置条例・総合計画等での位置付け／目的

○○条例（設置年　　　　　　）
目的

■利用者の実態等

＊条例上の設置目的ではなく、あくまでも利用者層の実態について記入
　（年齢層、男女別、ダブルカウントしない実質人数等含む）

■所管部課としての具体的な方向性

＊建替え、大規模改修、民間への移行、廃止、仮移転、応急対策等、具体的な予算要求概要について記入

■具体的な想定（理由含む）

【財務面】	【品質面】	【供給面】
収支見込表（±表）の作成 ◆収入（施設利用収入等） ◆支出（人件費、委託料、光熱水費、修繕費、施設管理料等） ◆上記の積算根拠	想定する建物の ◆規模（大きさ）／構造 ◆所有・リース等の別 ◆イニシャルコストと調達方法 ◆想定使用年限	◆具体的なサービス提供内容 　（中身） ◆提供者（官民の別） ◆需要根拠

（解決になっているか ◎△×）

■住民に与えている課題（危険性等）についての整理（現状のリスク把握）

【財務面】	【品質面】	【供給面】
＊住民の高負担性や持続不可能性等について記入 　（財政課）	＊安全上の危険性等について記入 　（建築課）	＊偏在性や過大性、あるいは目的喪失等について記入 　（企画政策課・行革課）

■付帯意見

□マネジメント担当課

＊資産経営・管理上からの総合評価や付帯意見について記入

□その他関係課

＊必要に応じ専門的見地からの付帯意見について記入

■参考資料（添付資料）
◇積算調書（建築課等専門部課の積算根拠や見積書）
◇市民アンケート調査【負担者市民】（例：総合計画や公共施設等総合管理計画等）
◇施設アンケート調査【使用者市民】（例：住民ワークショップ等）
◇モニタリング調査【事業者】（例：指定管理者等から見た利用実態や改善点等）

いるのかを記載する。例えば、想定する施設の規模はどれくらいか、所有なのかリースでもかまわないのか、イニシャルコストや調達方法はどのように考えているのか、さらに今後想定する使用年限等について記載してもらう。ここに至ると、所管課からは「建築の専門的なことは分からない」という苦情が出る懸念が感じられるかもしれないが、それは一見正しい苦情のようであって、実はそうではない。

　もう一度よく上述の記載事項を見てほしい。想定する施設の規模というと一見難しく感じるが、実際の中身は、「今よりもどれくらい大きくあるいは小さくしたいのか」を示せばよく、「所有かリースか」は、自治体が自ら建設するのか、民間の貸床部分にテナントとして入居する方法でも問題ないと考えているのかということを意思表示すればよい。イニシャルコストや調達方法は、建築部署に相談してもよいし、過去の実績値を参考に物価上昇率を掛けるだけで算出してもよい。他の自治体の情報をインターネット等で検索してもよいであろう。改めて考えるまでもなく、これまでも所管部署ではこのような方法で予算要求をして来たはずで、何をいまさらの議論といえる。

　ついでに触れておくと、施設の各部屋における稼働率などを毎年細かく調査する自治体も散見されるが、こうした細かなデータについては、まさにこのマネジメントシートを作成する段になってから整えても、決して遅くはないのである。

　3点目は「供給面」で、具体的に提供する行政サービスの中身を記載する。例えば、公民館であれば、貸館というサービスを提供し続けていきたいと考えているのかを書いてもらうのである。学校給食室の建替えであれば、「学校給食を提供する」と書いてもらうのである。その上で、そのサービスの提供者が必ず自治体でなくてはならないのか、民間企業でも可能なのか、さらにそのサービスの今後の需要はどれくらいあるかを、そう考える根拠も含めて記載してもらう。

　ここまでが、所管部署において記載してもらう内容である。それを受けて、関係部署の方で記載することを以下に記す。まずどのようなリスクを住民に与える可能性があるかという論点で書いてもらう。実際に公表するかどうかは別として、住民にリスクを与える可能性を自治体とし

第4章　個別施設計画の実行のための体制整備　　109

て冷静に考慮する。事業の計画は住民のためであり、リスクの分析は決して責められることではない。逆にリスクの存在を押し隠して進めることの方が、かえって住民に対する背信行為となる。今後は特に正直に開示していくことが時流に沿っている。

「財務面」については財政部署で記入する。所管部署の方で記載してもらった内容を財政部署の方で冷静に判断し、その収支が起債等も含めて今後住民の大きな負担にはならないか、向こう数十年に渡る持続可能性を伴った収支計算になっているかなどについて意見を記入する。

次に「品質面」については、建築部署でより専門的な見地から判断し、所管部署の記載内容が住民の命の安全性を確保することになるかどうかについて意見を記入する。

「供給面」については、企画政策・行革部署から見て、所管部署の記載したサービス内容に地域的な偏在はないか、過大ではないか、あるいは時代の変化の中にあって本来の設置目的を喪失していないかなどについて、意見を記入する。

ここで注意するべきことは、これらの関係部署からの意見は所管部署への批判や単なる論評であってはならないということである。あくまで住民視点かつ全庁視点から客観的に意見を記入することが重要であり、情報公開を前提にした冷静さが求められる。もし公開されたとしても、決して住民から非難されることはない。

これら財政部署、建築部署、企画政策・行革部署の意見を踏まえ、所管部署の提案が解決策となっているかについて、公共施設マネジメント統括部署が財務面・品質面・供給面それぞれにおいて○△×で評価する。確認しておきたいことは、×をつけたから全てが駄目ということではなく、例えば、財務面は△であるが品質面は○、供給面は×という判断をするということである。現実には、財務・品質・供給の全てにおいて○という解決策は困難である。どこかで妥協してバランスのよい解決策を探る必要がある。

こうしたルールに基づいて所管部署及び関係部署が記載した結果を用いて、関係課協議を実施する。自治体によっては、○○検討委員会に諮るための書式としたり、よくある関係課協議に活用したりしてもよい。

110　第2編　公共施設等総合管理計画に続く「個別施設計画」の姿

大事なことは、一定のルールに則った協議を行うことと、協議の論点を財務・品質・供給の３つの視点から整理して行うことである。

また協議の補足資料として、市民アンケート調査や施設アンケート調査、あるいは指定管理者のモニタリング調査などを活用するのも１つの方法である。市民アンケート調査は広く負担者住民の意見として、施設アンケート調査は使用者住民の意見として、モニタリング調査は事業者（民間）から見た利用実態や改善点の整理として有効である。

そして最も重要なことは、これらの協議を経て自治体としての最終判断を行うのはトップである首長だということである。

このマネジメントシートの項目を読んで、「こんな面倒な書類を所管部署が書くのは嫌がるだろう」と思われるかもしれない。実はそこが狙い目なのである。なぜ所管部署は嫌がるのか。それは自分が所管の責任者であれば、自分の担当期間に廃止などの方向性を記入すれば利用者からの糾弾を受け、辛い立場になることを恐れるためである。自分が「悪者」になりたくないので、マネジメントシートには嘘でもよいから数字を見繕い、存続へのストーリーをでっち上げなくてはならなくなることを面倒に思うからではなかろうか。

自治体職員に限らず、人間はできれば面倒な作業は避けたいと思うものである。マネジメントシートでは、住民に与えるリスクについても住民の立場から書くようにしているため、内容が公表されたとしても記入者に精神的ストレスがかかりにくいようにしている。これからの時代はコンプライアンスが重視される。嘘とわかっていて無茶なストーリーを描くことは決して誉められることではない。逆に後になってから記載内容の責任を追及される方がよほどストレスになるし、罪も深くなる。「後悔先に立たず」で余計な負い目や気負いなしに、素直に根本的に解決しなければならないことを書く、これが最もストレスなく肝要なことである。

(7) モデル事業体制について

自治体の年間予算には上限があり、事業に携われるマンパワーにも上限がある。したがって、どれほど素晴らしいアイデアや計画を思いつい

たとしても、実際に処理できる事業数には自ずと限界がある。ましてや事業は発注すればそれでよいというものではなく、事業終了後もフォローアップや見直しの作業が繰り返される。このことは案外忘れられがちで、あらゆる事業が一気に進められるという錯覚に陥ることはないだろうか。かつての高度成長やバブルといわれた時代にあっては予算も人手も潤沢だったために、同時進行的に大量の事業が遂行できたという記憶が災いしているのかもしれない。したがって実際に統廃合や複合化等を行う施設については、ある程度の選択と集中が必要であるということになる。つまり組織や関係する職員のエネルギーを集中的に投入する事業を選択することであり、それをモデル事業と呼んでもよい。

　所有する公共施設の床面積を削減していく方法には、統廃合により絶対量を減らす手法もあれば、複合化により効率化を図る方法もある。また、民間の施設を賃借することによって自らが床を持たない方法もあれば、時期を限定して使用するリース方式もある。このようにたくさんある手法を各担当部署でばらばらに使うのではなく、カネとヒトをモデル事業に集中的に配置することが重要である。その真の狙いは、公共施設マネジメントをひとつひとつ実際に手掛ける中で、組織に新たなノウハウを蓄積し、それを他の部署へも拡げていくことにある。今後、持続的に公共施設マネジメントを推進していこうとするのであれば、全てを民間企業などに丸投げするような体質のままでは発展は見込めない。事業規模は小さくとも、実施した経験や成功体験を積み重ねていくことにより、自分たちのやる気や自信を創出していくことが重要なのである。

　またモデル事業を推進するにおいては、住民ワークショップのあり方を再構築する必要を感じている。住民ワークショップというものは、自治体の中でいろいろと持てはやされているところがある。議会からの「住民合意はどうなっているのか」という問いかけに対する回答として、住民ワークショップの開催が使われている。あるいは自治体の説明責任を果たすものとしても利用されているのではないだろうか。

　公共施設マネジメントの推進における住民ワークショップを、「様々な地域住民が参加し、地域の課題解決のための改善計画を話し合い、計画案の検討や作成を共同で進めていくもの」であるとするならば、およ

そ全ての公共施設に対してそれを実施するということには、そもそも無理があるといわざるを得ない。無理があるとする理由は、実際の住民ワークショップを見ていると1回当たりの参加人数は概ね20〜30人程度といったところであり、数万人規模の市町であっても、そこでの話し合いの結果が、すぐさま住民合意の結果であるとはいいづらいと感じられるためである。そもそもワークショップでは、何かの事項についての決定を諮るというものではなく、住民合意の手法とはいえないのではないだろうか。

　住民ワークショップ自体を否定するつもりはなく、ここで言いたいのは、もし地域に密着した住民参加のワークショップを目指すのであれば、課題を限定するべきだということである。住民の日常的な行動範囲内における「地域」の課題、例えば、地域集会所や地域公民館などを対象にするべきではないかと考える。30分程度で歩いていける距離にあり、月に1度は必ず使うような施設が対象であれば、20〜30人程度の参加であっても十分に方向性は検討できるし、何よりも参加住民にとっての達成感があるように思う。

　他方で歩いて1時間以上、年に何回か、時には数年に1度しか使わないような施設にあっては、自治体全体を見渡した議論とするべきである。委員会方式など、学識経験者や専門家の参加を要請して中立的な立場から公開の場で議論を深めていくようなことが必要であろう。あるいは、その検討の段階において、広く住民からアイデア募集を行い、意見集約を図るのもよいのではなかろうか。

　ここで強調したいことは、住民合意の方便としての形式的な住民ワークショップではなく、直接住民に参加してもらうべき施設と、それ以外の方法によって検討を進めていくべき施設の線引きを明確にしておくべきだということである。そこを曖昧にしたまま、とにかく住民ワークショップをやればよいというのでは、自治体職員も住民も集まるだけで疲弊してしまう。民間の施設に例えると、コンビニエンスストアや地元の小さなスーパーの立地については住民参加のワークショップにてしっかり検討していくが、街に1つしかないような大規模ショッピングセンターや映画館の立地については、広く専門家等を招集して検討を深める

ということになる。こうした基本的なスタンスについて、行政と議会と住民の間で合意しておく必要がある。

　最近「サウンディング型市場調査」という言葉をよく耳にする。これは、自治体が事業案件の内容や公募条件等を決定する前段階において、公募による民間事業者の意向調査や聞き取り調査を行うことによって、当該事業案件の価値や効果性を最大限に高めるための諸条件の整理を行おうというものである。こうした手法をモデル事業において試行することも考えられてよいのではないか。

　最後に繰り返すが、カネとヒトの集中は、施設の保全についても必要である。自治体はカネがないから計画的な改修や修繕ができないとよく言われるが、果たしてそれは本当であろうか。もしカネがふんだんにあったとしても、今の担当者の数で仕事ができるだろうか。例えば、発注だけでも、どれほどの事務量が発生するかを想像してみればすぐに分かるはずである。おそらく担当者の寝る時間はなくなることになる。だからこそ上述したような暫定対策体制や事前相談体制が必要になるのである。

ⓒⓄⓁⓊⓂⓃ

学校職員室フリーアドレス化のモデル事業

　モデル事業としてやればよいのではと昔から思うことがある。

　それは学校における職員室のあり方の改善である。全国どこの学校を見ても、職員室の設計は教職員全員分の事務机が向かい合わせになって、上席側に校長・教頭（副校長）・教務主任の三役が配置されるという、決まりきったレイアウトになっている。この空間の中で、教職員たちは職員会議をやり、学年会をやり、成績処理その他の多くの事務処理を行っている。

　この固定的な事務机のレイアウトでは職員同士の行き来もままならない。そんな空間で本当に教職員たちは効率的な事務が行えてい

るのだろうか。筆者の見聞するところでは、テストの採点のようなパソコンを使わない成績処理は、各自が担任しているクラスの教室へ行き、そこの事務机で行っていることが多いように認識している。

また学校にはPTA関係者など多くの部外者が出入りしている。職員室の扉を開けると、目の前で成績処理が行われていることも珍しくはないが、成績は秘匿するべき個人情報の最たるものであるはずなので、考えてみれば恐ろしい話である。市役所で部屋の扉一枚を開けたら、いきなり職員が戸籍謄本を見ている場面が目に入るようなものである。常識の範囲ではあり得ないことである。

今は、成績処理をはじめ各種の事務処理量は膨大で、かつ電算化する必要がある。その一方で、個人情報である成績関係等の書類を校外に持ち出すことは厳禁であり、教職員たちは毎日が残業の嵐となることも多いはずである。精神を病む若い教職員も少なくない現実は、子ども達の未来にとって非常に悲しいことである。

こうした現実を見ると、公共施設マネジメントとして学校のあり方を考える時に、単に空き教室を別の用途で有効活用しようというだけの発想ではなく、教職員すなわち働く者のためのワークスペースを適切なものにしていくことも考えられてよいのではないか。職員室を含めて余裕教室をワークスペースとしてリニューアルするモデル事業化があってもよい。

例えば、職員室は思い切ってフリーアドレス化を図り、簡単なテーブルとイスだけにする。そうすれば、空いているテーブルを適当に使って職員会議や学年会が行えるし、場合によってはテーブルを連結させ、大きな作業スペースを作って利用することもできる。室内についても、ただ白く塗られた無味乾燥な部屋ではなく、壁にはお洒落なカフェ風の木目調を取り入れ、床や天井はフリーアドレスに対応できるOAフロアや天井コンセント方式などにして、空間としての機能をアップさせるのである。

その一方で、成績処理など高いセキュリティを必要とする作業のためには、フリーアドレスの空間とは別に、一般人が出入りできない部屋を設けることにする。そこは鍵がしっかり掛けられるようになっており、低めのパーティションで仕切られた各教職員専用の事

第4章　個別施設計画の実行のための体制整備　　115

務机を配置しておいて、事務処理を集中して行うことができるように
しておくのである。

　教職員の中には、自分自身が子育て中で毎日奮闘している者も多
いはずである。18時には学校を出て、子どもを保育園に迎えに行
かなくてはならないと焦ることもあろう。こうした若い世代の教職
員を支援することも考えていく必要がある。忙しさのあまり誰にも
相談できず、ひとり自分の教室で採点作業をしているような孤独な
働き方をしなくてもすむように、教職員についても働き方改革が必
要である。

　公共施設マネジメントが、学校の空き教室活用ばかりではなく、
むしろこれまでの教職員の職場環境を大きく変えるツールとして認
識されるようになれば、今後の持続可能な学校改革のモデル事業と
しての意義は大きいといえるのではないだろうか。なんといっても、
自治体が最も多く持っている建築資産は学校である。ここを大きく
改革できれば、公共施設マネジメント推進の強力な起爆剤となるは
ずである。

⑻　オーソライズ体制について

　ものごとを順序よく進めるためには段取りや根回しが必要になる。こ
れは決して悪い意味ではなく、ものごとを決定していく中にあっては大
変重要なプロセスである。なぜなら、人間の理解力には違いがあって
思っていることも千差万別であるため、限られた会議時間内だけで内容
の全て、あるいは本当の意味を全員が理解し合うことは至難の業である
からである。

　公共施設マネジメントの推進についても同じことである。いやむしろ
公共施設マネジメントのように、過去の延長線上にはない、新たな方向
性を打ち出そうという場合においてはなおさらである。進め方はよほど
冷静沈着で、論理的であると同時に、他人の気持ちを動かす大胆さや行
動力も必要となる。さらに理解を求めるべき相手は庁内だけではなく庁
外にも広がるが、むしろ庁外の方が難しいとも思える。

　今後、先述したモデル事業をはじめ施設トータルコスト削減計画など、

個別施設計画を遂行していく過程においては、この庁内外への説明過程をどうルールづけていくかが大変重要となってくる。すなわち個々の事業を、どのような過程をもって決定していくのか、その仕組みを確認することが重要である。

　ここであえて「確認する」といったのは、これから新たに仕組みをつくる必要はないはずだと考えているからである。ここ数年多くの自治体において、公共施設等総合管理計画の策定に関しての委員会がつくられているのではないだろうか。あるいは、公共施設マネジメントを推進するため、財産活用会議やFM推進会議等、様々な委員会が庁内外に存在しているのではないか。

　過去の延長線上にはない新たな方向性を打ち出そうというときに、新たな組織や委員会を立ち上げ、内外の人心を一新するという手法はそれなりに意義があると思うが、本当に意義があったかどうかは別の話である。その組織や委員会が具体的にどれだけのアウトプットを出したのか、有り体に言えばその後実際に何年機能し続けたかを見れば、結果は一目瞭然である。重要なことは組織や委員会を立ち上げることではない。どこの部署や人が責任を持つのか、また、その部署や人にどれだけの権限が与えられたかである。

　自治体で、条件は揃っているのになぜか事業が一向に前に進まないことがある。それは最初の一歩である起案を、どこの部署の誰が書くのかが決まらないためである。さらにその起案文書を持って、関係各課をあちこち回りながら了解をとり、最終決裁権者の印をもらって来る部署や人は誰なのかも決まらないからである。この起案を行う部署や人をはっきりさせる仕組みや、全体で合意を形成するための体制を作らない限り、事業は前には進まない。それが自治体の現実である。

　こういうと、「結局成功するかしないかは人によることになる。そんな属人的なことでは持続性や普遍性などはない。」という批判が聞こえてきそうである。しかしながらこれまでの世の中の多くの出来事は、実際は属人的な要素によるものが大きいのではないだろうか。ただし、たった一人の人間により成し遂げられたわけではない。多くの人材が表や裏で活躍し、あるいは組織の中にあって無名のまま動いた人たちがい

第4章　個別施設計画の実行のための体制整備　　117

たからこそ、成功できたことが多いはずである。組織や委員会はその象徴に過ぎないのである。

　公共施設マネジメントでいえば、それを進める各段階において、どの部署あるいは人が、どの場において、責任と権限を持って説明をするかということをはっきりさせることが重要なのである。

　庁内の検討・議論であれば、多くの自治体には庁内における最高の意思決定機関として、政策調整会議（庁議）のようなものがすでにあるはずである。この政策調整会議に正式に議題として付議し、決定事項については速やかに公表するという流れを確認しておけばよい。もしその政策調整会議が有名無実で機能していない場合や、下部の専門委員会や課長会議・係長会議など会議体系が多重構造になっているために形骸的で時間ばかりが費やされる、さらにはそもそも決定的な権限を持たされていないというのであれば、それらに代わる決定の場としての新たな委員会を立ち上げる場合もあろう。その場合でも、先にも述べたように、その組織を立ち上げること自体に意義があるわけではない。その組織で、能動的な人材が十分働くことができる環境を整えるということが大事なのである。また、決定事項は公表されるようにするなど、ある程度の拘束力、ないし権限を持つ仕組みをつくるところにポイントがある。

　また、説明が必要な相手は庁内だけではない。政策調整会議で決定された内容は、速やかに議会へも報告されるべきものである。その方法にも、定例議会の各常任委員会において報告されるのか、各会派への事前説明時なのか、自治体にはそれぞれのしきたりがあることであろう。ここで重要なのは、そのしきたりの中において、説明するという特定の役割を持った人間が必要であるということである。それは企画部長であったり、行政改革課長であったりするが、一担当係長では権限がない場合もある。議会への説明や政策調整会議への説明は、その特定の役割を持った職員の成すべき仕事ということになる。平の担当者には担当者の、係長には係長の、課長には課長の、部長には部長の役割や仕事がある。それだからこそ組織は組織としての力を発揮し、その原単位は人すなわち属人性なのだといえるのである。もし職員がそれぞれの役職に応じた仕事をしようという気概もないままに、新たな委員会を立ち上げたところ

で、そもそも成果などが出るはずがない。もちろんこのような理想形が
すぐに実現するはずもないのであるが、そもそも内部の人間の考え方が
変わっていかない限り組織も変わることはない、といえよう。

　自治体職員が最も悩むのは、庁内や議会への説明以上に、住民への説
明責任であろう。説明責任を果たすための一般的な方法には、パブリッ
クコメントの実施や広報誌・ホームページへの掲載、住民アンケートの
実施などがある。ただし、パブリックコメント以外の方法は、ほぼ一方
的な伝達になっているし、パブリックコメントにしても応答者は限りな
く少数であることが常である。そうであっても、住民合意が必要、説明
が不十分等々の意見がどこからともなく舞い降りてくる時代である。

　ここで大事なことは、安易に聞こえのよい住民ワークショップという
ものを持ち出さないことである。先にも述べたように、住民ワーク
ショップは結論を出す前の検討過程であり、検討手法の１つであること
を忘れてはならない。したがって、政策調整会議において行政の意思が
決定して議会に報告したものを、住民に説明する場面にあっては、それ
が住民ワークショップであるはずはないのである。説明をするという場
面では、正々堂々と住民説明会という言葉を使えばよい。都市計画手続
きにおける縦覧のようなもので、そこでは住民の意見を一切聞かないと
いうことではない。説明した内容への質問や意見表明を求めるのは当然
であるが、とりあえず、なんでもいいから意見を求めるといった、消極
的で責任逃れの言い訳のような説明会であってはならない。決定したい
内容について自信を持って説明しないとすれば、そうした自治体の態度
の方がかえって住民に不安を与え、また住民に対して礼を失することに
なる。

　事業の庁内、議会、住民からの合意、あるいは了解を取り付けるため
のオーソライズ方法は、決まっているようでいて、曖昧である面も案外
多く、また時代に合わなくなってきている面も多い。公共施設マネジメ
ントを着実に前に進めていくためには、これまでの庁内の仕組みを見直
すことや再構築をしていくことが必要となる。あるいは公共施設マネジ
メントを契機として、仕組みの再構築を図っていくという発想でもよい
のかもしれない。大事なのはヒトを活かす仕組みである。

話は少しそれるが、住民ワークショップや住民合意は、あくまでも8つの体制における施設トータルコスト削減計画の中のことであるということにお気づきであろうか。例えば、現実的安全確保計画の話というのは当然であるが、住民にどうすべきかを尋ねるような話ではなく、負託を受けた行政が責任を持って計画し実施していくことである。住民ワークショップや住民合意は、あくまでもモデル事業を推進するなどの場面で必要となるものであり、個別施設計画の中でも現実的安全確保計画というものは、住民ワークショップ等とは関係なく粛々と進めていかなくてはならないものといえる。

COLUMN

住民ワークショップでよく耳にする住民意見

　筆者も各自治体主催の住民ワークショップに参加する機会がある。その際に、住民側からよく聞かれる言葉として印象深いのが、「この地区から公共施設が無くなると、町がさびれてしまうので施設廃止には反対である」という趣旨の発言である。

　この言葉の根源には何があるのだろうかと考えた時、かつての高度経済成長期を支えた日本の公共事業の建設ラッシュがあったのではないだろうかと感じる。

　すなわち、町の活性化も好景気も、全てはお役所がまさに1つの大車輪となって動いていた時代のイメージが強烈に脳裏に残っているのではないだろうか。

　したがって、廃止に反対される方々からの意見の多くは、「お役所のやるべきことは、施設を廃止することではなく、賑わいを創出することであり、新たな交流人口を呼び込むことである」という意見に集約されていく。

　私は、この新たな賑わいの創出や交流人口の増加をそもそも否定するものではないが、その主体論には違和感を感じる。

　それは、なぜ未だにお役所という大車輪だけに頼るのかという

120　　第2編　公共施設等総合管理計画に続く「個別施設計画」の姿

ことである。今後、急激な少子・高齢社会を迎えることが分かっている現代、今かろうじて回っているかのように見える大車輪も、このまま何も変わらなければ、いずれ近い将来倒れてしまうことは皆、分かっているはずである。

　それでは、どのようにして新たな賑わいの創出や交流人口を増やしていくかといえば、これまでのようなお役所という大車輪1つで全てを回そうという発想を変え、小さな歯車をいくつも組み合わせて回し続けられる構造に組み替えることだと思うのである。すなわち、小さくてもいくつかの歯車を組み合わせて効率良く回す、「官」「民」「地元力」「広域力」等々複数の車輪で回す社会システム等へのシフトチェンジである。

　このまま大車輪が回らなくなり、公共施設が老朽化して不衛生で危険になっていく姿こそ、実は住民が最も恐れる「町がさびれる姿」となってしまっていることに、住民ひとりひとりが気付くことが大切である。

第4章　個別施設計画の実行のための体制整備　　121

第5章 整備した体制とマネジメント

1 BM・FM・AMと8体制（戦術）の関係

　施設マネジメントにはBM・FM・AMの各レベルが存在することは先に述べられているとおりである。自治体における公共施設マネジメントにおいても、この各レベルに応じた適切な措置がいかに行われるかが大きな課題となる。

　以下に、第4章で述べた8体制を、BM・FM・AMの各レベルに応じて整理してみたい（**図表5-1**）。

　最初にBMでは、施設運営に係る現場への対応となることから、担い手は施設管理者ということになる。その施設管理者が特に注意を払わなければならないこととしては、⑴年間スケジュール管理体制と、⑵暫定対策体制である。

　施設管理者は日々、施設利用者に接すると同時に、日常的な点検に始まり、各委託業者との打ち合わせ、喫緊の課題に対する迅速な対応などが業務となる。日々の雑多な業務に追われる中にあって、いかに効率よく成果を出せるか、そしていざという時にはいかに迅速かつ適切に対応できるかが求められる。

　次にFMとは、施設利用者のためにいかに適切なサービスを提供し続けられるかを考える立場となる。そのため、日々の業務にのみ注力するのではなく、もう少し中長期的な視点に立って施設を管理し、さらに改善していく能力が求められる。そのためには、施設情報をシステマティックに管理し、分析し、計画的に施設保全等の措置を講じていく体制が必要となる。また、中長期的な施設環境の整備を実現するために、予算の計画的な措置や各業務発注の包括化、官民連携等の視点が求められることとなる。このように、ある程度、包括的かつ専門的な立場から業務を行う視点を考えあわせれば、8体制の中においては、⑶事前相談体制（状態監視・時間計画保全）や、⑷実行支援体制が相当することに

122　第2編　公共施設等総合管理計画に続く「個別施設計画」の姿

図表5-1　BM・FM・AMの8体制の関係

| BM | (1)　年間スケジュール管理体制 |
| | (2)　暫定対策体制 |

（理想的フロー）

| FM | (3)　事前相談体制（状態監視・時間計画保全） |
| | (4)　実行支援体制 |

（理想的フロー）

トップダウン　既定路線

（現実的フロー）

（戦略）安全保全

（戦略）トータルコスト削減

担い手

施設管理者
営繕課
主管課
営繕課
企画課
財政課
行革課
マネジメント推進課

AM	(5)　全庁棚卸体制
	(6)　マネジメントシート作成体制
	(7)　モデル事業推進体制

各施設評価　　再配置案
地域将来像
【再配置（再整備）案作成のプロセスフロー】

(8) オーソライズ体制

（どう進めるか）

なる。そしてFMのレベルの役割を担うのは、自治体の中にあっては、ある程度予算を包括的に管理している主管課ということになるのであろうか。

　最後にAMとは、さらに長期的な視点に立って、施設群全体の最適化を考える立場となることから、担い手は、企画政策・行革部署ということになる。この部署は、庁内の全体を見渡し、将来的な統廃合や複合化、更新のあり方等について検討することが求められる。そのためには、上位計画との整合性や、財務・品質・供給の各側面をバランスよく見ることになる。したがって、(5)全庁棚卸体制や(6)マネジメントシート作成体制、(7)モデル事業推進体制、さらには、(8)オーソライズ体制がAMに相当する。

　現実に業務を遂行する段階においては、はっきりとここまでがBM、ここからはFMといった明確な区別は難しいが、施設マネジメントに

第5章　整備した体制とマネジメント　　123

はこうした各レベルに応じた視点と役割があるということをまず認識しておくことが重要である。自治体内部においては、それぞれのレベルを担う部署が異なることから、お互いの連携を密にすることが、公共施設マネジメントを成功させるには非常に重要となるのである。

　8体制はどの体制から構築してもよい。それは見方を変えれば、8体制は担当する部署が異なるため、それぞれの部署が必要に応じて体制を構築し対応をしていかなければならないということを示しているといえるのである。

2　8体制の理想的な流れと現実的な流れ

　上記に8体制は個々に動かすことが可能であるとは述べたが、それはBM・FM・AMがバラバラに動くことが理想的といっているわけではない。

　理想的な流れとしては、まずは各施設で着実にBMが実行され、次に各施設を包括的に管理している部署において、より総合的、計画的に施設管理を行うためにFMが実施され、さらなる高みとして、将来にわたる持続可能にして効率的な施設群を提供していくためのAMが実施されていくということになろう。すなわち、BM・FM・AMが段階を追いながらお互いに連携し合い、発展・展開していくという姿が理想といえる。

　細かく見ていくと、AMの検討の中にはエリアマネジメントも含まれることがある。自治体内の各地域が抱える課題に対して、個々の施設単位ごとにあり方を検討するだけではなく、エリアマネジメントの考え方から地域全体を対象とした再配置（再整備）案を検討しなければならないケースも存在する。

　すなわちAMにおいては、単純に、(5)全庁棚卸体制によって課題となる施設を抽出し、(6)マネジメントシート作成体制によって個々の施設単位ごとに大まかな方向性を導き出していけばよいというだけではなく、各施設の方向性を考慮した上で（施設評価）、各施設を総合した地

124　第2編　公共施設等総合管理計画に続く「個別施設計画」の姿

域全体としての最適化を図るためのモデル案を検討することが必要な場合も出てくる。その地域全体としての最適化を考える場合などにこそ、(7)モデル事業推進体制の構築が必要となり、地域として目指すべき将来像に向けた、まさに総合的・計画的な再配置フローが重要となるのである。

こうした理想的な流れに対して、現実的な流れはどうかといえば、これまでは、残念ながらまだ理想とは遠いといわざるを得ない。

最近になってBMやFMの段階を実行し始めた自治体もあるが、まだまだ数は少なく、また組織化・統一化された状態には至っていない。

またAMの段階については、BMやFMの流れから展開されるのではなく、むしろ政治的なトップダウンによりいきなり事業化される案件や、あるいは既定路線化されてしまっている案件等も、現実には多いのではないだろうか。なお誤解がないようにしておかなければならないが、選挙など多分に政治的な要素によって事業化される案件も、庁内の計画として既決定されてきた案件も、それ自体が悪いということではない。案件を具現化させるにあたって、改めて、(6)マネジメントシート作成を行うなど、あくまでも論理的に再整理していくことが重要なのである。例えば、トップダウンによる決定であるとか既定路線だということで、BMやFM段階でのデータ分析や施設評価が行われていない案件も多い。それらについて、改めてBMやFM段階での分析や評価を実施することによって、その案件が選ばれた根拠や理由を検証するのである。それが客観性の確保という観点からは重要である。

今後、それぞれの自治体が取り組もうとしている個別施設計画策定において、全体が今どうなっているか、また8体制のうちでどれがクリアできていないのかを客観的に把握しておく必要がある。マネジメント全体のフローを理解し、全体像を俯瞰した上で、個々の職員が自らの立ち位置を認識しながら、8体制の一つひとつに取りかかることが何よりも重要と考えている。

8体制とはいわば戦術である。長期的な戦略に対して、短・中期的視点に立って対応しなければならない戦術であり、そのための体制である。8体制という戦術を一つひとつ達成することによって、長期的に到達し

第5章　整備した体制とマネジメント　　125

たい戦略とはなんなのか。それは施設の現実的な安全確保と、施設に係るトータルコストの削減である。この2つの戦略を達成することが公共施設マネジメントの主目的であることを忘れてはならない。

3 8体制をリアル化させる方法（システム化と営繕サポート）

次に、8体制（BM・FM・AM）をリアル化させる、すなわち、現実的・有機的につなぐことを可能とするには、どのようにすればよいのであろうか。それには、大きく分けて2つのことがある。

1つは情報システムの構築である。例えば、BMのレベルで行う日常的な点検の結果や各種業務委託の点検結果等については、紙ベースではなく、情報システムの中の電子データとして蓄積する。不具合個所を修繕した場合はその履歴を同じように電子データとして記録し、FMレベルで行う次年度以降の中長期保全計画の基本データとして活用するのである。

あるいは、FMレベルで検討した中長期保全計画のデータと、利用状況のデータを組み合わせて考えることによって、AMレベルで行う統廃合や複合化計画の基本データとして活用することもできる。

要は、これらBM・FM・AMの各レベルで使うデータが、統一されたデータベースから引き出せることが重要なのである。単純にいえば、各施設や棟が固有の番号によって一元的に扱えるということである。人間社会のマイナンバー制度と同じで、マイナンバーを通して、その人の様々なデータが紐付けされるのと同じ仕組みがあれば、BM・FM・AMにおいても効果的である。BM・FM・AMの各担い手が必要なデータを、施設固有の番号を通して引き出せるようになっていれば、それだけでデータ活用の範囲は大いに広がるのである。

こうした単純化された仕組みを大原則として、BM・FM・AMの各レベルに応じた個々のフォーマットを作成していくことになるだろうが、上述した各書式をモデルの案とすればよい。

2つめとしては、営繕部門からの支援の仕組みである。先にも述べた

126　第2編　公共施設等総合管理計画に続く「個別施設計画」の姿

ように、自治体において、BM を担う施設管理者も FM を担う主管課担当職員も、多くの場合、建築専門知識を持たない事務職であることが多い。また小学校や保育園、福祉施設などでは、女性職員の割合が高くなる傾向にあり、施設管理の負担は男性職員以上に重く感じられるのではないだろうか。

そうした状況にあって、BM と FM の双方に仕事上の関係を持つのは、営繕部門の職員であり、役割は施設の修繕に関する相談受付や見積書の作成、あるいは実際の修繕の発注や実施などである。イメージとしては、頼りになる工務店や設計事務所のような仕事で、庁内において委託を受けた業務をしっかりこなしてくれる重要な役割であり、医者でいえば実際に執刀し治療する外科医のような存在といえるかもしれない。

一方、AM を担う企画課等の担当職員はといえば、さらに建築専門分野の職員は少なくなり、ほとんどが事務系の職員で業務が執行されている。そのような状況で、より総合的で計画的な施設の統廃合や複合化の検討を行うのであれば、建築専門分野からの知識の支援が重要になる。この際の営繕部門の職員の役割は、より中長期的な視点から、施設全体の最適化について技術的支援を行うことになる。医者に例えれば、病気にならないための対応方法について教授する予防医のような存在である。

これまで営繕部門の職員は、仕事内容も立ち振る舞いも、常に先の執刀医であることが求められてきたように思われる。それは、これまでが質よりも量、またスクラップアンドビルドの、高度成長・大量消費の時代であったためであろう。

今後、老朽化した施設という「患者」は年々増え、現在の執刀医だけでは到底対応できなくなる日は近い。だからこそ今のうちに、重篤な患者を少しでも増やさないことが必要になる。あえて執刀医の中から数割の医者を予防医の方に回し、予防的な対応をしていくことが必要な時を迎えている。今後の社会の中で求められているのは、FM と AM の間をつなぐ予防医という立場の営繕部門職員の存在なのである。

さらに認識しておかなければならないことは、その営繕課職員も自治体の中にあっては、いずれ限りなく少なくなるということである。日本

第5章 整備した体制とマネジメント　127

自体の人口が激減していく中にあって、公務員の建築系技術職員だけが増えるということはあり得ないからである。今でも建築系技術職員がいない自治体は、相当な数になるであろう。

そうすると営繕部門職員に代わる予防医的な存在を見つけることが非常に重要になる。その1つの可能性が、上述した官民連携のパートナーシップである。日本においては、自治体を対象にしたFMやAMを業務としている民間企業はまだ少ないであろうが、今後に期待したいところである。

以上をまとめると、8体制（BM・FM・AM）をリアル化させるために必要なこととしては、1つには、全ての施設（棟）に固有の番号を与え、施設のLCC（生涯費用）に係る各種データが紐付けされる医療用カルテのような情報システムの構築であり、もう1つは、それらのデータを技術的視点から効率的施設管理や施設経営に有効活用できる営繕体制、すなわち予防医と執刀医の体制の構築ということとなる。

ⒸⓄⓁⓊⓜⓃ

建築と医学は似ている

医学の世界には、内科、外科、小児科、循環器科、消化器科、整形外科、耳鼻咽喉科、眼科、歯科等々、様々な診療科目が存在する。

人間の体は大変複雑にできている一方で、不具合は様々な個所に現れるため、症状ごとに様々な専門医の診察を受けて治療を行うことになる。

本章では老朽化した施設を人間の「患者」に例えたが、考えてみれば、その老朽化した施設も大変複雑な部位で構成されており、不具合もいろいろなところに発生する。医学に様々な診療科目があるように、不具合個所を修繕する建築の専門分野も様々であるはずということになる。

一般の建築士は意匠・デザイン設計を担当する者の割合が多いと思われるが、医師でいえば内科・外科・小児科の医師に近いように思う。また構造設計は整形外科に、電気設備は循環器科に、給排水設備は消化器科に似ているように思えてくる。こう考えると、建築の世界と医学の世界は本当によく似ているように思えてくる。

　さらに余談であるが、最近は、複数の施設を対象に、複数の点検業務を一括で委託する包括管理業務委託が流行っている。

　これも改めて人間に例えて考えてみれば、分かりやすいかもしれない。

　従来の「血液検査はA病院で、胃カメラはB病院で、脳ドックはC病院で、目の検査はD病院でといった具合に、それぞれの病院に各予約をとり、受診をし、検査結果をそれぞれ聞くスタイル」から、「1日あるいは1泊2日コースで全ての検査を一度に行う人間ドックを受診するスタイル」に変えようという流れなのではないだろうか。

　自治体にとって、こうしたいわゆる事務手間（人件費）が省けること自体が行政として大きなメリットとなることから、包括管理業務委託は採用されてきている。

　しかし、ここで注意が必要なのが、そのメリット感は、主に発注事務を司る所管課だけにいえることで、各施設管理者にとっては、あまりメリットと感じないことが多いことである。

　また、コストダウンだけが包括管理業務委託のメリットと考えている自治体（あるいは議会）が多いのも事実ではないだろうか。

　ここでもう一度改めて人間ドックのメリットを考えてほしい。コストダウンや時間短縮は、導入メリットの一面を示してはいるものの、最大のメリットは、あらゆる検査結果を総合的に見られることであり、ついては、悪いところ、要注意点などが総合所見として関連性をもって説明される点にある。

　包括管理業務委託を、こうしたコストダウンだけではない点を再認識して業務を進めていけば、議会等への説明時も、一味違う説明になるのではないだろうか。

第5章　整備した体制とマネジメント　　129

4 8体制のまとめ

　本章の頭において、自治体職員は、個別施設計画という名の呪縛から解き放たれるべきだと述べた。

　ここまで書いてきた8つの体制を読んでいただいたとすれば、その意味もお分かりいただけるはずである。個別施設計画とは、成果物としての一冊の報告書を、ただ一度だけ作ればよいというものでは決してない。個別具体の施設を今後どのように維持管理し、修繕、更新等をしていくのかについて、来る日も来る日も検討し、実行し続けていかなくてはならないのである。

　つまり個別施設計画とは、30〜40年先の姿を精緻に描き切ることではない。時代の変化に対応しながら、維持管理や修繕、更新等を成立させていく体制を再構築すること、そしてそれを持続させていくことといえる。それがなければ、自治体が達成したい持続可能性などはそもそも成立しない。

　呪縛と感じられた再編計画の策定は、整えなければならない8つの体制の中の1つである「モデル事業推進体制」に過ぎないのである。

　将来ビジョンを描くことは非常に重要である。しかしながら、時代背景が大きく変わりつつある現代において、数十年先までを精緻に描こうとすればさすがに無理がある。将来像はほどほどにしておいて、あえて余地を残しておくことが望ましいのではないだろうか。再編計画策定は、やるべき個別施設計画の8分の1の分野であると、プラスの方向で考えればよいのである。少し肩の力を抜いて、真にやるべき公共施設マネジメントにじっくり取り組んでみてはどうだろうか。

　また自治体独特の法体系、広範な業務体系、組織体制、人事異動制度といった仕組みを十分理解した上での体制づくりが重要だとも述べた。

　自治体職員は、2〜3年ごとに異動して数多くの職種をこなさなければならない事務系職員である。それとは逆に、1つの職種に長期に携われる技術系職員は全体の1%程度にも満たないはずである。それ故にこそなんらかの対応策が必要になるのである。

8体制の目的と効果を**図表5-2**に一覧としてまとめたが、ここで示した8体制は、どこから始めなければならないというものではないし、全てをやらなければ個別施設計画にならないというものでもない。ある自治体職員が公共施設マネジメントに携わることになったとして、任期の2〜3年の間にこれならできると思うことから始めて、少しずつでも庁内で形にしていけばよい。もし「量」ではなく公共施設の「質」に困っているというのであれば、A-3）事前相談体制（状態監視保全・時間計画保全）から始めればよい。あるいは職員の意識改革からというのであれば、A-4）実行支援体制から始めればよいのである。

　本来の個別施設計画の策定とは、多くの職員が公共施設マネジメントの様々な側面に関わりながら、長い年月を掛けて個々の施設の姿を作り上げていくことではないだろうか。呪縛から解き放たれて、8つの体制という「森」を眺めながら一つひとつの体制という「木」を育てていきたい。この体制をつくることこそが真の個別施設計画と呼ぶべきものであると考える。

図表5-2　8体制の内容と目的・効果

		内　容	目的・効果
現実的安全確保計画	A-1) 年間スケジュール管理体制	1年間を俯瞰した施設管理体制	事務量やストレスを軽減する
	A-2) 暫定対策体制	まずは危険を回避した施設管理体制	事故が起きないための最低限の措置をする
	A-3) 事前相談体制 (状態監視・時間計画保全)	状態監視保全を常習化させる施設管理体制	老朽度に応じた状態監視や時間計画保全が一定程度できるようにする
	A-4) 実行支援体制	様々な立場の者が協力し、総力を発揮できる施設管理体制	事務畑と技術畑の間の遠慮をなくす
施設トータルコスト削減計画	B-1) 全庁棚卸体制	全庁施設を俯瞰した施設整備体制	どの施設から検討を始めたらよいかを分かりやすくする
	B-2) マネジメントシート作成体制	根本的に解決しなければならないことを見据えた施設整備体制	庁内で統一された論理的な検討を行う
	B-3) モデル事業推進体制	個別施設計画をスタートし易くさせる施設整備体制	カネ・ヒトを集中させて使う
	B-4) オーソライズ体制	住民合意等の言葉に悩まされず進むことができる施設整備体制	決めるための仕組みを明確にする

第３編

多世代共創による施設整備の取り組み

第6章 多世代共創による公共施設マネジメントの取り組み

1 なぜ多世代共創が必要なのか

(1) 自治体の現状と課題

　人口減少や少子化・高齢化に伴う財政悪化に頭を悩ませる自治体が多いが、その中でも公共資産（公共建築物や土木インフラなど）の保有・運用にかかる膨大な費用捻出は大きな課題である。しかし産業・生活の基盤である公共資産の適切な管理は欠かせない。そのため、財源だけでなく人材も不足している多くの自治体の担当者は、今後の公共資産をどのように運用管理すべきか苦慮している。

　一方で、公共資産の現状把握が不十分な自治体が多いこともあり、自治体職員や住民の危機感は未だ乏しいのではないだろうか。現実的に公共資産の管理よりも建設に注力し、地方債や助成金に頼った従来の整備手法を継続する自治体が相変わらず多い。その理由として、公共事業に頼ってきた経済構造や行政組織の縦割り体系の弊害、各方面からの政治的な圧力など、様々な理由や障壁を挙げることができるだろう。

　しかし筆者は、これまで全国の自治体との共同研究を通して、適切な公共資産の管理が進まない最大の障壁は、目指すべき公共資産整備の姿を明確に描ける自治体職員が少ない状況ではないかと感じている。ただしこの状況は、自治体職員個人の資質の問題ではないだろう。多くの自治体では、客観的な情報収集・分析を行い、計画策定にまでつなげる仕組みを持たないこと、さらに担当者の自主的な活動と負担低減を地域全体で支援する体制が整っていないことが、目指すべき姿が描けない自治体職員を生み出す大きな要因であると考えている。そしてこれらの仕組みや支援体制を構築する鍵となるのは、その地域に住む住民である。

(2) ハコモノ中心の整備からの脱却

　「公共資産の整備」と言えば、量的な充実による利便性や福利厚生の

向上を想像する方が多いかもしれない。しかし自宅の近くに、過大で質的に残念な施設はないだろうか。また、今ある施設よりも必要だと思う公共施設はないだろうか。民間施設が少なく、生活の基盤が公共資産に偏りがちな地方であればあるほど、財政支出を抑えながら公共資産の量的・質的バランスを上手に調整する公共施設マネジメントが求められる。

　施設マネジメントの基本は、「財務」「供給」「品質」のバランスを調整することであるが、「財務」状況が厳しい多くの自治体では、公共資産の「供給」と「品質」の双方を向上させることは基本的に難しい。そのため多くの自治体では、「供給」量の縮減を前提とした「品質」向上を実現させることが求められる。つまり昨今の自治体の最大の課題は、公共資産の量的充実による経済対策から、「今ある公共資産を有効活用し、地域全体の質の高い生活を実現する」取り組みへの変換だろう。従来のハコモノに頼った整備手法を変換させるためには、従来の整備手法をそのまま踏襲せず改善する必要がある。また仮に、自治体内部だけでは従来の仕組みが変えられない状況であるならば、今まで以上に子供から高齢者まで多種多様な立場の住民の声を丁寧に収集し、良い提案を整備に反映させる必要があるだろう。「面倒だから」とか「全ての声を聴く必要はない」といった言い訳をする前に、従来の手法では対応できない新しい施設整備を、広く住民と一緒に考える必要はないだろうか。

　施設マネジメントの認識がない政治家や職員が多い自治体では、施設整備の方向性について根本的な見直しを行うための「公共施設等総合管理計画」策定などでも、従来の量的充実を前提とした形だけで課題の先送りをしているものが多い。また整備内容に関与する一部の利害関係者だけで策定した整備ありきの計画も存在する。しかし計画策定の作業の中で、「計画そのものを見直す」ことも重要な作業である。特に「公共施設等総合管理計画」など、定期的な更新が求められる長期的な計画策定は、自治体職員と住民が共に地域産業・生活のあるべき姿について考察する絶好の機会である。

(3)　自治体職員の育成に必要な取り組み

　「自治体」といっても、その規模や立地・環境は大きく異なることから、

公共資産整備の実態は多種多様である。さらに同じ自治体でも、中心市街部と郊外部では自治体間以上の地域格差が存在する場合が多い。そのため自治体は、住民と共に、客観的な視点から地域ごとの立地・環境を踏まえた地域生活のあり方を検討し、厳しい財政状況の中で望ましい地域生活を実現する公共資産整備を推進できる人材を切望している。

　この公共資産整備の進むべき姿を明確に描ける自治体職員を育てることは、最終的にはその自治体に住む住民の持続可能な生活が実現できるか、つまりは自治体の存続にかかわる重要な要素である。しかし、本質的な地方創生を実現するためには、単に自治体職員の努力だけでは不十分である。自治体職員が住民と真剣に地域産業・生活のあるべき姿を検討する中で職員を育てる取り組みが必要となる。

　また、この取り組みは一時的なものではなく、継続的に実施する体制の有無が重要になる。公共資産整備のあり方を本気で模索したいと考えている自治体職員は、確実に存在する。しかし、その思いを実現するには、仕事量や環境などの障壁があまりに高く、あきらめざるを得ない状況に追いやられている場合が多い。そのため、担当職員の発案や活動を阻害する障壁をできる限り取り除き、最小限の負担で公共資産整備の検討に取り掛かれる状態を実現するために、情報システムの導入による情報収集・分析の省力化と、第三者の支援組織による業務支援が望まれる。

⑷　多世代共創と将来ビジョン

　施設整備の際に最も問題になるのが財源の確保であることは、間違いないだろう。多くの自治体では財政的に厳しい状況にあることから、公共資産整備の際に起債や国からの補助金などを前提に整備を行っている。起債は自治体の借金ではあるものの、施設を使う将来世代にも返済してもらうことで各世代が公平に負担する仕組みであるから、有効活用すべきであると考えられている。しかしこの考え方は、公共資産が将来世代にも利用可能な状態で引き渡すことが前提であり、将来世代が利用する頃には老朽化した施設が残るだけの維持管理しかできていない現状を見る限り、将来世代に負担を押しつけているだけである。また補助金についても、住民からの税金が基本的な原資であるため、補助金の利用

が単純に住民に対する負担削減に結び付くとは言い難い。つまり従来の起債ありきの整備計画は、目前にある課題の解決にしかならない。

　公共資産に対する適切な投資判断をするためには、将来的なビジョンが不可欠であり、多世代共創を実現することで、目前の課題だけでなく世代ごとの負担と受益を考慮する良い機会になる。現在の世代間の関係だけでなく、将来世代との関係も踏まえて、どのような負担と受益が住民に発生するかを確認しておくべきであろう。

　なお、住民を「高齢者（65歳前後以上）」「社会人（20歳前後〜65歳前後）」「学生・生徒（10歳前後〜20歳前後）」「幼児・児童（10歳前後以下）」の4世代に分けると、次のように世代間の関係を説明することができるだろう。

　一般的に、「高齢者」は消費活動が主体であるが、公共資産整備に関心を持ち、自治体とも積極的な関わりを持つ。一方、「学生・生徒」も消費活動が主体であるが、公共資産整備には関心がなく、自治体との関わりも少ない。また、生産活動の主体となる「社会人」は、仕事や家事、そして「幼児・児童」への対応に追われ、自治体との取り組みに参加できていない。

　そのため、「学生・生徒」自らが生産活動の基盤となる公共資産整備に参加する仕組みを創設できれば、「高齢者」や「社会人」らも巻き込みながら地域全体を生産活動の主体に転じさせ、結果的に資産整備の世代間負担が縮減されて、地域産業・生活の活性化につながる多世代共創の施設整備が実現すると考えられる（**図表6-1**）。

図表6-1　現状と多世代共創による公共資産整備の効果

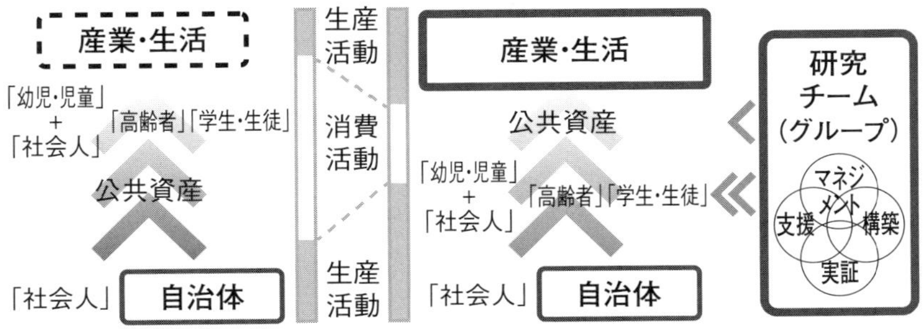

(5) 施設マネジメントの隠れた要点

　施設マネジメントの基本である「財務」「品質」「供給」の概要についてはすでに解説済みであるが、この３要素にはもう１つの要点が隠れている。その隠れた要点とは、施設マネジメント関係者の立場の違いである。なお施設マネジメントの場合、立場の違いは大きく「事業者」「管理者」「利用者」の３つに分けることができる。

　施設マネジメントは本来、「事業者」が自身の施設を適切に管理する一連の活動であるが、専門家でない「事業者」は、一般的に「管理者」にその役割を委託し、「管理者」が「事業者」の施設管理を担う場合が多い。

　また、一般的に「管理者」は、施設を管理する専門家の立場から施設整備を行う予算や作業を「事業者」の代理で行うが、「事業者」が専門家でない限り、「管理者」の業務内容の詳細は分からない場合が多い。そのため「管理者」は、「事業者」に代わって「利用者」の要望を満足させる「品質」や「供給」を「事業者」に提示し、適切な施設管理を実施する役割である場合が多い。そのため「管理者」は、「事業者」の経済事情などを踏まえて施設整備の方向性を検討し、その内容を基に「事業者」に整備内容の判断を促す役割を担う。

　一方で「利用者」は、「事業者」の収益を支える立場であるが、日常的に施設を活用する立場でもあるため、施設の改修や作業環境の向上を「事業者」、もしくは「管理者」に要望する場合が多い。なお「利用者」の満足度は「事業者」の事業収益に大きく影響するため、基本的には「利用者」の満足度を高める整備が求められる。そのため、「事業者」に成り代わって「利用者」の要求を整理し、適切な整備内容を検討することが「管理者」に求められる場合が多い。

　このように、立場の違いに応じてマネジメントの内容が変わるため、「財務」「品質」「供給」の検討を行う際に、「どの立場から検討しているのか」という視点での確認が重要になる。そして住民ワークショップは、この三者の立場や役割を理解する貴重な機会である。

　仮に「事業者」の立場からだけで判断すると、「管理者」「利用者」の要求や活動を必要以上に抑圧し、結果的に最大限の利益を見逃す可能性

が高くなる。個別の最適化が全体の最適化には必ずしもつながらないが、その理由の1つに、立場によって「財務」「品質」「供給」に対する要求が異なることが挙げられるだろう。

(6) 「管理者」として自治体がするべきこと

　施設整備の実現には多額の費用が掛かる。しかし、施設整備の後にはさらに多額の費用が必要となる。施設担当の自治体職員であれば、その負担の大きさを業務の中で痛感しているであろう。施設整備後の費用負担を考えなければ「事業者」の建築物を適切に管理できないし、費用を掛けずに適切な管理が実現できないことも明確であろう。仮に最低限の管理費用も不足するのであれば、建築物の長寿命化など検討するまでもなく実現不可能である。

　建築物の長寿命化の重要性などはすでに言い尽くされているはずなのに、なぜ適切な維持管理が行われずに30年程度で更新もしくは放置されている建築物が多いのであろうか。最低限の管理コストすら捻出できず、修繕や改修の先送りしか選択肢がない状況であるなら、本来は取り壊すべきである。このような現状に陥らないように、自治体職員は住民と共に解決策を検討するべきであろう。自治体職員は「管理者」として「品質」を確保するだけでなく、住民の支援を行う立場であり、公共施設マネジメントの専門的な知識や技術を修得することが求められるだろう。もし、それが難しいのであれば、大学や民間企業等の専門家に協力を依頼するべきである。

　一方で施設管理の費用負担を適切に削減できれば、適切な管理が継続的に実施される可能性は高くなる。将来的にAI（人工知能）やIoT（インターネット技術等）を活用したスマートメンテナンスと呼ばれる技術が建築物の管理の現場でも浸透すれば、管理の費用負担が大幅に縮小する可能性は高い。残念ながら現状では、スマートメンテナンス実現に必要な管理情報は十分には蓄積されていないが、適切な公共施設の維持や根本的な労働力不足の解消に向けて、今後注目される研究課題である。

　なお、今後どのように施設整備を進めるか、具体的な対処方法については、専門家でない住民には判断ができないだろう。しかし住民のため

の施設整備であれば、本来は住民がその内容を検証するべきである。現実的には全ての住民の意見を収集し1つに集約するのは現実的に難しいため、パブリックコメントや住民アンケートという手法が採用される場合が多い。住民ワークショップについても同じ位置づけになるだろう。

(7)　公共資産整備に必要な多世代の視点

　ここで確認すべきことは、「公共資産は本来、自治体ではなく住民の資産である」という認識である。また、「住民の資産」は、当然「個人や一部団体の資産」では無いことも確認しておきたい。

　自治体は本来、公共資産を管理している組織に過ぎず、自治体職員もまた住民である。そして公共資産は地域全体の産業・生活活動の拠点である。そのため自治体はあらゆる世代の住民に対して有益な公共資産の整備計画を検討・実行する義務がある。しかし現実には、一部の利用者のために建設された、結果的に財政を圧迫するだけの安易な公共資産整備の実例が、あまりにも多い。だからこそ「多世代」が重要な視点となる。

　さて、地域生活の基盤である公共資産の整備を、自治体の担当職員が多世代の住民と共創していくためには、住民から寄せられる多くの意見・要望を整理し、客観的な判断根拠となる施設情報の収集、評価、そして整備・管理費用の算定などを円滑に行う一連の整備手法の確立が不可欠である。さらに担当職員の活動支援や負担低減を実現する仕組みも必要になる。

　例えば、図書館が欲しいという要望が住民もしくは自治体庁内から挙がってきた場合、まずは、「なぜ図書館が必要なのか」を確認することから始めることになるだろう。おそらく実際に調査すれば、「本を読む」や「学習の場として利用する」という回答が多くなると思われる。しかし、読書や学習の場であれば学校や公民館、カフェなどの民間施設でも実現可能であり、図書館でしか実現できないわけではない。また、読書や学習を行う本来の目的が「知識の習得」であるならば、例えば、ITCを用いたウェブ環境などを整備した方が図書館を新設するよりも目的を達成できるかもしれない。もちろん、図書館の有用性自体を否定するつ

もりはないが、既存の施設用途に囚われずに、必要とされる目的を的確に汲み取り、実現可能な対応を考え、実行に移すことができる自治体職員を増やすことが、厳しく限られた財政状況にある自治体に必要である。このように公共資産のあり方を検討するためには、自治体職員だけでなく、その地域に住む誰もが日頃から公共資産に関心を持ち、公共資産のあり方について立場や世代に関わらず、客観的な根拠を基に議論できる下地が不可欠である。つまり、一般的な答えがない「適切な公共資産整備」を実現するためには、地域全体の生活のあり方を日常的に問う仕組みがその地域に形成されていることが不可欠である。

　そこで本編では、適切な施設整備に不可欠な下地づくりから施設整備にまでつなげる仕組みの社会実装を目指し、自治体のあるべき姿を第6章で、公共資産整備を検討する要となる整備計画作成の流れを第7章で、多世代共創による公共資産整備の取っ掛かりになる住民ワークショップ手法を第8章で解説する。

2 多世代共創に求められる体制と仕組み

(1) 現状を打開するために必要な体制

　筆者がこれまで自治体の抱える課題とその要因を検証していく中で、次の2つの問いが生まれた。

- ・自治体任せではなく、地域全体で公共資産整備を共創する仕組みが構築できないか？
- ・地域を活性化し豊かな地域生活を実現する公共資産を整備し、継続させる体制を実装できないか？

　自治体の現状を打開するためには、この2つの問いに対する解決策を具現化する作業が必要になるが、そのためには、建築や土木の分野だけに留まらない実務経験豊かな専門家や実践者による産官学の協力体制が不可欠である。

第6章　多世代共創による公共施設マネジメントの取り組み　141

例えば、産の立場からは、都市計画・土木・施設管理・管理システムなどに関わる企業が、主に支援体制の確立に不可欠な情報システムの構築と自治体職員の支援体制の構築を担うことが必要になる。官の立場からは、財務・企画・経営の部署で公共資産管理を担当している自治体職員が、主に住民参加による整備計画策定の手法確立と住民ワークショップや庁内調整などを担うことが必要になる。そして学の立場からは、建築・土木・都市計画・政策評価・財務会計などに関わる有識者が、主に資産整備のスキーム構築を担うことが必要になる。

　さらに、自治体職員が住民と共に収集・分析した情報や知見を、整備計画の策定根拠として活用できる公共資産整備支援システムの構築や、継続的なシステムの運用と公共資産整備に求められる人材や活動の支援を担う組織があれば、自治体任せではなく、多世代共創による持続可能な公共資産整備を実現する仕組みにつながるであろう。

⑵　収集・分析・共有が可能な情報システム

　現実の公共資産整備では、声が大きな一部の受益者や有力者の発言に強く影響され、残念ながら、地域全体の産業・生活の改善につながっていない公共資産整備が存在する。

　その1つの要因は、自治体職員と住民の間で資産情報の共有や分析が不十分であり、議論を行うことができずに施設整備が先行する事例が多いことが考えられる。特に、自治体職員が情報公開の重要さを理解していない場合が多い。

　しかし、単に自治体職員・住民間の「情報の非対称性」を解決するだけでは、公共資産整備の重要性や費用対効果を関係者全員が理解することは難しい。そこで、客観的な資産評価に必要となる資産情報を収集すること、多角的な視点から公共資産の客観的な評価を行うこと、資産整備に関わる一連の検証結果を共有することの3つを可能にする仕組みを、自治体が住民等に対して準備・提供することが求められる。この仕組みの基盤となるものが、住民による多世代共創を前提とした情報システムである。

　この公共資産整備のための情報システムは、FixMyStreet（英国）、

142　　第3編　多世代共創による施設整備の取り組み

ちばレポ（千葉市）など土木インフラ用としてすでに一部の自治体で導入されている住民主導の情報収集システムを、公共資産全体に拡張するイメージに近い。しかし、公共資産全体を対象とした、さらに自治体職員の資産管理業務と連動したシステムは、世界的に見ても、まだ存在しない。

さらにこの情報システムには、収集した資産情報を活用した資産分析・評価機能、世代会計の概念を取り入れた財務評価機能、公共事業の便益評価・行政評価機能、劣化状況を反映した中長期保全（費用）計画策定機能などを連動させ、多角的な現状把握と資産整備の方向性を住民と共に確認・検討可能な住民参加型情報システムであることが望ましい。

なお、筆者はすでにこれら公共資産情報の収集・分析・共有を実現する仕組みについて実証実験を行っている。例えば、独自の施設（建物）整備の手順や手法の構築、固定資産台帳と資産台帳や財務会計情報の連動、立地や財務面も含む多角的な評価を最低限の情報・手間で実現する「２視点６評価12項目」による施設評価手法などを確立し、これらの手法は、すでに複数の自治体の公共施設等総合管理計画で採用されている。さらに将来的に、公共施設だけでなく土木インフラにまで広げることで、公共資産全体の整備に必要な情報の整理と評価手法の検証、そして情報システムに必要な情報を精査することが可能になる。

また、スマートフォンやPDA（携帯情報端末）を用いた簡易的な施設点検システムとの連携についても開発中であり、現在、検証を行っている（**図表６-２**）。スマートフォンやPDAは、「社会人」は当然「学生・生徒」にとっても馴染み深い端末機器であるが、一方で施設点検は、一般的な「社会人」や「学生・生徒」には馴染みがない。そこで「学生・生徒」にとって分かりやすい調査項目を確立し日常的に活用してもらえるように、どの世代にも簡明なツールに発展させる必要がある。これらの手法やツールを情報システムで統合できれば、住民等からの提供情報を資産管理業務の現場でも活用できるため、情報共有による省力化の仕組みが実現する。

図表6-2　施設点検システムを用いた調査
(空き家調査での活用事例)

出所：前橋工科大学　堤研究室作成

(3) 継続的に支援する組織体制の整備

　公共資産の整備は、総合計画や都市マスタープランなど5年ごとの見直しを行う上位計画によって、その方向性が示される。また、大規模な整備計画の場合には、事前に施設整備の方向性を住民に問う機会がある場合も多いが、大多数の施設では、建設時の住民説明を除くと、運用・管理方針が住民に明示されることは少ない。現実的には、住民には事後報告になることが多く、運用・管理方針に不満を訴える住民への対応に苦慮する自治体が多い。

　しかし、自治体職員自身が、公共施設の運用・管理方針の重要性を理解していない場合や、住民は話を聞いてくれないといった間違った認識がある場合、資産整備の必要性を住民に丁寧に説明しようとせずに、住民の理解が得られない状況も考えられる。

　この状況を解決するには、本来は自治体内で専門家を育てる長期的なプログラムが必要になる。しかし、専門家の育成には時間がかかること

もあり、自治体自体の仕組みを根本的に変えることが必要になる。また、プログラムを検討・調整している間に公共資産の老朽化や新規整備が進んでしまい、対応が間に合わない状況も考えられる。そのため、整備計画に民間業者を委託する自治体も多いが、資産整備の方向性を民間に丸投げした整備計画が策定されても、自治体と住民の双方にとって理想的な施設整備が実現する可能性は少ない。そのような理由から直接利害関係にない第三者である専門家が、資産整備の作成支援や自治体職員の育成と支援を行う仕組みが有用だろう。

　また仮に、自治体職員と住民による公共資産情報の収集・分析・共有を実現する仕組みや、自治体職員と住民による整備計画策定手法が確立したとしても、それだけでは単発的な活動に留まり、継続的な活動にまでつながらないことが考えられる。そこで自治体と住民による公共資産整備の進むべき姿の共創を支援する、自治体や民間企業ではない第三者組織の立ち上げと、その第三者組織との連携により施設整備の実現を目指す体制構築が重要になる。

　なお、筆者は大学教員である利点を生かし、自治体と住民の調整や自治体職員の支援を行うという立場で、複数の自治体で具体的な公共資産整備に関わる計画策定を策定してきた。例えば、2011年度の千葉県佐倉市の公民館改築事業計画策定業務では、自治体職員と共にまず情報収集から始め、①対象施設周辺の状況を可視化、②対象施設と周辺施設の簡易評価、③現在および今後に求められる機能の抽出、④地域全体の整備提案および地元要望の比較、⑤イニシャル・ランニング・ライフサイクルコストの比較検討、⑥整備後の成果の検証といった手順で分析と作業を実施した結果、当初単独施設だった整備計画が最終的には複数の公共施設が整備の対象となり複合化が実現した（①～⑥は**図表6-3**に対応）。

　しかし大学で研究活動と並行して自治体支援を続けるためには、時間と人手の制約から対象都市・地域を限定せざるを得ない状況にある。本来は施設管理を専門とする公的団体等がその役目を担えれば良いのだが、残念ながら既存組織での実現の可能性は低いと考えられる。そこで筆者は公共資産の整備・運用に関する共創作業を自治体や住民と行う支

図表6-3　公民館改築事業計画策定業務の概要

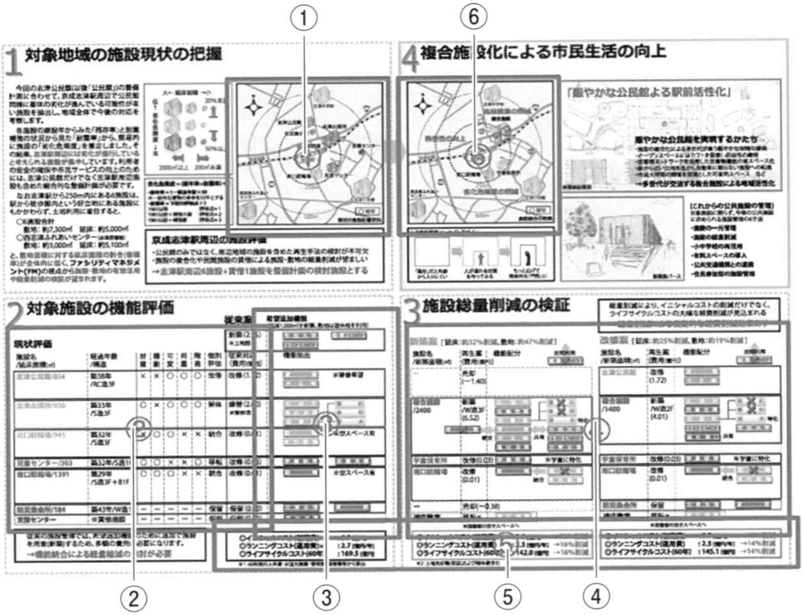

出所：前橋工科大学　堤研究室作成

援組織を立ち上げ、継続的に支援・提案を続ける体制を整備した。

(4)　具体的な多世代共創のかたち

　多世代共創に求められる体制と仕組みの視点から、自治体職員と多世代の住民等が自ら積極的に整備計画に参加・提案し、豊かな地域生活を築く新たな公共資産整備スキームを実現するためには、次の2つの仕組みが必要だと考えている（①〜⑨は**図表6-4**に対応）。

○自治体職員だけでなく、多世代の住民が収集した情報や知見を一元化し活用することで、整備計画策定に不可欠な自治体職員の積極的な活動や負担削減を実現するシステムの構築
→①施設・財務情報を自治体と住民で共有することで同じ土俵にたった議論が可能、②情報提供が双方向でかつ大多数へ伝達されることによ

146　　第3編　多世代共創による施設整備の取り組み

図表6-4　公共資産整備スキームによる自治体の変化

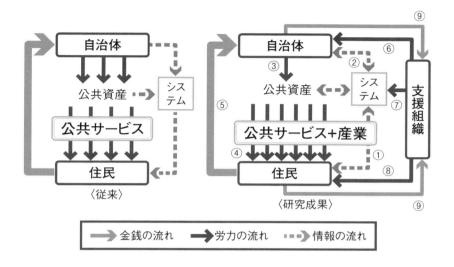

る、情報収集・分析における自治体職員の負担の削減、③情報が一元化されるため、行政側の集約的な資源投入が可能となることによる効率化の実現、④ITCの活用など公共サービスを複数の手段で提供することで、公共サービスの増加による産業の活性化、⑤公共資産整備に対する住民負担（税金）の削減により、自立的な自治体運営と地域活性化を実現する。
○継続的なシステムの運用や、公共資産整備に求められる人材育成などを担う第三者組織を設立することで、全国の自治体を対象とした公共資産の整備から管理までの共創を伴走する支援体制の確立
→⑥第三者の立場から、公共資産整備に関する政策決定の方向性・手法に関する支援と提案の実施、⑦システムの継続的な保守・改善と資産情報管理に関わる収集・分析・共有作業を担当、⑧積極的な自治体職員と住民の参加を促すため第三者の立場から専門知識・手法を提供、⑨支援活動に対する対価により運用資金を確保する仕組みを確立することで、継続的な支援体制と多世代共創の定着を実現する。

⑸　システムの実装に向けた一般化と体系化

　公共資産整備に求められるシステムの構築及び支援体制は、情報の一元化や比較分析が行えること、そして評価手法を統一することが不可欠であるが、一方で自治体の規模や立地・環境（例えば交通網等）により変更・調整が求められる場合が多い。そこで、比較検討が必要な情報については書式を統一し、それ以外の情報については入力項目を自治体の状況に合わせて変更・調整可能なシステムを構築し、支援組織がシステムの変更・調整や、資産整備の進め方を提案・実施することを担う仕組みが望ましい。

　なお、情報システムの構築には、インターネットの利用環境があればどこでも入出力が可能なASP（Application Service Provider；民間のクラウドサーバを用いた情報サービス）等のIoTを導入することで、将来的には自治体内だけでなく民間企業や自治体間を横断した共同利用や比較検討が実現するだろう。また、運用についても当初は第三者の立場から自治体に対して直接指導・支援を行う体制が必要であると考えられるが、最終的には地域住民や自治体職員が自ら情報システムを活用し、公共資産管理を進めていく活動を協力・支援する体制が実現することが望ましい。一方で第三者による支援団体には、公共施設マネジメントの手順や事例を体系化し、学会やシンポジウム、報告書、書籍など様々な手段を通して、成功事例や費用対効果などを多くの自治体や関連団体に発信し、公共施設マネジメントの実現に立ちふさがる障壁を取り除く働きかけが求められている。

⑹　情報システムを導入する上での課題

　多世代共創による施設整備の実現には、情報システムの導入・運用が重要になるが、現実的には情報収集やシステム導入・運用はなかなか進まない。特に、過去の施設情報が廃棄されていたり紛失したりしているため、分析に耐えうる資産情報が容易に収集できない自治体や、手間や費用の負担増大を懸念する自治体では、システム導入自体に拒否反応を示す場合が多い。

　しかし、システム導入の最大の目的は、情報活用による省力化である。

そのため、公開情報や水道光熱費の検針データなど、既存情報を整備計画の作成時に有効活用する検討から始めるべきだろう。

　なお、情報システムの導入・運用を推進する重要な点は、無理に情報システムを更新せず、別途既存システムと連携した情報システムを構築し、情報漏えいのリスクやシステム改修費を抑制するなどの工夫をすることである。また情報システムを運用する担当職員だけではなく、広く興味を持つ職員・住民に操作方法や導入効果を実感してもらい、システム導入の抵抗感を減らす取り組みが重要になる。

　また現状では、LGWAN（Local Government Wide Area Network；総合行政ネットワーク）と呼ばれる、自治体で導入が進んでいるセキュリティシステムの対応が必要となる場合が多い。この LGWAN が稼働していると、自治体職員と住民の同時利用ができないなど、情報環境が制限され、情報システムの導入効果が少なくなってしまう。本来であれば、施設情報には個人情報は存在しないことから、公共資産整備のための情報システムを LGWAN に組み込む必要はない。例えば、施設管理業者が管理情報を直接データベースに入力するシステムが、民間企業では導入が進んでいるように、今日、セキュリティのために情報システムの利用可能性を制限してしまう情報管理は時代錯誤である。特に財源も人材も少ない自治体では、セキュリティや情報システムの運用方法について見直す必要があるだろう。

第6章　多世代共創による公共施設マネジメントの取り組み　149

第7章 地域別施設整備案作成の進め方

1 整備案作成の前提

(1) 実現させるための施設整備案の提示

　自治体には、自治体全体の公共施設整備に関する計画が数多く存在する。例えば、総務省が各自治体に作成を要請した公共施設等総合管理計画（平成28〈2016〉年度までに作成、平成33〈2021〉年度までに見直し）や個別施設計画（平成32〈2020〉年度までに作成）が挙げられるが、それらの上位計画には総合計画や都市マスタープランなどが存在する。また、具体的な施設整備が決定した後には、基本構想、基本設計、実施設計など個別の整備計画が作成される。

　しかし、前者の自治体全体の計画作成と後者の個別施設の計画作成には、現実的には整合性を確認する程度の連携しかない。また、国からの要請や補助金・助成金の確保のためだけに作成される場合も多く、実施につなげるための計画というよりも、計画のための計画になっている状況にある。本来は、個別施設計画の作成を総務省が要請する理由も、この状況を打開するためであるが、自治体が保有する全ての施設の整備計画を一括で作成し取りまとめることは、現実的には難しいだろう。

　前者の全体計画と後者の個別計画を結びつけるためには、自治体全体と個別施設の中間に位置する「地域」における整備計画の方向性を検討するとともに、具体的な施設整備の可能性がある施設については、複数の「たたき台（簡易な整備計画案）」を作成することが望ましい。最初から1案に絞って検討を進めるのではなく、複数の「たたき台」を基に様々な可能性を比較検討することで、多様な視点から客観的な検討を行うことが可能になる。一見手間がかかる作業のように見えるが、最終的に1案に絞り込んだ結果を基本構想として活用すれば、最小限の手間で要点を押さえた施設整備の計画案が作成できる。

　本章では、具体的にはどのように「たたき台」を作成し検討すべきか、

整備計画を作成する前に行う作業を中心に解説する。

⑵　個別ではなく地域全体での検討

　個々の公共施設に対して複数の「たたき台」を作成すると、保有する公共施設数の数倍の「たたき台」を作成する手間が必要になると思われるかもしれない。多くの公共施設を抱える自治体にとって、また日常的に多くの業務を抱える自治体職員にとって、その手間と時間を確保するのは当然難しい。考えただけでやる気が失せそうな作業であるが、実は心配する必要はない。

　その理由は、個別の施設ではなく、地域全体で施設整備を検討することが望ましいためである。施設単体で現状の課題を解決しようとすると、どうしても大きな費用が発生する可能性が高い。しかし、地域内で計画内容の相互利用や共同利用が可能であれば、その費用は最小限に抑えることができる。また、自治体職員も住民も大きな変化を嫌う傾向があるため、まず近隣施設から検討を始めると、従来からの変化が少なく苦情も最小限に抑えられるだろう。つまり、複数の公共施設についてまとめて「たたき台」を作成することで、整備案の作成数を大幅に削減することが可能となる。全ての施設ではなく、早急に整備すべき施設、あるいは整備に時間がかかる施設から取り掛かった後、他へ応用させればよいからである。もちろん、複数施設を同時に検討することになるため、１つの施設を検討するよりも手間や時間はかかるが、統廃合だけでなく共同利用や相互利用、移転や用途変更までを含めた検討をするためには、近隣施設同士での検討が不可欠である。効率的な施設マネジメントを実現するために、個別ではなく地域全体での整備を前提に「たたき台」を作成すべきである。

　なお、地域全体での施設整備を検討するためには、「たたき台」作成の事前に、対象施設に関する様々な情報収集が不可欠である。特に民間施設との連携等を検討する際、自治体が保有・管理する施設情報だけでは十分ではない場合は、別途、現場調査や住民へのアンケートやヒアリングが必要になる。逆に情報が不足している状況のままでは、公共施設整備の方向性すら確定することが難しいだろう。そこで、「たたき台」

を作成するために最低限必要な情報は何かを事前に把握し、不足している場合は早急に情報収集を行うべきである。

　また、早急に整備すべき施設や整備が必要になる施設を把握するためにも、日常的な施設情報の整理が不可欠である。これまでの公共資産整備は、実施理由は明確であるという前提で、前例を踏襲される場合が多かった。しかし、前例の時代とは社会状況も住民の意識も大きく異なっている可能性が高く、今後は、前例踏襲では住民に対しても庁内に対しても説得力のある説明にはならないと考えられる。数値情報を中心に公共施設の現状を客観的に把握・評価しつつ、今後の整備内容を説明することが求められる。もちろん、数値情報だけでは説明できない場合もあると思うが、数値情報すら整理できていない状態で施設整備の方向性を決定することはできないだろう。

(3)　施設整備のための情報管理システム導入

　このように施設情報の整理は、施設整備の方向性を確認し、たたき台を迅速に作成するために不可欠な作業である。逆に言えば、施設整備の方向性や検討のために、施設情報を収集し活用する仕組みが求められる。つまり、情報収集の労力と時間を最小限に抑え、整備方針の決定を迅速に行うため、情報システムの導入を検討する必要がある。

　もちろん、既に自治体では公有資産台帳や施設整備台帳といった名称で多くの施設情報が収集され、台帳やデータベースにまとめられているだろう。しかし、その多くは部署ごとに管理されているため、情報の統合や一元化が実現していない。また、施設整備に活用することを考慮せずに収集されているデータベースは、実際に施設整備の検討に活用しようとしても、整理に手間や時間がかかり使えない場合が多い。

　このように、情報の活用方法を前提としていない情報システムを導入しても、情報入力の時間と手間が増えるだけであり、その効果は期待できない。逆に収集した施設情報がそのまま具体的な施設整備の検討に活用できる情報システムであれば、客観的な分析や判断が容易になり、結果的に策定作業の手間が削減でき、省力化に結び付く。

　実際に既存の情報システムや管理台帳のために収集・整理した施設情

152　　第3編　多世代共創による施設整備の取り組み

報は、「たたき台」や具体的な施設整備の検討資料にも使えるだろうか。また、既存の情報システムや管理台帳の施設情報は、最新情報に更新できているだろうか。更新されていない施設情報では現状把握はできないし、計画策定や見直しの際に再度情報収集をゼロから始める手間が発生する。情報システムを導入するだけではなく、日常的に情報を更新・活用していくことが、情報活用の際の手間や時間を大幅に削減することになる。情報管理システムには様々な製品があるが、導入の際には施設整備計画に活用することを念頭に、適切な選定と運用を検討してほしい。

⑷　誰がたたき台を作成すべきか

　公共資産は多種多様な立地環境に影響され、状態も個々に異なり、施設評価に必要な情報も一様ではないため、必要に応じて評価項目を検討する必要がある。しかし、多くの自治体では、どのような施設情報を収集し公共資産を評価するのか、そして評価結果をどのように活用して整備計画を作成すれば良いのか、十分な検討をしないうちに施設整備の方向性が決まっていく状況が見られる。全国を見ても、公共資産整備のあり方が明確な自治体が、どの程度存在しているであろうか。地方経済の活性化の基盤となる公共施設整備に対して、住民の不満やマイナスイメージが強い理由の１つが、こうした状況にあると考えられる。

　なお、この状況を打開するために民間企業に整備計画を委託したとしても、民間企業は自治体の意識自体を変えることはできないので、何も変わらない可能性が高い。自治体職員自ら、首長や住民に対して整備計画の方向性を検討し提示できる情報と手法を持ち、その内容を基に庁内・地域住民が議論する仕組みが求められるだろう。ただし、数年で部署を移動する自治体職員が、実務の合間に整備計画の方向性や仕組みを一から検討するのは現実的には難しい。また、作業担当になるのは実務経験が少ない若手職員である場合が多く、全てを彼らに任せるには負担も責任も大きすぎる。

　担当職員の負担や責任を削減するためには、住民から良いアイデアや具体的な改善方法を引き出し、整備計画作成の中に組み込む手法を確立することが望ましい。そこで自治体職員が「たたき台」を作成し、その

「たたき台」を踏まえた議論を住民と行う一連の手法を提案したい。

　なぜなら、具体的な整備方法は、住民よりも自治体職員の方が詳しい一方で、施設整備が目指す方向性は住民の日常生活に直結するからである。整備対象施設がある地域の住民であれば、世代に関わらず現状の日常生活や、整備後どのように暮らしが良くなるかに対して強い実感や関心があるため、自治体職員とともに多世代共創による検討が可能である。そこで、自治体職員がまず、具体的な整備手法を検討するための「たたき台」を作成し、その内容をワークショップなどを通して住民とともに確認・改善していく手順が、理想的な計画作成につながる可能性が高いと考えられる。

　そこで次節では、「たたき台」の策定手法の要点を整理する。なお住民ワークショップの手法については、次章で詳細について解説する。

2　作成に求められる事前準備

(1)　既存計画・データの活用

　「たたき台」の作成には、関連法規や関連計画などとの整合性の確認が不可欠である。また、本来は補助金や助成金などに頼らない施設整備が望ましいものの、現実的にはそれらの利用が前提となる場合が多いため、事前の条件確認が不可欠になる。

　しかし、毎回改めて状況確認をするのではなく、関連計画の作成に用いた施設情報などをできる限り活用することで、省力化だけでなく整合性を確保することが望ましい。もちろん活用にあたって最新情報に更新する必要はあるが、施設情報のうち、住所や施設面積などストック情報の大半はそのまま利用可能であろう。特に、公共施設等総合管理計画の策定時には様々な施設情報を収集しているため、本来であれば別途収集する必要がある施設情報は少ないだろう。基本的には、整備対象施設の絞り込みや周辺施設の概要などを把握するために、必要最小限の情報収集だけを行えば良いはずである。仮に、公共施設等総合管理計画作成の際に用いた施設情報が使えない状態であれば、次回の計画見直しの際に、

154　第3編　多世代共創による施設整備の取り組み

内容自体を見直す必要がある。また、使わない施設情報は、基本的に手間をかけて更新する必要はないだろう。施設整備の検討の際には、改めて各種計画策定に用いた施設情報や図表がどの程度使えるのか確認しておきたい。

　では、公共施設等総合管理計画ではどこまでの情報収集を行うべきであろうか。筆者は大きく次の2つの情報が必要と考えられる。

　1つは、施設整備全体の方向性を検討するため、自治体全体の財政や人口動態、公共施設の総量などの実態把握を行うための情報である。もう1つは、今どこに何があるのかを確認するため、自治体が保有する施設の個別実態把握を行うための情報である。詳細については後述するが、この2つの情報が整理されていないと、自治体全体の課題も整備すべき施設の概要も把握できず、「たたき台」作成の際に掲載するべき情報を整理することもできない。まずは、公共施設等総合管理計画において、この2つの情報が整理されているか確認して欲しい。

　仮に、個別施設整備計画や再配置整備計画といった既存計画が存在するのであれば、公共施設等総合管理計画よりも詳細な施設情報が充実していることから、より内容の濃い「たたき台」を作成することが可能になる。例えば、公共施設の位置情報が一覧表だけでなく地図上で確認できれば、地域内にある諸施設との関係性が可視化され、近隣施設との連携の検討が容易になる。なお、一般的に個別施設整備計画や再配置整備計画では用途別に整理・検討する場合が多いが、「たたき台」では用途別よりも地域別に検討した方が、より柔軟な施設整備の提案が生まれる可能性が高いだろう。

(2)　簡潔な評価・分析手法

　集まった施設情報をただ並べるだけでは、施設の状態を把握することは難しい。そのため、なんらかの形で収集した情報を整理し、簡易的でも良いので評価・分析を行うべきである。特に、「たたき台」に活用するのであれば、評価・分析した結果を簡潔に伝える工夫が必要になる。その際の留意点は2つある。

　1つは、評価・分析手法は簡潔なものにすることである。一般的に評

価・分析を専門家に依頼すると、結果の精度を高めるために、複雑かつ難解な手法を採用しがちである。しかし、自治体職員や住民が理解できない手法であれば、自治体職員が自ら住民や首長などに説明することが難しく、結果的に専門家任せになってしまう場合が多い。そのため専門家に比べて精度は低くても、自治体職員が自ら理解し評価・分析した方が望ましいだろう。仮に専門家に依頼する場合でも、できるだけ簡潔な評価・分析手法を依頼した方が良い。

　２つ目は、「たたき台」はあくまでも検討資料なので、「たたき台」よりもその後の計画作成に手間と時間をかけることである。施設整備の方向性を確認する段階で手間と時間をかけすぎると、次の実施段階に進むことが難しくなる。検討すべき要点は最小限に絞り、情報収集や分析結果の取りまとめ等に情報管理システムを用いることで、時間はかけずに様々な視点から検討を行いたい。なお分析結果は、「たたき台」の中で提示する。

(3)　利用データの収集と精度

　公共施設等総合管理計画を作成している自治体は多くても、たたき台の作成に必要な施設情報が全てそろっている自治体は少ないだろう。不足する情報は追加で収集することになるが、最初から全ての情報を収集しようとせず、まずは保有情報を用いた評価・分析を行い、その必要に応じて収集した情報を加えた評価・分析を行う２段階の評価・分析を行う方が、手間や時間の削減を可能にする。その際に留意すべき点を次に示す。

　最初の段階では、時間をかけずに収集・分析を行うため、必要最低限の情報収集と簡潔な分析を心がけることである。一般的には評価・分析する情報が多いほど実態把握の制度は高まるが、この段階では保有情報を活用することが前提となるため、基本的には対象となる範囲にある全ての施設で比較分析できる情報を選定する。そのため分析の内容や精度よりも、全ての施設の情報が入手できる情報が優先される。まずは、なぜその施設を整備する必要があるのかを明確にした後に、その理由を検証するために必要となる保全情報を収集・分析すると良い。この段階で、

整備対象とするべき施設を1つから3つ程度にまで絞り込めると良い。

次の段階では、整備手法の可能性を広げるため、様々な方法を用いて対象施設とその周辺施設の詳細な情報を収集・分析する。例えば、自治体職員・住民・民間企業に対するアンケート調査やヒアリング調査、他自治体との連携の可能性の模索など、可能な手法は実施すべきである。そのため、調査の対象施設は最初の段階で絞っておかないと、手間や時間がいくらあっても足りなくなる。この段階では、できる限り広い視点から整備手法の可能性について検討するが、収集情報を基に1つずつ取捨選択することで、最終的には「たたき台」に用いる複数案に絞り込む。なお、整備手法を決定する作業ではないため、この段階で1つに絞り込む必要はない。住民や首長、議会などに「たたき台」を用いて説明を行った後、もしくは次の基本構想や設計段階で1つに絞り込めば良い。

(4) 庁内体制の確立

情報収集・分析とともに事前に確認しておくべき作業が、施設マネジメントを進めるための庁内プロジェクト体制の確立である。この体制がしっかりしていない場合、どんなに良い「たたき台」や整備案を作成しても、実現する可能性が低くなる。プロジェクト体制を確認する際の留意点を、以下に3つ挙げる。

1つ目は、事業実施を迅速に決定する仕組みである。例えば、青森県では、企画調整課長を始め関連部局課長で構成された「県有不動産利活用推進会議」があり、そこでの決定事項に係る所要経費の財源は、FMに係る「緊急課題・行財政改革対応経費」として各部局のシーリング外とする仕組みが存在する。また、千葉県流山市では、市長・副市長・教育長・各部長で構成された「流山市FM戦略会議」において各案件の実施判断だけを議論・決定するため、迅速な対応と実施が可能な仕組みが存在する。青森県や流山市のように、実施決定の迅速化、責任の明確化、予算確保が明確な仕組みがないと、計画だけで止まってしまう可能性が高い。

2つ目は、起案者が明確な体制づくりである。どの部署が先導してプ

ロジェクトを進めるのか、先導部署内の誰が責任をもって起案を上げ、決済をとるのかが明確でないと、いつまで経っても誰も起案せず、意思決定の段階に進まない可能性が高くなる。特に、複数用途の施設が混在する整備の場合、複数の部局間での調整する作業が必要になるため、その傾向がより強くなる。また、起案する職員は、具体的な戦略を練る中心人物になることから、部署内外との調整や情報収集を積極的に行う意識を持つ必要がある。なお部署間の調整は、施設マネジメントを担当する部署が存在すれば理想的だが、担当部署が無くても人材や体制が整っていれば支障は少ないだろう。しかし、責任を持つ部局が明確でない体制では、担当職員や関係部局の人事異動があると調整が難しくなる恐れがある。できれば欧米の民間企業のように、施設マネジメントに関する権限と情報を集約した担当部局の設置が望ましい。

　3つ目は、「たたき台」を実現する作業工程表の作成である。検討の時間が長くなるほど実現性が低くなる可能性が高い。そのため、「たたき台」の整備に必要となる業務や調整を予め時間軸で検討しておき、円滑な業務遂行を実現する手順も基本構想・基本設計段階の前に検討しておくべきである。特に、クリティカルパスと呼ばれる時間的な制限や、ボトルネックになる作業については、慎重に準備をしておく必要がある。一方で並行して実施できる作業は、作業分担の方法を検討しておくなど、効率的な時間配分を検討するためにも、作業工程表の作成は有用である。また、住民ワークショップの実施の必要性など、自治体の首長や幹部に施設整備の実現に必要となる具体的な作業を説明する資料としても有用だろう。

3　整備案作成の手順

(1)　5つのPHASE（フェーズ）の概要

　公共施設マネジメントでは、施設単体で今後の整備計画を検討するのではなく、自治体が保有する全施設との関係性を配慮して地域別の整備計画を作成することが望ましい。全施設の詳細な整備計画を一斉に作成

したとしても、財政面から見ても、実務面から見ても、整備まで一斉に始めることはできない。そのため、公共施設等総合管理計画等で課題が明らかになった施設の周辺から整備計画を策定すべきである。つまり、施設整備計画を策定する際、整備を行うべき施設を選定するために、全施設を対象に簡易な施設評価を行う初期段階と、整備を行うべき施設に対する具体的な整備手法の検討や詳細な工程計画を策定する次の段階では、必要な情報や作業内容が異なることを明確に把握しておくことが必要である。

そこで各自治体が置かれている状況を的確に把握し、具体的な地域別整備計画作成を効率的に進める手順を提案する。なお、一連の手順を明確にするため、公共施設マネジメントの進捗状況により目的を5段階（PHASE：フェーズ）に区分し、各段階で行うべき作業内容を示す（**図表7-1**）。整備計画のアウトプットは地域により異なっていても、検討手法を統一することは可能である。この手順を基に、自治体が独自の検討手法を確立すれば、計画策定までの手間と時間を短縮することが可能になるだろう。

図表7-1　公共施設マネジメントを進める手順

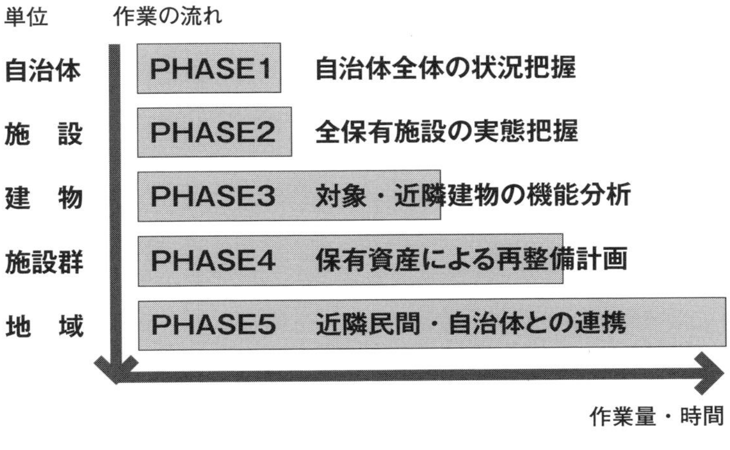

単位	作業の流れ	
自治体	PHASE1	自治体全体の状況把握
施　設	PHASE2	全保有施設の実態把握
建　物	PHASE3	対象・近隣建物の機能分析
施設群	PHASE4	保有資産による再整備計画
地　域	PHASE5	近隣民間・自治体との連携

作業量・時間

PHASE 1 ：自治体全体の状況把握

　最初の段階である PHASE 1 では、自治体全体の公共施設マネジメントの基本方針を示すために、その有用性や目標値などの妥当性を確認できる基本情報の整理を行うことが作業目的となる。

　作業内容としては、自治体全体の公共施設の基本情報（用途、建設年、施設量、配置など）に加え、人口や財務諸表など自治体に関わる公開情報を基に、公共施設全体の整備状況と今後の見通しについて確認する。なお、この PHASE では、あくまで自治体全体の方向性を確認することが目的であり、全体の施設情報を把握するために、固定資産台帳や公有資産台帳など、既存の施設情報から得られる情報を活用する。仮に、台帳などが整備されていない状況であれば、早急に施設情報を集約できる体制を確立するべきである。また、施設の総量を把握するため、100㎡以上に限定した施設リストなどではなく、全ての施設を対象にした施設情報が不可欠である。そのため、既存の施設台帳等を一元化した情報システムを活用したい。

　なお、台帳情報だけでなく、可能な範囲で公開情報を用いることで、他自治体との比較も可能になる。1 つの自治体内で保有数が少なく評価が難しい施設でも比較検討が可能であれば、これまでの整備状況を多角的かつ客観的に把握することが可能になる。また、単に近隣自治体や同規模自治体と比較して状態を確認するだけでなく、他自治体との差異が生じる要因を把握できれば、整備計画の方向性を決定付ける重要な指標を検討することが可能になる。できれば地理情報システム（GIS）等を用いて分析結果を具体的な公共施設まで落とし込み、配置を含めた現状把握をしておくことが望ましい。

　また、公共施設等総合管理計画等では、自治体全体の方向性の確認の際に、簡易的な中長期保全計画を作成し、施設整備にかかる費用を算定する場合が多い。中長期保全計画を作成する際にも、個々の公共施設の情報が必要となるため、全施設のリストが必須である。簡易的な中長期保全計画を策定するだけであれば、全ての施設を対象とする必要はないかもしれないが、公共施設等総合管理計画の次の段階である個別施設整備計画などでは、より詳細な中長期保全計画が求められるため、最初か

ら全ての施設情報を準備しておくと手戻りがなくて効率的である。

PHASE 2：全保有施設の実態把握

　次の段階である PHASE 2 では、個々の公共施設の実態を客観的に評価するだけでなく、早急な対応が必要と考えられる公共施設の抽出を行うことが作業目的となる。なお、公共施設等総合管理計画では、この PHASE 2 の段階までの取りまとめが求められていると考えられる。しかし、整備を検討すべき施設を抽出する段階まで提示している公共施設等総合管理計画は少ない。

　作業内容としては、PHASE 1 で整理した施設情報の基になる施設情報を前提に、早急な対応が必要と考えられる施設の抽出など整備の優先順位と、整備すべき施設の範囲を確認する。そのために必要な施設情報を追加で収集・分析し、簡易的な施設評価を行う必要がある。なお、全施設の詳細な情報収集をこの段階で行うと、多くの時間や手間もかかり、現実的には難しいため、PHASE 2 の段階における施設情報の収集は、簡易施設評価に必要な最低限の情報に留めておくことが重要になる。他の整備計画策定でも迅速に対応するためにも、簡潔かつ多角的な施設の抽出方法や評価手法を確立しておきたい。

　なお、この段階における抽出法用や評価方法の精度は、あまり重要ではない。抽出されたり、評価に悪い結果が出たりした公共施設については、必ず現場でその問題箇所を確認するべきだからである。簡易施設評価だけに頼らず、現場確認との併用を前提とすることで、迅速かつ適切な実態把握と対応が可能となる。仮に現場確認で問題が見つからなくても、適切な管理が行われていることを確認できるので、無駄な作業ではない。

　また、施設整備の現状や基本的な方向性については、自治体内部だけでなく、関係者や住民も把握・評価できる環境を整えることが今後の円滑な整備計画作成に求められる。そのため、整理・分析した結果を白書や施設カルテなどを通して広く一般に公開することが、今後強く求められるだろう。ただし、詳細な調査報告だけでは、住民が関心を持たない可能性も考えられる。一般公開が前提であれば、簡易な施設評価でも十

分であるが、住民が関心を持つ表現の工夫を行う必要がある。

　もう1つ重要な点は、このPHASE 2の成果や収集情報は、公共施設等総合管理計画等、地域全体の状況を把握する資料にも使えることである。実際に対象施設や整備手法が確定するまで、詳細な施設分析は必要ないので、PHASE 2の資料は整備施設の検討を行う初期段階の説明資料として最適である。仮に説明資料として使えない資料であれば、そもそも作成する必要がない可能性が高い。そこで、次のPHASE 3以降では、どのような施設情報を用いて何を検討するべきなのかを踏まえ、情報整理を行う必要がある。

PHASE 3 ：対象・近隣建物の機能分析

　この段階では、PHASE 2で抽出された公共施設に加え、近隣に存在する公共施設も対象とする。対象建物ごとに必要となる機能や状態を分析し、地域内にある行政サービス全体のバランスを配慮しながら、具体的な公共施設マネジメントを検討することが作業目的となる。「たたき台」の作成段階だと考えて良いだろう。なお、「たたき台」作成の留意点については後述する。

　作業内容としては、具体的な整備案策定のためにPHASE 2よりも詳細な施設分析・評価を行う必要がある。対象施設で、ヒアリング等により各施設の利用方法や管理体制、諸費用など、建物ごとの詳細な情報を収集する。また、用途や状態に関わらず、対象施設とその周辺施設の機能を洗い出し、地域全体でどのような公共サービスがどの施設で提供されているかを把握する。そして、具体的な整備案を作成する過程で、その地域における施設整備に求められる各種条件を明確にして整理する。

　なお、PHASE 3では、PHASE 2で抽出された施設だけではなく、周辺施設も併せて評価対象とすることが重要である。単なる統廃合や総量縮小が目的ではなく、既存の用途や利用方法などの枠を超えて、公共施設の統廃合や用途変換などを検討し、地域全体での公共サービスの質の向上を実現するためである。なお、この段階であまり現実的な検討にこだわりすぎると、既存の整備計画と変わらないものしかできなくなる。あくまで、「たたき台」の検討であるため、複数案で構わない。住民ワー

162　　第3編　多世代共創による施設整備の取り組み

クショップなどを活用し、様々な視点から「たたき台」を検討したい。

　また、この段階では必要な機能や使い方の整理に注力するべきで、どのような施設や設備が必要かという具体的な話はPHASE 4以降にすることを前提としている。段階によって作業内容が異なることを認識し、住民や自治体職員のはやる気持ちを抑えることも必要になるかもしれない。

PHASE 4 ：保有資産による再整備計画

　この段階では、PHASE 3の作業をさらに進め、統廃合や相互利用、それに伴う用途変更や売却など、対象地域内にある公共施設の有効活用を検討する。さらに公共サービスの向上を図る庁内調整の結果と、地域整備の具体的な姿を整備計画に落とし込むため、検討資料となる「たたき台」を作成することが作業目的となる。

　作業内容としては、対象地域にある公共施設の配置や状況を踏まえ、中長期的な視点から対象地域に本当に必要な公共サービスや施設量を検証する。さらに、その具体的な機能と概算の整備費用を基にして整備計画を策定することになる。すなわちPHASE 3で作成した複数の「たたき台」について比較検証した結果を踏まえ、その中から最終的に実施する整備計画を選定し、具体的な作業内容を検討する段階に進むことになる。

　既存公共施設の用途や所管部局の枠を取り払い、地域全体で公共サービスや施設整備のあり方を検討できれば、1つの施設の活用範囲が広がり、結果的に統廃合や用途変換などによって施設量を縮減できる可能性は高くなる。また、その効果を最大限にするためには、関係部局間の調整と協力体制の有無が成功の鍵を握るため、事前の周到な準備が不可欠となる。また、公民館や体育館などという一般的な施設名称を前提に検討を始めると、現行の用途や目的に検討内容が縛られてしまう場合が多いため、施設名称は整備内容がある程度まで確定してから決めた方がよいだろう。

　なお、この段階においても、公共サービスの提供方法や費用などに不足や不満が残る場合は、次の段階であるPHASE 5の作業に進む。

第7章　地域別施設整備案作成の進め方　163

PHASE 5 ：近隣民間・自治体との連携

　整備計画策定の最終段階として、PHASE 4 の対象範囲を広げて、対象施設の周囲にある民間企業との連携や近接自治体との共同利用などを考える。対象地域に必要な公共サービスを、より積極的に充実させるために、より幅広く公共サービスを提供するために具体的な整備内容を整備計画に落とし込むことが作業目的となる。

　作業内容としては、民間企業や広域連携など従来の民間や他自治体との境界を取り払い、自治体自らが公共サービスの最大化のために何ができるかを検討することが中心になる。そのためには、庁内・庁外の協力体制が不可欠である。また、多くの関係者との調整に手間や時間がかかることから、多世代共創を活かす手法が有用である。

　なお、近年では、民間企業との連携による公共資産整備が全国各地で検討されているが、必ずしも民間企業との連携が有効であるとは限らない。詳細は後述するが、双方の利害が一致する条件が揃っていないのに、無理に推し進めると逆効果になる場合もある。そのため、手法の採用を前提とするのではなく、必要に応じて官民連携を検討すべきである。また、自治体内で解決できない場合、特に、自治体境界周辺の地域では、近隣自治体との連携が有効である場合が多いが、自治体間の調整に時間がとられる可能性が高い。PHASE 4 で確立した協力体制などを参考に、連携自治体には整備計画だけでなく、新たな連携体制を合わせて提示し了承を得る必要があるだろう。

　この PHASE 5 まで実現している自治体は、全国的に見てもごく一部である。また従来の公共施設整備とは大きく異なる概念になるため、既存の仕組みに慣れた庁内外からの反発や抵抗が PHASE 4 よりも強くなることが考えられる。しかし、人口減少や財政悪化はもはや避けられない状況にあり、既存の仕組みでは成り立たないからこそ、公共施設マネジメントの視点から施設整備の見直しを行う必要がある。自治体の存続を本気で願うのであれば、既存の行政の枠を超えて地域全体で公共施設の整備を実現する体制を、庁内や庁外で構築することが不可欠であろう。

⑵　各作業の対象範囲と作業時間

　作業を PHASE 1 から PHASE 5 に分けて示す理由は、作業内容の違いだけではない。PHASE によって対象範囲と作業時間も異なるからである。作業段階により、作業を行う視点と力点を変える必要があることを**図表7－1**の横軸で再確認しておきたい。

　対象範囲については、まず PHASE 1 では自治体全体の方向性を確認するので、自治体が単位になる。PHASE 2 では施設の状況把握になるため、施設単位と範囲が狭くなり、PHASE 3 ではさらに施設に求められる機能的な要素の検討を行うため、施設の機能単位にまで範囲が狭まる。しかし、PHASE 4 になると、対象施設と周辺施設の連携を検討するために施設群単位へと範囲は広がり、PHASE 5 では従来の枠にとらわれない地域単位へとさらに範囲が広がる。このように検討対象を広い範囲から狭い範囲に絞り込み、再度範囲を広げるというように、PHASE が進むとともに視点を変えることで、様々な視点からたたき台を確認することが可能となる。

　一方で作業時間については、PHASE 1 は基本情報の整理であり、上位計画でも検討しているはずなので短い期間でよい。PHASE 2 も方向性の確認だけなので、事前に情報整理が行われていれば時間はかからないはずである。しかし PHASE 3 では様々な公共施設の使い方や活用方法を検討するための時間が必要となり、PHASE 4 になると施設間での相互利用や機能移転などを具体的な計画にまで落とし込むために、さらに時間が必要となる。そして PHASE 5 では既存の仕組みを超えた検討になる場合が多いため、じっくりと時間をかけて検討することが望ましい。

　このように PHASE によって対象範囲と作業時間を変えることで、作業のメリハリが付き、効率的かつ多角的に「たたき台」の作成と検討を行うことが可能となる。また、本来は公共施設等総合管理計画の中でPHASE 2 までの作業準備ができているはずなので、作業時間はさらに短縮できる。これら PHASE 1 や PHASE 2 の作成で短縮できた時間は、PHASE 3 以降の作業に使いたい。

4 たたき台作成の留意点

(1) 資料は簡潔に、基本は1枚にまとめる

　「たたき台」は、施設整備の方向性を確認する資料なので、容易に整備内容の比較やイメージの共有ができることが求められる。そのため、情報はできる限り簡潔に整理することが必要である。作成の際に大量の情報収集・分析を行ったとしても、基本的には用紙1枚に内容を集約し、一目で認識できるようにまとめると良い。筆者は必要に応じて別途報告書を作成することもあるが、基本的にはA3用紙1枚に必要な情報を取りまとめる。そのためには2つの工夫が必要になる。

　1つは文章をできるだけ短くすることである。プレゼンテーション用の資料としても活用するが、配布するだけで詳細な説明する機会がない場合も考えられる。たたき台の資料だけで内容を理解してもらうために、文字による説明は不可欠であるが、長い説明は必要ない。キャッチコピーなどを有効に用いて簡潔に説明することを心がける。また、紙面に限りがあるので、文字数が必要以上に多いと、文字が小さく密度が高い資料になるが、読みづらくなる可能性も高くなる。そのため、必要最小限の情報をレイアウト等を工夫し興味を持って読んでもらえる「たたき台」を心がける必要がある。

　2つ目はスケッチやパース（完成予想図）などを用いてイメージを共有する工夫をすることである。文章のみでは、読む人によって思い描くイメージが異なる可能性が高くなる。特に、「人にやさしい社会」や「環境との共生」など、一般的に多用されるキャッチフレーズは具体性に欠け、イメージする姿が人それぞれ違う場合が多い。そのためスケッチやパースなどを用いて整備の形を具体的に提示し、課題や改善点を洗い出すことが望ましい。多くの場合、具体的な整備計画案が示せない限り、具体的な解決策は見つからない。

　なお、専門家ではない住民は、たたき台で示された整備案がそのまま直ぐに実現すると思いがちである。しかし整備案を実現するためには、段階を踏んで進めていく必要があり、そのため、施設整備の完了までに

は多くの時間がかかる。そのため「たたき台」においては、時系列軸で施設整備の進捗を提示すると良いだろう。何がどの程度の時間をかけて変わるのか、段階を踏まえて整備案を検討できる図表を中心に、誤解が生まれにくい資料作成を心がけることが重要である。例えば、とある公共施設の更新（建替え）を検討する際に、その施設で提供されている公共サービスがいつ一時休止し、またいつ再開するのかといった具体的な課題に対して、関係部局や住民に説明や要望を聞くことも可能となる。

(2)　誰のために説明資料を作るのか

　自治体が数多く保有する公共施設全ての整備計画を、逐一住民に説明する必要はないだろう。住民にとって日常的に関わりのない公共施設に対して、「その適切な整備方法を確認せよ」と言われても、なかなか答えられないだろう。では住民に説明する必要がない公共施設については、「たたき台」を作成する必要はないだろうか。

　基本的には、全ての公共施設の整備計画に対して「たたき台」を作成した方が良い。なぜなら、「たたき台」は住民のためだけに作成する資料ではなく、自治体職員間で調整する資料としても、自治体の上司や首長さらには議会に対する説明資料としても有用だからである。また、施設整備の方向性について具体的かつ簡潔に確認でき、さらに、計画決定前の説明資料なので、必要に応じて修正や変更が可能だからである。そして、住民でも理解できる簡易な資料であれば、首長や議員にとっても分かりやすい資料であるはずである。さらに、対象地区外の住民に対しても、具体的な施設整備の方針や進め方を理解するうえで有用な参考資料となる。

　なお、多くの自治体では、首長や議員への説明資料と住民への説明資料を別途作成している。しかし、首長も議員も住民の代表であり、また必ずしも専門家ではないのに、説明資料を別途作成する必要はあるだろうか。もちろん、必要に応じて別途詳細な説明資料を付加する必要はあるだろうが、整備の概要を説明するための資料として「たたき台」を作成すれば、資料準備の手間は大幅に削減されるはずである。

第7章　地域別施設整備案作成の進め方　167

(3) 民間企業との共創作業

　近年では財源不足の中で施設整備を進めるために、民間資金を頼って最初からPPP（Public Private Partnership）やPFI（Private Finance Initiative）などの官民連携の手法を検討する場合も多いと思われる。国や人口20万人以上の自治体などでは、空港や上下水道など利用料金が発生する施設や、庁舎・学校などの建設費が20億円以上の場合、また運営だけで単年度事業費が1億円以上の場合はPPP・PFI手法の優先的検討を行うことが求められている。特に、施設整備の財源が不足している場合には、民間企業の資金活用の可能性を検討するのは当然であろう。

　しかし、まずは自治体が保有する施設の整理から始めるべきである。少なくとも、自治体にとって必要最低限の機能や整備内容が明確にならないと、民間企業と何を連携すべきなのか明確にならない。一方で民間企業と組んで必要以上に施設や設備投資を行い、当初の収支計画が破綻して自治体が赤字補塡する結果になる公共施設も多く見られる。そのため、自治体が自ら民間企業と組むべきなのか、様々な視点から十分に検討する必要がある。ただし基本的には、収益事業は基本的に民間企業に任せるべきで、自治体が民間同様の収益事業を行う必要はないだろう。

　また、官民連携の可能性についての検討は、自治体職員のみで行うべきではない。なぜなら自治体が要求する条件と、民間企業が求める条件が異なる場合が多いからである。民間企業は利益を得ることが前提であるのに対して、自治体職員は日常的に利益を検証する必要がないため、民間とは金銭感覚が大きく異なる場合が多い。民間企業の利益が前提となる官民連携をいくら自治体職員が検討しても、希望する民間企業がいなければ実現する可能性は少ない。そのためまず、民間企業から施設整備の提案をしてもらい、自治体職員は民間企業が活動しやすい環境を整えられるかを検討する方が望ましい。自治体側に受け入れ体制があるのであれば、民間企業が考える大きな方向性を確認するサウンディングと呼ばれる手法の活用は有用である。

　そして、官民連携で最も重要な点は、自治体側がどこまで民間企業の希望に対応し融通できるかを提示することであろう。そのためにはまず

自治体側で施設整備の目的や方向性を予め明確にしておく必要がある。また、対象施設や地域でどこまでを行政が整備するべきなのかを確認するためにも、自治体職員が「たたき台」を作成する作業が有効である。仮に自治体職員が真剣に検討し、作成した「たたき台」よりも良い提案が民間企業から提示されれば、その提案を採用することも可能であるし、良い部分を取り込んだ整備案を検討することも可能になる。つまり、「たたき台」は、官民連携における民間企業の選定や調整にも有効な資料として活用できるだろう。

⑷　公共と民間の違い

　近年では自治体が生き残りをかけて、民間施設同様のマーケティングや特定のターゲットを設定した整備や、どこにもない「何か」を問われる整備を公共施設に求める場合も多い。しかし民間企業とは異なり、公共施設は基本的に住民のための施設であり、特定のグループのための施設ではない。そのため本来は若者や高齢者など、世代別による利用制限は疑問に思っても良いのではないか。しかし、「ではどのような公共施設が必要か」という問いに対する正解はない。だからこそ手間はかかるが、施設整備の検討は個別に行う必要がある。

　例えば、音楽ホールや体育館などでは、特定の団体が施設を予約しているために他の団体が利用できず、公共施設が足りないという不満につながる場合が多い。しかし、仮に占有が必要な活動であれば、有料の民間施設の利用を前提に、共有できる活動であれば、無料もしくは安価な公共施設を利用する住み分けが可能であれば、少なくとも公共施設に対する不満は解決する。もちろん、これまで無料で利用していた団体からは不満が出ることが考えられるが、まずは費用をかけて公共施設を整備する前に、「公共」を配慮した仕組みに変えることから検討を始めるべきである。

　また、公共施設自体の建設や運用を民間企業にまかせることは十分可能である。例えば近年、本を自由に読める書店が増えている。このような書店は図書館の役割を一部担っていると見なすことができる。仮に書籍の再販制度が今後も継続し、貸出をしない図書館の存在が認められる

のであれば、全国的に有名な佐賀県武雄市図書館や岩手県紫波郡紫波町図書館（オガール）といった官民連携の図書館すら必要なくなるかもしれない。もちろん、図書館の意義を否定するつもりはないが、既存の仕組みに対して少し見方を変えるだけで、自治体による公共施設の整備手法を大きく変換することが可能になるという例示である。

　人口が増加し、財政に余裕がある時代であれば、自治体職員は公共施設整備の検討の際に建設の可否だけを確認すればよかったが、近年は様々な視点から建設の是非を検証することが求められている。だからこそ公共施設整備の際に、住民や民間企業との連携が重要になる。また、自治体は民間企業とは多少異なり、財政状況が厳しいからといってその地域から撤退することはできない。持続可能な社会生活の実現のためには、公共施設整備の費用を削減し、民間企業が自主的に公共サービスを提供する社会基盤を充実させるために必要となる資金や人材に回す必要があるだろう。

⑸　第三者としての大学

　「たたき台」を作成する際には、自治体職員が気が付かない視点や、整備規模の縮小など、民間企業の利益に結び付きにくい視点からの検討も重要である。そのため、自治体と対等な立場から指摘できる第三者の立場から支援を行う組織との共同作業が望ましい。第三者の立場として、また、学生を中心とした若者との共同作業が容易な大学は、支援組織として適任ではないだろうか。継続的な外部支援が必要であるならば、特に地元大学との連携は有用である。

　筆者は、複数の自治体において、「たたき台」作成の支援とともに、自治体職員と住民が同じ立場で公共資産を考えるために様々な取り組みを行ってきた。例えば、小学校高学年の児童から高齢者までが参加する住民ワークショップを通して、多世代共創による「たたき台」の作成を複数の自治体で実践している。

　例えば、2015年には福島県会津若松市で「みんなで考えよう！　わくわくする行仁小学校‼」（次期総合計画作成に向けた地区別ワークショップ、小学生等が参加）、2016年と2017年には長野市「芋井地区

の公共施設について考える」、および「篠ノ井地区の公共施設について考える」（民間企業と共同で実施した市民ワークショップ、国立大学法人信州大学も参加）、2018 年には大阪府池田市「敬老の里プロジェクト」（敬老の里周辺整備の住民ワークショップ、小学生等が参加）、埼玉県鴻巣市（中央公民館エリア「公共施設」再編研究ワークショップ、小学生等が参加）、会津若松市（3 地域における住民自治推進並びに公共施設の有効活用に向けたワークショップ、中学生等が参加）などを行っている。また 2014 年から 3 年間は、高校生と大学生による栃木県足利市の公共資産整備計画案作成（SSH 事業による白鷗大学付属富田高校との共同研究、2017 年には高校生が主体となって市民シンポジウムを開催）など、大学の立場を最大限に活用し、対象地域の「学生・生徒」達と積極的な関わりを持ってきた。なお、大学生は「学生・生徒」や「高齢者」とのコミュニケーションが求められる場合、年齢的な面も含め、「社会人」以上に円滑な場合が多いことは特筆するべき点である。

　また、大学生が検討してきた整備案は、単に提案に終わるだけでなく、池田市（同上※整備案作成は 2017 年〜）や広島県廿日市市（2016 年〜）では、学生が作成したたたき台を基に、具体的な整備計画の検討が行われている。また廿日市市（2016 年〜）や静岡県御前崎市（2017 年〜）などでは、住民に対する前に、行政職員内での検討を行う職員ワークショップの公共施設整備検討の際の資料として、庁内会議に活用されている。千葉県佐倉市の志津公民館については、早稲田大学が中心となり作成した、志津公民館整備事業基礎調査業務（2011 年）の内容が、ほぼ計画どおり実現にまで至っている。このように学生による提案でも、十分実務に反映させる整備案の検討は可能であるし、少なくとも「たたき台」として活用できるだろう。

　なお、「たたき台」は設計の与条件を整理するために作成する資料であることから、実現した施設整備と「たたき台」の成果が違っていたとしても問題ではない。「たたき台」の意義や必要性は、公共施設整備の進むべき方向性が、従来の施設整備手法に比べて明確になることである。そのため、「たたき台」の成果は、設計作業の前段階において対象施設を明確な根拠を基にした検討内容の密度であり、「たたき台」どお

りの実現ではない。

5 事例で見るたたき台の要点

　ここでは、筆者が2016年から実施しているJST/RISTEX持続可能な多世代共創社会のデザイン研究開発領域　平成28年度採択課題「地域を持続可能にする公共資産経営の支援体制の構築（BaSS）」プロジェクトにおける協力自治体の中から、廿日市市、池田市、御前崎市の3自治体で検討・提案してきた実例を基に、これまで解説してきた要点について具体例を示す。なお紙面の都合上、解説する要点はほぼ同じ視点の5つに絞り込んでいる。また進行中のプロジェクトであるため、このたたき台の内容がそのまま整備計画となるわけではないことを、ご了承いただきたい。

(1) 池田市・（仮称）いけだウォーク

出所：前橋工科大学　堤研究室作成

①　下部に整備の過程を時間軸で示すことで、現施設から新施設への推移や移転等を確認
②　キャッチコピーの「いけだウォーク」を具体化する敷地周辺のブルーの歩道
③　4つのエリアを明示し各エリアの施設で実現する「4つの健康」を解説
④　施設量、年間維持費、整備費の概算を明示し整備の成果を数値で確認
⑤　整備の最終形イメージを中央に大きく配置し楽しく健康になる施設整備を配置

(2)　廿日市市・筏津地区

出所：前橋工科大学　堤研究室作成

①　下部に整備前後を示すことで、整備後の施設位置や整備内容の変化を確認
②　多世代交流拠点による世代間のバリアフリーを実現する施設整備

であることを明示
③ 「健康」「文化」「食育」「広場」の4拠点・4施設が重なり合うイメージを解説
④ 施設量、年間維持費、整備費の削減量を明示し整備の成果を数値で確認
⑤ 左上に大きく広場の利用イメージを配置し楽しく交流できる施設整備を配置

(3) 御前崎市・御前崎／白和地区

出所：前橋工科大学　堤研究室作成

① 中央に整備の流れを時系列で示すことで、整備の過程や整備内容の変化を確認
② 「防災力高め隊」というキャッチコピーなどを用いて実現する施設整備の概要を明示
③ 2地区の施設整備は2つの年代が別々に使うことをイメージしていることを解説

④　現状把握だけでなく、整備後の日常活動と防災訓練、災害時の利用方法を解説

⑤　左上に大きく防災公園の利用イメージを配置し楽しく使える防災公園を配置

第8章 整備実現につなげる住民ワークショップの進め方

1 住民ワークショップを行う意義

　住民生活に密着した施設整備の実施が確定した場合や、地区別の施設整備計画などを策定する際に、対象地域における住民の合意形成や意見収集を行うことを目的に、自治体が住民ワークショップを実施する機会が増えている。

　しかしこれまで公共施設マネジメントの住民ワークショップを実施したことがない多くの自治体では、「どのように進めれば良いのかわからない」「住民からの反対が怖い」といった理由で躊躇している場合が多い。確かに、このような意識で住民ワークショップを無理に開催しても、その成果は期待できない。また、具体的な成果がイメージできず、「手間がかかるだけで意味がないのでは」と、住民ワークショップの必要性を疑問視している自治体職員も多い。

　しかし、住民ワークショップを自治体が開催する理由は、持続可能な自治体運営のために将来必要となる公共サービスについて、議論するためである。公共サービスを提供する公共施設の整備の方向性の決定を、本来は「事業者」である住民が、基本的には「管理者」でしかない自治体職員に任せっきりにするべきではない。住民ワークショップは、本気で今後の施設整備の方向性を検討するために実施すべき重要な検討手法である。

　そこで、本章では、公共施設マネジメントの視点から、施設整備計画策定のための住民ワークショップの意義と手法を解説する。なお読みやすさを重視し、第7章と重複する説明もあることをご容赦いただきたい。

176　第3編　多世代共創による施設整備の取り組み

2 住民ワークショップを行う前提

(1) 住民ワークショップ前に確認するべきこと

　住民ワークショップでは、参加者として集まった住民の意見を収集することはできるが、参加していない多くの住民の意見を収集することはできない。だからといって、住民ワークショップを開催する意味がないわけではない。今後の公共施設整備に関心を持つ参加者が真剣に意見を交わし、施設整備の方向性を参加者全員で検討する機会になれば、自治体職員にとっても、参加者にとっても、有意義な活動となる。なお、住民ワークショップの参加者は、日頃から自治体職員らと施設整備について意見を交わしているわけではないため、住民ワークショップの参加が公共施設整備に関心を持つきっかけになる場合も多いと考えられる。

　このように、施設整備の専門家ではない多くの住民に対して、どのような住民ワークショップを開催すべきであろうか。

　既に設計段階にある案件であれば、設計者が中心となり、具体的な整備計画を策定することになるだろうが、本章で解説する住民ワークショップは、設計のために整理すべき条件である「与条件」と呼ばれる内容を確認する作業になる。そのため、対象施設の整備をなぜ行い、それが住民にとってどのような意味を持つかを、明確に確認できる資料や準備が求められる。

　なお、住民に直接「与条件の整理」をお願いしても、自治体職員が期待する成果は得られない。しかし、日常生活の中での課題を提示することは年齢を問わず誰にでもできる作業であろう。そこで、住民ワークショップでは、自治体職員から施設整備の方向性を示しつつ、その方向性で現状の課題を解決できるか、もし、解決できないのであれば、どのように変えればよいか、将来考えられる課題にも対応できるかなどを、参加者とともに議論し、施設整備の概要を固めていく作業を行う必要がある。なお、施設整備の方向性は、参加者全員のイメージを統一するため、図表やイラストなどを有効活用すると誤解が少なくなる。

　また、住民ワークショップで施設整備の方向性を住民に提示する際に

第8章　整備実現につなげる住民ワークショップの進め方　177

は、自治体職員自ら、具体的な整備方針を確立しておく必要がある。自治体職員側の意識が統一されていないと、住民ワークショップの参加者は混乱し、議論が紛糾する。そのため、必要に応じて事前に公共施設マネジメントの講習会や職員ワークショップなどを開催したり、担当職員による「たたき台」を作成し関係部署間で確認しておくなど、自治体職員間の認識の共有と連携を強化しておくことが重要になる。

　なお、施設整備の方向性を確認もしくは検討するためには、まず自治体の現状を把握するところから始める必要があるが、そのためには最新の施設情報の分析、特に客観的な判断においては、数値情報の整理が有効である。また、詳細については後述するが、自治体職員にとって重要な情報は参加者にとっても重要な情報であるので、事前に自治体職員で具体的な方向性を検討した際に必要となった資料は、できる限り参加者にも提示すると良いだろう。

(2)　住民ワークショップで検討するべきこと

　住民ワークショップを開催するきっかけは、なんらかの公共施設の建設が必要になった場合や、公共施設等総合管理計画など計画策定を行う場合など理由は様々であろうが、対象地域の現状を改善する絶好の機会であるため、直ぐに開催準備に取りかかりたい。

　なお、住民ワークショップにおいて、参加者に今後の施設整備に対する意見や方向性を確認したいのであれば、具体的な施設整備案を提示した「たたき台」を準備しておくことが望ましい。その理由は大きく次の2つにまとめられる。

　1つは、数回しか実施できない住民ワークショップに多くを期待してはいけないからである。担当部署が長い時間をかけても、なかなか具体的な方向性が見つからないのに、住民ワークショップを行えば解決策が見つかると考える方が間違っている。そのため、住民ワークショップでは、具体的な施設整備計画の方向性が確認できる「たたき台」を基に、グループ作業で議論を行うことで、迅速な進行と取りまとめが可能になる。たまに、全て参加者や民間企業任せの住民ワークショップを開催する自治体を見るが、グループ作業では方向性が見えずに意見が発散・紛

糾し、成果はキャッチフレーズの検討程度にとどまり、施設整備の具体的な方向性は全く見えない成果になりがちである。そのため、住民ワークショップの成果を実際の施設整備に活用できずに、終わってしまう場合が多い。

　もう1つは、住民の潜在的な要望や不満を確認するためである。潜在的な要求や不満は、日常的には表面化する機会がないため、自治体職員が直接住民にその内容を聞いても答えられない場合が多い。しかし、住民ワークショップの中で具体的な事例が「たたき台」の中で明示されていると、「もしかすると○○についても解決できるかも」「そういえば××はどうすれば良いのか」といった気づきにつながる可能性が高い。そのため自治体が提示する「たたき台」が、様々な視点を反映した提案であるか、もしくは住民の気づきを引き出せる提案であるかが問われることになる。もし、うまく潜在的な要求や不満が引き出せるのであれば、手間と時間をかけて「たたき台」を作成する価値は十分にあるだろう。

　また、「たたき台」では、対象施設と地域の関係を簡潔に図示することが望ましい。施設単体で課題を解決しようとすると、どうしても施設改善のための多額の費用が発生する。しかし、近隣にある程度が良い施設との機能移転や相互利用が可能であれば、「財務」の負担をせずとも、施設の「品質」「供給」の改善が見込める可能性が高い。近隣施設であれば、周辺住民の移動や環境の変化に対する抵抗も少ない。さらに、自治体職員にとっては、管理部局や施設目的は重要であるが、利用する住民にとっては管理部局や施設目的はあまり問題ではなく、複合施設や民間施設が併設されている方が便利で満足が高い可能性が高い。用途変更や民間利用を含めた施設整備の可能性を広げるためにも、住民ワークショップでは用途や所管にこだわらず、対象施設の近隣施設は連携を前提に検討するべきである。

(3)　住民ワークショップに不足していること

　具体的な施設整備を検討する住民ワークショップでは、対象施設の周辺住民を中心に参加者を募り、対象施設を中心とした議論をグループ作業で重ねた結果を取りまとめる。そのため、自治体全体の政策や計画に

ついて議論することは避けたい。例えば、「他地区には○○があるのに、なぜこの地区にはないのか」とか、「なぜこの地区だけ我慢しないといけないのか」と参加者から問われた際に、自治体職員が答えられずに議論が紛糾する住民ワークショップが多い。また、自治体職員から、「他地区からの利用もある××の改廃をこの地区だけで検討してよいのか」といった住民ワークショップの開催自体への疑問が出される場合もある。

　前者については、全庁的な政策判断が問題になる場合が多い。これらの問いに適切に回答するためには、事前に政策の整理とその判断理由を明確にしておく必要がある。この準備作業は、住民ワークショップの開催に関わらず、実際に施設整備を進める上では不可欠であり、回答できずに紛糾するようでは、円滑な施設整備は期待できない。現実的には回答が難しい質問もあるが、まずは、自治体職員が政策との整合性を確認し、他地区との違いや提案理由について丁寧な説明を行えるように準備をしておく必要がある。

　後者についても前者同様に、自治体職員側の共有認識の問題である。地域施設ではなく、自治体全体が利用する施設整備を住民ワークショップで議論するのはふさわしくないかもしれないが、近隣住民の意見を聞かずに整備して良いはずはない。自治体全体で利用する施設整備が住民ワークショップの議論になる場合は、その施設整備を契機に地域利用の施設整備や連携は可能かなど、地域を中心とした検討に落とし込むと良いだろう。

　また、住民ワークショップでは、施設整備の設計や施工に必要な専門的な知識の議論は難しい。さらに、施設の運用にまで関心を持っている人は、自治体職員の中でも少ないであろう。そのため、「財務」「供給」についての検討は、現実的には難しいと考えている人が多い。しかし、住民ワークショップを通して「財務」「品質」「供給」の意識が高められれば、住民ワークショップは単に要望を言い合うだけの場ではなく、今後の自治体経営に有意義な議論の場となりうる。そのため、自治体職員は、「財務」「品質」「供給」のバランスを配慮しながら、主に整備するべき「品質」を参加者に確認してもらえるように施設情報の整理した「た

たき台」を準備すると良い。

⑷　住民ワークショップをどう活用するべきか

　住民ワークショップは、具体的な施設整備の方向性を確認する場である。その成果を有効活用するためには、考慮するべき要点が3つある。

　1つは開催の時期である。施設整備案が庁内決定した後に住民ワークショップを実施すると、住民ワークショップの成果を施設整備案に反映できないため、参加住民から不満が出る可能性が高い。一方で、施設整備の方針を検討するだけの住民ワークショップを行っても、具体的な検討にたどり着くまでに多くの時間・回数が必要となる。そのため、最適な開催時期は、具体的な施設整備計画策定の前段階であるということになる。なお設計段階でも設計プロポーザルなどの手法を使えば、設計着手前に住民ワークショップを開催することは可能であろう。しかし、一般的に住民ワークショップの開催は設計段階の前に行った方が住民の声を反映しやすい。

　2つ目は成果の取りまとめ方法である。複数のグループ作業を行えば、複数の成果が得られるだろう。しかし、現実には1つの計画しか整備につながらないため、複数の結果をどのように取りまとめるか頭を悩ます自治体職員も多いだろう。しかし、参加者全員から意見が出ても、グループ作業を通して各グループ1つの成果に取りまとめられるし、複数グループが同じような成果になる場合も多い。そのため、住民ワークショップ後に自治体職員が各グループの成果を整理し、同じような提案は1つにまとめることで、最終的に住民ワークショップ全体の成果を3案程度にまで絞り込むと良い。なお、取りまとめた3案程度から最終的に1案に絞り込む作業は、自治体職員ではなく首長の役割であろう。なお、3案程度に絞り込む過程で整理されて消えてしまった意見や要望については、自治体職員がなぜ削除されたかを参加者に説明する必要があるが、すでに要点は整理されているはずなので、作業負担は少ないと考えられる。

　3つ目は成果の活用である。住民ワークショップの成果を具体的な施設整備につなげるには、それらを設計資料として活用する手続きを準備

しておくことが必要になる。住民ワークショップで出てきた意見や要望は、グループ作業の中で方向性や内容はある程度明確になっているはずである。そのため、設計業務を発注する際の仕様書や要求水準書に盛り込む条件の整理にできる限り利用したい。多くの自治体では、この条件の整理を自治体職員の判断だけで行っているが、住民ワークショップの成果を踏まえて作成すれば、対象地域の実情と要望を反映させた施設整備が実現するはずである。なお、自治体職員の負担は、施設整備の計画策定段階においては増加するかもしれないが、整備後の運用段階における負担は逆に大幅に減ることになるだろう。

(5)　住民ワークショップの位置づけ

では住民ワークショップは、施設マネジメントの3要素と「立場」の視点から見ると、どのような位置づけなのかを確認したい。

一般的には、住民ワークショップは、「利用者」の意見を集約し、施設整備に反映させるための手段だと考えられている。確かに、自治体が住民の求める公共施設の整備を実現するためには、対象地区の潜在的な要求を把握し、住民の満足度が高い整備から予算を配分するといった対応が必要になるだろう。そのため、住民ワークショップは、「利用者」の立場から「品質」向上に対する要求を反映させるための意味を持つ。

しかし、公共施設マネジメントの基本から住民ワークショップを再検証すると、「単に住民の要望を聞いても、施設整備で全て実現できないから意味がない」と、多くの自治体職員が住民ワークショップに意義を見いだせない2つの理由が想像できる。

1つは、参加者による「品質」に対する課題の解決だけでは公共施設マネジメントは進まないことを理解していないため、特に「財務」の課題を考慮する場として、自治体職員が住民ワークショップを設定していない場合である。単に住民ワークショップを実施することに意義を見出す自治体職員は論外であるが、「品質」だけの議論では具体的な成果や実現にはつながらないことから、丁寧に「財務」「品質」についても説明する必要があることを自治体職員自身が認識する必要がある。

もう1つは、自治体職員が住民を「利用者」としか見ていない場合で

ある。しかし、公共施設が住民の税金で運用されていることを踏まえれば、住民は本来、公共施設の「事業者」であり、管理方法について住民の意向を確認することが必要である。一方で、住民は全ての公共施設を利用していないので、必ずしも「利用者」ではなく、特定の「利用者」について受益者負担といった概念も必要になる。そして自治体は、本来「事業者」としてではなく、「管理者」として、公共施設を管理し、住民生活を支援する体制や手段を整備するべきである。

　なお、住民の意向を確認するには、住民ワークショップ以外にもパブリックコメントや住民アンケートなど様々な手段がある。どの手段も丁寧に実施すれば有意義であるが、一長一短がある。例えば、住民ワークショップは参加者が限られるため、その成果は一部の住民の意見であることに留意するべきである。この点を、開催する自治体職員が認識していないと、対象施設の整備の方向性を誤まる可能性も考えられる。一方で公共施設は、一度建設すると、数十年間活用することが前提となるため、建設、もしくは保有する際には、短期的ではなく、長期的な視点からの検討が必要になる。これは、一般的な資産管理とは大きく異なる公共施設の特徴であるが、パブリックコメントやアンケートでは理解しにくい長期的な視点を自治体職員だけでなく、住民と一緒に検討できれば、住民ワークショップは最も有用な手段になる。

(6)　「財務」「品質」「供給」の議論の進め方
　では、どれだけの自治体が住民ワークショップの中で住民を「利用者」としてではなく「事業者」として位置づけ、住民もまた「事業者」として参加しているだろうか。

　残念ながら、日本では、建設時に比べて運用管理の関心は極端に低く、特に公共施設の管理は、自治体が勝手にやれば良いと軽視されている傾向がある。しかし、適切な運用管理ができていないからこそ、住民ワークショップを開催する必要があることに気づいていない住民、そして自治体職員が多いのではないだろうか。住民が「利用者」としてだけでなく、「事業者」として公共施設に向き合い、将来の公共施設の整備方針の検証に立ち合うことで、自身が置かれている危機的な現状を認識し、

第8章　整備実現につなげる住民ワークショップの進め方　183

公共施設マネジメントに対する関心を持つ機会を住民ワークショップが提供できれば、少なくとも公共施設の整備手法は大きく改善され、持続可能な地域社会につながる可能性が高くなるはずである。

　では、住民が「事業者」として参加する住民ワークショップでは、具体的に何を検討するべきであろうか。全体の目的は、「事業者」として公共施設整備の妥当性を、「財務」「品質」「供給」面から検討することである。「事業者」としては「財務」面から、「利用者」としては「品質」の面から、施設整備の費用と整備内容が妥当であるかを検証することが求められる。この具体的な検証方法については第6章でも解説しているので、ここでは簡単に要点を挙げる。

　この「財務」と「品質」の面から検証を行う際には、留意すべき点がある。例えば、公共施設整備の決定と責任は自治体の首長が持つため、住民は本来「所有者」であっても、直接指示はできないことである。そこで、自治体が「管理者」として公共施設の管理を請け負う役割を担う。そのため担当職員は、住民が将来的な視点から公共施設整備の妥当性の検討ができるように、整備に必要な「財務」の概要と整備される施設の自治体全体における位置づけを示し、公共施設の「品質」を提案することが求められる。

　またPPP・PFIと呼ばれる官民連携の手法が、施設整備の切り札として住民ワークショップで示されることが近年多くなっている。しかし、PPP・PFIは施設整備を進める手段の1つでしかなく、その効果は導入条件などに大きく影響されてしまう。また、その仕組みは複雑で、多くの住民は説明されても容易には理解できないであろう。そのため、住民ワークショップでは整備手法は限定せずに、まずはどのような整備が必要なのかを確認する方がよい。そのためにできることは何かを検討する段階になってから、PPP・PFIなどの可能性を自治体職員が説明すればよいであろう。

　では「供給」面については、どのように検討するべきであろうか。また、最適な「供給」をどのように検討すればよいのであろうか。

　施設規模の適否は、利用目的や他施設との連携など利用方法に大きく左右され、施設自体の状態や工事の必要性だけでは判断ができない。さ

らに、明確な目標値が設定されている施設は限られているため、様々な可能性を検討する必要がある。そのため「供給」に際しては、どの立場からも距離をおいた第三者的な視点から検討することが望ましい。そもそも整備目的や予算が明確にならない段階では、「供給」の検討はできない場合が多い。そのため「供給」量の調整は、施設を持たないFMの専門部署、あるいは専門家（ファシリティマネージャー）が「財務」「品質」とのバランスを考慮して検討し、その結果を住民ワークショップなどで検証するのがよいであろう。住民ワークショップの開催も、「事業者」の支援を行うファシリティマネージャーの役目である。

このように、有意義な住民ワークショップを実施するためには、自治体職員が「管理者」として、「利用者」であり「事業者」である住民に、「品質」の提案、「財務」の妥当性が検証できる資料の提示、そしてファシリティマネージャーと連携して「供給」の提案を行う準備と手法が求められる。

(7) 合意形成の場ではない住民ワークショップ

ひとことで「住民ワークショップ」と呼んでいても、手法や目的が大きく異なるワークショップが多く存在する。例えば、数年から数十年をかけてまちづくりを検討する住民ワークショップは、合意形成を目的として、以前から全国各地で行われている。そのため、混同される場合が多いが、本章で解説している具体的な公共施設整備を目指して「たたき台」を基に実施する住民ワークショップでは、合意形成を目的としていない。その理由は大きく次の3つにまとめられる。

1つは時間的な理由である。公共施設マネジメントの対象は自治体全体の公共施設であるため、緊急対応が求められる施設もあり、住民ワークショップに時間をかける余裕があまりない場合が多い。また時間をかければ必ず合意形成につながるとも限らない。もちろん時間をかけて課題を解決するべき施設も存在するが、住民ワークショップでは施設整備の方向性を「たたき台」を基に、地域住民を代表する参加者と自治体職員が一緒に確認することが目的なので、できるだけ早く具体的な施設整備の計画段階に移り、必要があればそれを修正していく方が現実的であ

第8章　整備実現につなげる住民ワークショップの進め方　185

る。また、地域課題を議論するきっかけとしての位置づけでもあるので、もし具体的かつ詳細な解決策を検討する必要があるのであれば、専門家を集め別の機会を設けることが望ましい。

　2つめは意思決定の手順的な理由である。施設整備の最終的な決定は自治体の首長の判断と責任で行われるので、施設整備の結論を住民ワークショップでは示すことはできない。また、仮に住民ワークショップの中で合意形成ができたとしても、住民ワークショップ自体が計画策定前の実施を前提としているため、合意形成した内容であっても、設計時に変更が行われる可能性が高い。そのため、住民ワークショップでは、施設整備の方向性の確認と情報収集を行い、首長が施設整備の方向性を決定するための資料を作成することを目的に行うことが適切だと考えられる。

　3つめは参加者の人数的な理由である。残念ながら参加者の意見は住民の一部の声でしかない。そのため、住民ワークショップで合意形成ができたとしても、その成果は、住民全体の合意形成ではない。仮に住民全員が参加する住民ワークショップを開催できたとしても、全員の意見を集約し、整備計画に反映できるとは限らない。そのため、住民ワークショップを開催することで有意義な情報収集が行えるのであれば、その場で合意形成をする必要はないと考えている。もちろん、住民ワークショップの中で住民全員の合意形成につながる議論ができれば申し分ないが、合意形成を目的とするならば、別の機会に時間をかけて行うべきであろう。

3　住民ワークショップの準備

(1)　参加者の対象範囲

　住民ワークショップを実施するにあたっては、対象とする施設を直接利用しそうな住民が住む地域を対象にする。一般的には、小学校区域程度の範囲になると思われるが、人口規模によっては中学校区域程度まで広げることも検討する。また、基本的には自動車で移動する場合が多い

かもしれないが、基本的には歩ける範囲の地域を対象とした方が良いだろう。

　その最大の理由は、一般的に利用しない公共施設に対しては住民の関心が低く、議論してもまとまらない可能性が高いためである。使った経験がない施設の検討を資料だけで行うことは専門家でも難しい。また自治体全体の政策などは別の機会に検討するべきであり、参加者には、自分たちの日常的な生活範囲の公共施設を中心に検討してもらうことを基本とする。

　なお、中央図書館や総合体育館など、自治体に住む住民全員が利用するような施設が存在する地区も多い。地区内にそのような公共施設が存在する場合は、基本的に地区内の他施設と同様に特別扱いすることなく、検討対象にして良いだろう。一方で地区内にそのような施設が存在しない場合は、地域内にある施設との連携を前提に検討すると良い。特に、自動車による移動が前提となるのであれば、移動距離はそれほど問題にならない。もちろん距離が遠い場合は、交通弱者の対策などが発生する。歩いて近くの商店街に買い物に行くよりも、遠く長い行列ができても郊外のショッピングセンターに車で向かう人が多いことを考えれば、公共施設でも魅力さえあれば人は移動してくるはずである。全ての地区で同じレベルの施設整備を行うことは現実的には無理であるため、まずは地域内で何ができるか、地域内で解決できない場合は地域外とどのような連携を実現させるか検討することから始めるべきであろう。

(2)　参加者の構成と呼びかけ

　住民ワークショップには、対象地区に住む全ての住民が参加することが理想であるが、現実的には難しい。そこで、地区を代表するような人から施設整備に興味を持っていない人まで、様々な背景を持つ人々に参加してもらうことが望ましい。そこで重視したいのが、子どもからお年寄りまで多世代の参加である。特に、子ども世代の参加は、住民ワークショップの成功の鍵を握る。

　「大人でさえ施設マネジメントの概念を理解していないのに、子どもを参加させるのは無理だ」と考えている住民や自治体職員が多い。しか

し、これまでの筆者の経験から、小学生高学年以上であれば、ワークショップの作業内容を十分理解し、立派な発表をするので心配はないと自信をもって断言する。確かに、専門用語や制度、費用などの詳細を容易な表現で説明するのは手間がかかるかもしれない。しかし、「たたき台」は、短い期間の中で全体の方向性や概要を確認する資料として作成するので、詳細については別途資料を準備すれば良い。そのため大人にとっても簡潔な説明と資料を心がけて準備を行えば、子どもに対して特別な対応をする必要は少ない。逆に、近年の子どもは、学校で社会教育をしっかり受けているので、大人顔負けの議論と提案が期待できる。

　しかし、住民ワークショップに子どもを参加させるのは大人以上に難しい場合が多い。学校の課題や習い事、地域の行事などへの参加と、日頃から忙しいうえに、学年が低いと夜間の開催も敬遠される場合がある。また、公共施設の施設整備案作成という、一見難しそうなテーマになるため、募集の際に工夫しないと興味を持ってもらえない。子どもの参加者を増やすためには、学校への協力依頼は当然であるが、教育委員会やPTAなどとの連携が不可欠である。

　次に重要なのは、自治会長や地元企業の関係者など地元有力者の参加である。おそらく、自治体職員は日常的に付き合いがあると思われるが、施設整備を実現する際には協力が不可欠なメンバーなので、住民ワークショップにも参加を求めたい。また、該当者は限られるため、事前に住民ワークショップの趣旨を説明し、可能な限り、該当者全員の参加を呼びかけたい。こうした人たちは地元のことを熟知しているだけでなく、歴史的な背景など日常的には気がつきにくい視点からの意見が期待できる。なお、地元有力者には議員も含まれる。なぜか議員の参加を渋る自治体もあるが、オブザーバーとしてではなく、住民代表の立場で参加するよう呼びかけたい。

　一般的には、最も忙しく参加が難しいのが若い社会人である。この世代は、日常的に公共施設を利用する機会は少なく関心も低いが、学校や高齢者用施設など、子どもや親の世代が公共施設を日常的に使っていると考えられる。そのため、利用する当事者以上に公共施設に対する要望や不満を抱えている場合が多い。また、税金を払っている世代なので、

費用や効率化などへの関心は比較的高い。そのため、できる限り住民ワークショップに参加を促したい世代である。なお子どもや高齢者の参加を呼び掛けると、親子での参加や付き添いなどこの世代の参加が増える可能性が高くなる。直接的な参加要請だけでなく、自主的な参加を促す工夫を検討するべきである。

(3) 議論の「たたき台」の準備

　自治体職員が住民ワークショップを開催するとなると、どうしても住民との対立構造が想像されてしまうという声を聞くことが多い。住民からは「自治体職員は要望を聞いてくれない」という不満を、自治体職員からは「住民は要望ばかりで協力的でない」といった愚痴をよく聞く。しかし結論から言えば、しっかりと準備をして実施すれば、この認識は当てはまらないことに気がつくであろう。逆に手を抜くと、この認識どおりになる可能性が高くなる。

　もちろん、詳細な資料をそろえて万全の準備をしたにも関わらず、結果的に議論が紛糾してしまう場合もある。しかし、その理由は、自治体職員からの説明が長く一方的であることが大多数である。自治体側の理屈を説明するための資料と説明が、住民に届いていないためだと考えられる。そのため、万全を期して詳細な説明したい気持ちは分かるが、あくまでも住民ワークショップの主体は住民であり、準備する資料や説明は最低限に抑え、議論や検討に時間を取るべきである。また、できる限り円滑に進行するためには、事前に自治体職員で複数の「たたき台」を作成し、その整備案を基に改善案を検討すると良いだろう。

　では、どの程度の完成度が「たたき台」に求められているだろうか、この答えは簡単であり、住民ワークショップの成果に求めるもの以上のレベルであることが望ましい。自治体職員は「管理者」として高いレベルの資料を作成するとともに、「事業者」である住民に分かりやすい整備案を提示すべきである。

　もちろん、担当になって日が浅く、しかも事務職員で専門知識がないなどの理由で、質が高い整備案を作成することが難しい場合も考えられる。その場合は、専門家に整備案の作成を依頼することも必要になるだ

ろう。しかし、「たたき台」の作成作業を安易に丸投げすると、整備案自体の完成度は高くても参加者からの説明要求に自治体職員が答えられずに、かえって住民の不信感が高まる恐れもある。少なくとも全体の方向性や各施設の要点は、自治体職員が自信をもって答えられるように準備するべきである。そのためにも整備案は自治体職員が主体となって作成することが望ましい。その上で必要に応じて民間企業もしくは大学や専門機関など第三者としての協力を依頼すれば、参加者からの質問を心配したり、質問に困惑したりすることはなくなるだろう。

⑷　第三者の参加が望ましい

　住民ワークショップに第三者を入れることは、「たたき台」の作成だけでなく、住民ワークショップ当日の進行にも有効である。特に、全体進行を行うファシリテーターは、参加者から見て自治体寄りではない中立な立場の人材が担うことが望ましい。また、円滑な進行のためには、自治体職員に対しても、参加者に対しても、的確な指示と誘導が求められる。特に、議論が紛糾した際に、どちらに対しても問題点を指摘し改善できるかでファシリテーターの力量が問われる。なお、施設整備に関する住民ワークショップの専門家は少ないが、自治体職員の中からファシリテーターを育成するためにも、できる限り第三者の専門家と共同で実施することが望ましい。

　ただし、最初から最後まで専門家に頼るのは勧められない。その最大の理由は、第三者はあくまでも部外者であり、地域の課題は地域で解決するべきだからである。そのため、最初は専門家に頼るとしても、いずれは自治体職員が必要に応じて住民ワークショップを開催できるような体制を準備するべきである。地域住民の信頼は自治体職員自身が確立する必要がある。

⑸　年代別のグループ分け

　一般的な住民ワークショップでは、グループ内で世代や背景が異なるメンバーが議論できるように、各世代をそろえた混合グループを作る場合が多い。しかし、次の２つの理由から、筆者のお勧めは世代別グルー

プによる作業と発表である。

　1つ目は、円滑に作業を進めるためである。日頃から世代や肩書を意識せず様々な人と話ができる人は少ない。そのため、住民ワークショップで見知らぬ人と共同作業をすると、特に年齢が低い人ほど発言をためらう場合が多い。一方で同世代であれば、何らかの機会にまた会う可能性が高く、また話も合わせやすいので、遠慮なく発言ができる可能性が高い。なおアイスブレイクを設けて、参加者の心理的な垣根を取り払うといった回避方法もあるが、開催回数が少ないこともあり、できる限り時間はグループ作業に使いたいため、参加者が互いに意見を出し合える環境を準備することに最大の注意を払う。

　2つ目は、成果を多様化するためである。混合グループの場合、グループ作業では様々な世代の多様な意見を聞くことができるかもしれないが、グループ作業の成果は基本的に各グループ1つにまとめられる。そのため、グループの成果が、声が大きい人の発言に強く影響され、強く主張できなかった意見は成果に反映されにくくなる。特に、若年の参加者が遠慮がちだと、グループ作業の成果が高齢者世代の意見に偏ってしまう場合が多い。一方で世代別グループで作業を行うと、世代別にグループの成果がまとまるため、各世代の考え方や思いが把握できること、また、別のグループ発表から他世代の意見も確認できるという利点がある。そのため、多様な世代や意見が確認できる有意義な機会になる。

　なお、世代別グループの短所として、世代間の交流が少ないことが挙げられるだろう。グループ別の発表内容を聞くことも世代間交流ではあるが、必要に応じてグループ作業中に他グループの内容を相互に確認し合う「ワールドカフェ方式」を採用するのも有効である。ただし2時間程度のワークショップであれば、時間が限られているため、ワールドカフェ方式を取り入れることは難しい。その場合は、別途懇親会やを開催するなど、多世代交流を促す工夫も必要であろう。

　また、住民ワークショップを開催すると、飛び入り参加や見学希望者もくるだろう。その際は単なる見学ではなく、参加者としてグループ作業に直接かかわってもらう方が良い。途中参加者はこれまでの作業内容が把握できていないため、他の参加者と同じことをするのは難しいと思

われるが、興味をもって参加すれば、すぐに内容は把握できる。グループ内のメンバーと途中参加者が協力しながら作業を進められるのも、ワークショップの特徴である。

　また、大勢の自治体職員がグループ作業を取り囲む風景がよく見られるが、参加者にとって「やらされ感」満載の場を設定するのは望ましくない。あくまでも参加者が自主的にグループ作業に取り組むことが必要であり、自治体職員はグループ作業の補佐に徹するか、参加者の一員としてグループ作業に参加するべきである。全体の進行役であるファシリテーターを除けば、グループ作業に参加しない人は基本的に必要ないだろう。

(6)　参加者の人数・グループ数

　住民からの意見を収集することが住民ワークショップの目的であるため、できる限り参加者は多い方が望ましい。しかしファシリテーターの方針や会場の規模などの制約から、参加者の人数はある程度限定される。

　グループごとに作業内容を発表し、内容を比較検討するには、最低2グループ、できれば3グループ以上が望ましい。また、1グループの人数として最低3人は欲しいが、議論を深めるためには5、6人が適切であると考えられる。そのため、最低15名程度の人数がいれば、住民ワークショップを開催することが可能になる。またグループの数については、説明やグループ作業の面からの制限はないが、グループ数が多いと発表の時間が増え、代わりにグループ作業時間が削減されてしまう。そのため多くても10グループであろう。なお、1グループの人数も最大10名程度ならグループ作業ができるため、最大人数は80名程度であろう。一般的には30人から50人程度の参加者で行う場合が多い。もし人数が集まらない場合には、地区の範囲を当初より広げ、複数地区を同時に実施することも検討して良いだろう。

(7)　事前・当日の配布資料と説明

　参加者に配布する資料の内容や分量、そして当日の説明は、基本的に全体のファシリテーターの指示に従うことになるが、当日の作業を円滑

に進めるための要点は、次の3つにまとめられる。

1つは当日の資料は必要最小限の量にすることである。参加者のため
を思い、丁寧な説明をするために、大量の資料が配られる場合が多いが、
残念ながら限られた時間内に確認できることは少ない。もちろん、自治
体職員は、詳細な情報を確認して提示できるように準備をしておいた方
がよいが、参加者から依頼されない限りは最小限の資料提供で良い。逆
に当日に大量の資料を配布すると、「時間がなくて読めない」と参加者
から怒られる場合が多い。配布資料が多くなる場合は、事前に送付して
確認してもらうべきだし、当日にしか資料を提示できない場合は、参考
資料という形で各グループに1部だけ配布する方法もある。

2つ目は、分かりやすい資料を心がけることである。詳細な情報を提
示するほど、重要な情報が分かりにくくなる。また、公共施設等総合管
理計画やその上位の都市マスタープランなど、既存の計画や報告書を参
加者に確認してもらう良い機会ではあるが、特に年齢が低い世代にとっ
ては表現が固すぎる場合が多い。全体の概要さえ把握できればよいので、
数ページに取りまとめた概要やパンフレットなどを使うとよい。漫画等
を用いて簡易に現状を説明する資料などがあれば、配布資料として最適
であろう。

3つ目は当日の説明も簡潔にすることである。自治体職員としては、
自治体の概要や状況をできる限り正確に知って欲しいという意識から、
説明が長くなりがちである。当日の配布資料が多いと、さらにその傾向
が強くなる。しかし、住民ワークショップでは、グループ作業と発表に
できる限り時間を割り振るべきである。また、説明が長いと参加者がど
うしても退屈になりがちであるため、現状説明等は15分程度に留める
ことが望ましい。説明を短くするためにも、説明資料の取捨選択と簡潔
な表現が求められる。もちろんグループ作業の説明も作業を滞りなく進
めるために、できる限り簡潔にまとめるべきである。

また、自治体職員からの説明の中で「財務状況が悪いので、公共施設
を削減します」や「財源がないので我慢してください」といった財政面
の視点ばかりを強調してしまう場合が多い。この説明では、参加者は「単
に自治体の不都合を住民に押し付けている」としか認識できず、不満と

反発が増大必至である。そもそも財政が厳しいにも関わらず、大型の公共施設の整備を進める自治体が多く、住民ワークショップを開催した地区の住民だけが我慢させられるのは、論理的にも納得できないであろう。そのため、自治体職員から、「財務」「品質」「供給」の面において説明と、住民ワークショップや施設整備の前後で何がどのように変化するのか、住民にとってどのような利点があるかを説明することが求められる。

　また、住民ワークショップの成果は、毎回「かわら版」としてＡ４用紙１〜２ページに簡潔に取りまとめ、説明資料などと合わせて自治体のウェブページなどで公開するべきである。なお「かわら版」の作成は、できればワークショップ終了後すぐに行い、次回のお知らせとともに今回の参加者に配布すると良い。またこれまでの成果を広報・説明する際にも有効な資料となるため、積極的に作成したい。

(8)　開催時期・時間・会場設営

　開催時期については、参加者の予定を確認し、できるだけ参加者を増やす調整が必要だろう。特に、地元で開催される祭りや学校の行事などのイベントを外すことが前提となる。自治体職員が準備を行うのであれば、議会等の職務日程も考慮する必要があろう。また、平日の夜間か土日・休日の昼間にするかなど時間も決めなくてはならない。

　その後、住民ワークショップの実施が決定したら、できる限り早く開催するべきである。特に理由がないのに開催時期が延期になる案件は、ワークショップの実施自体が取りやめになる可能性が高い。一方で施設整備案の基礎資料や「たたき台」などが準備できている状態であれば、地元への開催依頼や参加者の選定などから始められるので、最短１か月程度で実施することが可能である。一方で、関係する所管部署との調整から行う必要があるのであれば、開催まで半年程度は見ておいた方が良いだろう。

　そして、住民ワークショップを開催する地区数と各地区何回開催するかを検討しておく必要がある。本来は全ての地域で住民ワークショップを何度も行うことが望ましいかもしれないが、現実的には数年間で全地区実施するのは難しい場合が多い。一方で１か所、もしくは数か所での

開催であれば、時間をかけて必要な回数を実施することが可能になる。時間の制限や準備の手間を考えると、まずは早急な整備が求められる地区を中心に住民ワークショップを実施するモデル地区を２、３か所設定し、実施完了後に他地区でも追加で行う必要があるかを検討するのが妥当であろう。２、３地区であれば、１地区での開催は３回から４回、１回あたり２時間から３時間程度を前提にワークショップの進め方を検討すると良いだろう。これまでの経験では、この回数・時間よりも少なくなると消化不良に、この回数・時間よりも多くなると間延びする可能性が高くなる。なお、参加者からは、「時間が短すぎる」という意見が聞かれる場合もあるが、住民ワークショップは解決策を検討する場ではなく、解決策を議論するきっかけの場にすぎないということを、参加者にも確認しておきたい。住民ワークショップだけでは議論が足りないという参加者の声が多ければ、住民ワークショップの意義を参加者が認識したことにつながるし、改めて住民と自治体職員が話し合う別の場を設けて深く検討する方が望ましいだろう。

⑼　柔軟かつ許容する進行と準備

　住民ワークショップは、自治体職員が想像もしていない意見や要望を住民から収集し、整備計画を改善する参考意見を聞くための場でもある。ファシリテーターには、当日の参加者の状況や場の雰囲気を把握し、必要に応じて進行や作業内容を変更することが求められる。

　そのため、住民ワークショップの作業内容や進行方向を事前に全確定させることは困難である。しかし、自治体によっては事前に詳細な進行計画や作業内容を求め、「進行や作業内容の変更は許さない」といったワークショップの趣旨を逸脱する場合が多く、住民ワークショップで良い成果が得られない可能性が高くなる。そのため住民ワークショップを成功させるためには、準備段階から進捗に合わせて配布資料の追加準備や進行の変更等調整を行うなど、自治体職員の柔軟かつ許容する対応が求められる。

　自治体職員には、事前に施設整備に関する制約や条件を明確に把握し、必要に応じて住民に提示する準備が必要になる。そのため、自治体職員

は「たたき台」の作成を通して、制約や条件を整理しておくことが望ましい。一方で住民ワークショップで具体的な課題を提示できないと、一般的であいまいな内容の作業に終始し、「総論賛成各論反対」の「総論賛成」を確認するだけになる可能性が高い。それならば、わざわざ手間や費用をかけて住民ワークショップを行う必要はないだろう。一方で住民ワークショップを「各論反対」の内容について具体的に解決する方法や、提案を自治体職員と住民が同じ立場で検討する場にするために、また住民の要望や意見をできる限り制限しない柔軟かつ許容するために、自治体職員の心構えと準備が不可欠になる。

4 事例で見る住民ワークショップの進め方

　ここでは、池田市で実際に行った住民ワークショップでの説明資料を基に、具体的な進め方を解説する。池田市では住民ワークショップを2018年に全3回（2月3日、2月17日、3月3日）行ったが、事前に関係者や自治体職員との打ち合わせを数回、また、公共施設マネジメントに関するシンポジウムを、ワークショップの説明会も兼ねて1月27日に実施した。

　池田市では、池田市石橋にある「敬老の里」と呼ばれる地区にある敬老会館を中心に、老人ホーム、保育園、市営住宅、公園などに加え、大阪府の老人ホーム、そして近隣の児童発達支援センターや共同利用施設の再整備を、住民と共に考えるモデル事業として位置づけ、BaSS（地域を持続可能にする公共資産経営の支援体制の構築）プロジェクトの中で池田市職員とプロジェクトチームが作成した「たたき台」（2案。**図表8-1**）を事前配布し、この2案を基にグループ作業を行った。参加者は毎回35名程度、小学生から80代までが参加した。そこで基本的に年齢別5グループ（小学生は親と同じグループ）に分かれて作業を行った。

　また毎回、住民ワークショップの最初に当日の作業の位置づけと作業内容の概要を示す資料（**図表8-2**）を見せ、これから行う作業に対す

る疑問や不要な心配が最小限になるように配慮した。

図表8-1　池田市敬老の里プロジェクト「たたき台」

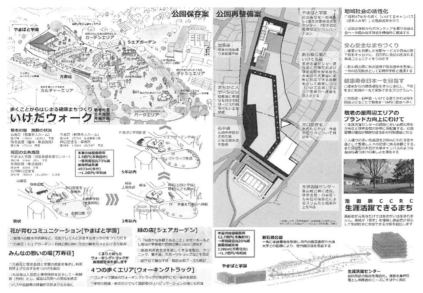

出所：前橋工科大学　堤研究室作成

図表8-2　2月3日に示したワークショップの進め方

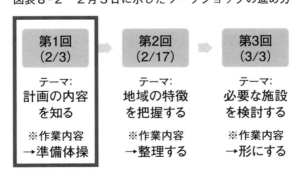

出所：前橋工科大学　堤研究室作成

(1)　１回目（２月３日）　計画の内容を知る
　①　３つのルールと５つのポイント
　毎回ワークショップの最初に、３つのルールと５つのポイントについて説明を行う。
［３つのルール］
　　その１：できるだけたくさんのアイデアを出す
　　　※できるだけ多く付箋紙に書き出す
　　その２：ほかの人のアイデアに文句を言わない
　　　※良い悪いではなく、たくさんのアイデアが必要
　　その３：「何が欲しいか」ではなく「自分が何をするか」
　　　※一般的な意見ではなく、あなたの意見が聞きたい
［５つのポイント］
　　その１：まずは自分で考えよう！
　　　※自分の意見を書き出し記録に残しましょう！
　　その２：ほかの人やチームは何を考えているだろう？
　　　※できるだけ他の人の意見を参考にする
　　その３：自分が使わない時間は何に使えるだろう？
　　　※公共施設は自分のものではなく、地域全体のもの
　　その４：そのアイデアはどんな場所だったらできるだろう？
　　　※本当に建物（公共施設）が必要ですか？
　　その５：周りにはどんな場所があるか参考にしてみよう！
　　　※使えるものはなんでも使おう！

　②　「財務」「品質」「供給」の確認
　次に、「財務」「品質」「供給」の視点から検討を行うことが公共施設マネジメントの基本であるという説明を行う。
　例えば、家が欲しいと思ったとき…広い家が欲しい！　設備は新しいのが良い！　…でもお金はない！　という誰もが想像しやすい事例を出しながら、「財務」「品質」「供給」のバランスが重要であること、また、その解決策を考えることは施設マネジメントそのものであること、そして公共施設でも同様の作業が求められていることを説明する。

・作業①　計画案の確認

　グループ作業の前に、アイスブレイクを兼ねて各参加者に自分用のペンの色を選ばせ、全体進行者が指定した色のペンを手に取った参加者を発表者として任命した。

　また、参加者には事前に2案を送付し、内容について確認をしてもらっているが、作業①では再度2案を見て気づいた内容をできるだけ多く書き出し（付箋紙を使う）、それらを模造紙（A1程度の大きさ）に設けた作業①の枠に貼り出すグループ作業を行う。なお、作業時間は15分程度である。

・作業②　改善案の検討

　作業②では、作業①の内容を改善するためにはどうすればよいか検討し（付箋紙を使う）、改善方法を模造紙の作業②の枠に貼り出すグループ作業を行う。なお作業時間は15分程度である。

・作業③　検討内容の選定

　作業③では、作業①②の中で最も重要だと思った内容について、模造紙の作業③の枠に直接書き込むグループ作業を行う。なお、作業時間は15分程度である。

・発表①　各グループのとりまとめ

　最後に、作業①から作業③までで検討した内容を発表してグループ作

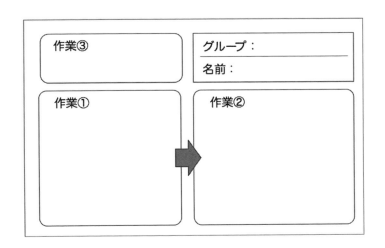

業を終える。発表は1グループ3分程度、基本的にグループ作業の前に
決めた発表者が行う。

(2)　2回目（2月17日）　地域の特徴を把握する

①　前回の振り返り

1回目同様にワークショップの進め方を説明した後に、前回の振り返
りとして2月3日に行った作業②（改善方法）と作業③（重要な点）に
ついて各グループ1枚にまとめて説明を行った。内容については割愛す
る。

②　検討の要点＋事例の紹介

前回の振り返りの結果を踏まえて、今回のグループ作業で検討すべき
要点と、その事例を紹介した。事例については割愛するが、検討すべき
点としては以下の3点を挙げた。

その1：「欲しいもの」ではなく「必要なもの」を考える
　　※この場所に本当に必要ですか？
　　　欲しいものを整備→いらないものを探す
その2：「行政」ができないなら「地域全体」で解決する
　　※自治体は最低限の整備しかできない
　　　→利用者が何ができるかを提案をする
その3：「今だけ」ではなく「ずっと」使えますか？
　　※新しい時・できた時しか行かないのでは？
　　　他の方法で対応した方がよいのでは？　　→将来を考える

③　「財務」「品質」「供給」の確認（2回目）

1回目に続き、「財務」「品質」「供給」のバランスが重要であること
を繰り返して説明を行った。

・作業④　周囲施設との連携

グループ作業の前に、全体進行者が指定したペンの色を手に取った参
加者を発表者に任命した。

作業④では、周辺にある施設と連携ができないかについて、できるだ

け多く書き出し（付箋紙を使う）、模造紙の作業④の枠に貼り出すグループ作業を行う。なお作業時間は15分程度である。

・作業⑤　連携に必要な機能の選定

作業⑤では、作業④を踏まえ、必要な機能だけをリストアップし（付箋紙を使う）、模造紙の作業④の枠に貼り出すグループ作業を行う。なお、作業時間は15分程度である。

・作業⑥　キャッチフレーズの作成

作業⑥では、作業④⑤を踏まえ、今回のワークショップのキャッチフレーズを作り、模造紙の作業⑥の枠に直接書き込むグループ作業を行う。なお、作業時間は15分程度である。

・発表②　各グループの取りまとめ

最後に、作業④から作業⑥までで検討した内容を発表してグループ作業を終える。発表は1グループ3分程度、グループ作業の前に決めた発表者が基本的に行う。

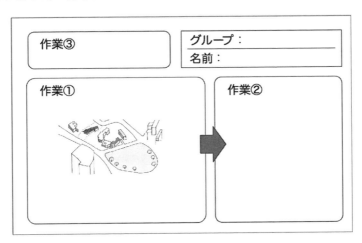

(3) 3回目（3月3日）　必要な施設の検討

① 要点の整理と前回の振り返り

作業の前に、今回の作業の要点を4つにまとめ、そのポイントを説明した。その後に作業⑤と作業⑥を中心に前回の振り返りを2回目同様に

行った。なお、振り返りの内容については割愛するが、作業⑤について
は4つの要点に合わせて説明を行った。要点としては以下のA～Dに
分類した。

A：「今ある施設」はそのままでよいですか？
　※キャッチフレーズを実現するため「使い方」の改善を検討してく
　　ださい
B：民間施設が欲しいなら「儲かる」仕組みが必要
　※良いサービスを継続的に提供してもらうためにも、どこまで許容
　　できるか→無理なら他の方法を検討
C：「使い方」を変えれば、必要な機能は実現可能かも
　※今でも「スペース」を共有する方法があれば、様々な「交流」や
　　「使い方」ができる
D：新しく欲しい「施設」は、池田市の政策が前提になる
　※民間同様に自治体もお金が不可欠、新しい施設を提案→必要性を
　　提示する必要あり

・作業⑦　必要な機能の配置

グループ作業の前に、全体進行者が指定したペンの色を手に取った参
加者を発表者に任命した。

作業⑦では、前回（2月17日）の作業⑤で選んだ「必要な機能」を
再度整理し（付箋紙を使う）、模造紙の作業⑦の枠に貼り出すグループ
作業を行う。作業⑦の欄には対象敷地周辺の地図を描いている。なお、
作業時間は15分程度である。

・作業⑧　キャッチフレーズとポイントの再整理

作業⑧では、作業⑦を踏まえキャッチフレーズと3つのポイント（世
代交流、施設機能、周囲対策）を整理し、模造紙の作業⑧の枠に直接書
き込むグループ作業を行う。なお、作業時間は15分程度である。

・発表③　各グループの最終取りまとめ

最後に、作業⑦と作業⑧で検討した内容を発表してグループ作業を終
える。発表は1グループ3分程度、グループ作業の前に決めた発表者が
基本的に行う。

なお、今回は市長にも参加していただき、各グループの発表の講評や今後の進め方についてコメントをいただいた。住民ワークショップの成果や取り組みを参加者内だけで共有するのではなく、できる限り庁内や一般住民に広げるためにも、最終発表では一般公開するとともに自治体幹部に参加を求めるとよい。発表者にとっても、適度な緊張感が生まれ、メリハリのついた作業につながると考えられる。

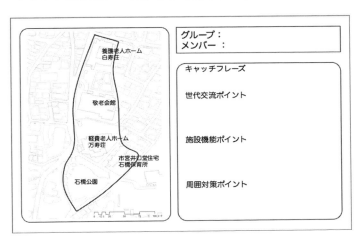

5　住民ワークショップ後の進め方

(1)　グループ成果の多様性を確認
　住民ワークショップを終えて、改めて各グループの成果をみると、同じ施設や敷地にもかかわらずグループごとに異なる角度や視点からの提案になっていることに気がつくであろう。しかし同時に、整備の目的やキャッチフレーズがよく似たグループが多いことも確認できるであろう。当然ではあるが、仮に施設整備の方向性が決定しても、それを実現する手法は無数にある。そのため、言葉だけでは個々人が整備に対するイメージを共有しにくく、その結果が整備案に対する不満や反対運動につながると考えられる。住民ワークショップは、共同作業を通してその

差異を埋めることが可能な活動だと考えて良いだろう。

　また、各グループからは作業内容をとりまとめた発表が行われるが、グループ内では様々な意見が活発に交わされていることから、参加者は成果を1つにまとめることの難しさを感じているだろう。全ての住民の意見を反映した整備計画は存在しないこと、どの世代のグループ発表も検討に値する内容であり、施設整備に正解はないこと、だからこそ住民ワークショップは合意形成ではなく、与条件を整理するための情報収集の場であることを、参加者全員が認識する絶好の機会だと考えている。

　しかし、最終的に施設整備を具現化するまでには、さらに整備計画を絞り込み1つにする必要がある。もちろん合意形成も必要になるが、その段階の検討は住民ワークショップの役割ではなく、整備計画を確定させる設計段階で行うべきであろう。住民からの意見収集を整備計画策定後ではなく、策定前に行い整備計画に反映させることで、住民や庁内の不満や反対を減らすことにつながる。

(2)　成果の集約と与条件の整理

　住民ワークショップの成果を集約し、その中で明らかになった施設整備に必要な与条件を整理して、初めて住民ワークショップが整備計画につながる。そこで住民ワークショップの成果を取りまとめる2つの手法を示す。

　1つは住民ワークショップ後に毎回各グループの成果を集約し、A4用紙1～2ページほどの簡易な「かわら版」を作成することである。上述の池田市の場合、かわら版の作成は行なうことができなかったが、その他の住民ワークショップでは作成している。なお、次回の案内資料もかねて作成することが望ましいが、ワークショップ開催の間隔が短いと迅速な対応が必要になる。また、「かわら版」の作成を自治体職員や協力者が行ってもよいが、できれば、参加者に任せられると参加者自ら当日の作業の振り返りが可能になるため、費用負担も含めて検討するとよい。また、この作業を行えば、住民からの要望をある程度整理できるだろう。

　2つ目は整備計画の策定のために、自治体職員が住民ワークショップ

の成果を取りまとめ、具体的なたたき台を2つから3つに絞り込むことである。グループ数が多くてもグループごとに施設整備の与条件を整理すれば、いくつかの整備案にまとめることができる場合が多い。池田市の場合、5グループにたたき台の2案を加えた7案を3案に絞り込めた（**図表8-3**）。2～3案にまで絞り込めば、最終的に1つに取りまとめることができる比較検討が容易になる。なお、絞り込む際にどうしても消えてしまう意見や提案が発生するが、それらがなぜ消えてしまうのかについての理由をつけることで、説得力が高い整備計画を策定することが可能となる。

なお、以上の作業は「たたき台」の段階であり、その後に1つに絞り込んだ整備計画を策定する際には、別途、庁内調整や工程表の作成などの作業が必要となる。次の段階で必要な作業については、多世代共創からは外れた庁内作業が主になるため、解説は別の機会としたい。

図表8-3　施設整備案の絞り込み

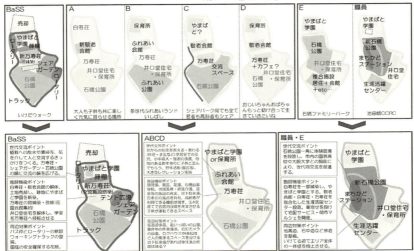

出所：前橋工科大学　堤研究室作成

(3)　楽しい整備計画策定のために

　公共施設マネジメントは本来、財政が厳しいから行うのではなく、公共サービスの向上のために全ての自治体が行うべき活動である。そのため、「その施設整備は公共サービスの向上のためになるか、本当に必要か」を絶えず問われている。公共サービスの提供に公共施設が必須かどうかは、さらなる議論が必要であるが、従来の仕組みで施設管理を実施するのは限界を迎えている自治体が多いのではないだろうか。だからといって財政が厳しい状況を住民に押し付け、我慢を強いる「辛い」公共サービスを強制しても住民が喜ぶはずがない。「できない」ではなく、「できる方法を考える」ことが、住民だけでなく自治体職員の意識にも求められている。

　なお、自治体職員も住民も、「辛い」作業はやる気にならないが、逆に「楽しい」作業であれば、頑張れるのではなかろうか。だからこそ、「楽しい」施設整備を目指すべきであるし、まずは、自治体職員が公共施設マネジメントを楽しむ仕組みを作ることから始めるべきである。そして、「楽しい」公共施設マネジメントの実現には何が必要か、従来から何を変えると楽しくなるか具体的な作戦を立ててから、住民に意見を聞くべきである。そのためには住民よりも先に自治体職員の意識を変える必要がある。つまり自治体職員が、「辛い」提案ではなく「楽しい」提案や「たたき台」を住民に示せるかどうかが、公共施設マネジメントの成功に結び付く鍵になるだろう。

　最後に自治体職員は基本的にまじめで優秀な人材である。そのため整備計画の策定でも、住民ワークショップ開催の際にも、綿密な準備や膨大な資料作成など必要以上の作業をしている傾向が見られる。しかし多世代共創に求められる作業は、子どもでも大人でも簡単で「わかる」こと、そして「楽しい」ことが重要になる。公共施設マネジメントの活動を今後も続けていくためにも、自治体職員自身が楽しみながら開催する住民ワークショップを心がけると、自治体職員だけでなく住民にとっても負担にならないだろう。自治体職員と住民が一緒に楽しみながら条件整理さえできれば、設計や施工の作業の大半を民間企業に任せることができる。住民ワークショップの準備には手間や時間はかかるが、参加者

全員が楽しむことができれば、自然多世代共創が実現するだろう。どんなに財政的に苦しくても、工夫次第で楽しい公共施設の整備計画を住民と一緒に策定することは可能である。

第4編

実践への
優先度判定
と財源確保

第9章 「縦割り・積み上げ」発想からの脱却

1 「総合管理計画」策定後の戸惑い

　総務省が 2016 年度を期限として全自治体に策定を要請した「公共施設等総合管理計画」は、総務省によれば「平成 30 年 9 月 30 日現在、都道府県及び指定都市については全団体、市区町村については 99.7% の団体において、公共施設等総合管理計画を策定済み。」としている（「公共施設等総合管理計画策定取組状況等に関する調査」平成 30 年 9 月 30 日現在）。

　「公共施設等総合管理計画」策定後は計画に沿って、マネジメントをすすめる実践段階になる流れだが、大半の自治体において、どの施設からどのように始めるのかという優先判断に戸惑いがみられ、順調な「実践」には結びついていない状況が続いている。

　大半の「公共施設等総合管理計画」が、学校を含む老朽化した公共施設をそのままの規模で更新するためには、過去の公共投資を大幅に増額しなければならないにもかかわらず、その財源がないので、今後の 30 〜 40 年間に総面積の約 3 割程度（おおよその全国平均）の縮減を行わなければならない、という「総論」にとどまっているからである。

　そして、具体的な統廃合を進めるための財源となる「公共施設等適正管理推進事業債」を活用するためには、**図表 9-1** にあるように「個別施設計画」、あるいは、「立地適正化計画」の策定が前提となっているのであるが、どの分野のどの施設を対象とし、どのような更新計画とするのか、という事業化に向けた優先度の判断が求められる。そして、この意思決定を行うことは、対象となる老朽化した施設があまりにも多く、それぞれの担当部局ごとに管理されているために、従来のような「積み上げ」型の意思決定手順を前提にすると容易ではない。

　戸惑いの要因は、実践に取り組むイメージがつかみにくいことである。事業費の主要財源として、地方債を検討しているのであるが、その地方

図表9−1　公共施設等適正管理推進事業債のメニュー

公共施設等の適正管理に係る地方債措置

公共施設等の集約化・複合化、老朽化対策等を推進し、その適正配置を図るため、従来の公共施設等最適化事業債等を再編し、長寿命化対策、コンパクトシティの推進（立地適正化）及び熊本地震の被害状況を踏まえた庁舎機能の確保（市町村役場機能緊急保全）に係る事業を追加するなど内容を拡充した「公共施設等適正管理推進事業債」を創設（地方財政計画における「公共施設等適正管理推進事業費」3,500億円に対応）。

公共施設等適正管理推進事業債

（期間：平成29年度から平成33年度まで　※⑥は平成32年度まで）
※①〜⑥全て公共施設等総合管理計画に基づき行われる事業が対象

①集約化・複合化事業	②転用事業	③除却事業
〈対象事業〉延床面積の減少を伴う集約化・複合化事業 〈充当率等〉充当率：90％、交付税算入率：50％ ※個別施設計画に位置付けられた事業が対象	〈対象事業〉他用途への転用事業 〈充当率等〉充当率：90％、交付税算入率：30％ ※個別施設計画に位置付けられた事業が対象	充当率：90％ （現行75％）

④長寿命化事業【新規】

〈対象事業〉【公共用建物】施設の使用年数を法定耐用年数を超えて延伸させる事業
　　　　　　【社会基盤施設（道路・農業水利施設）】所管省庁が示す管理方針に基づき実施される事業
〈充当率等〉充当率：90％、交付税算入率：30％
※個別施設計画に位置付けられた事業が対象

⑤立地適正化事業【新規】

〈対象事業〉コンパクトシティの形成に向けた長期的なまちづくりの視点に基づく事業
〈充当率等〉充当率：90％、交付税算入率：30％
※立地適正化計画に基づく事業が対象

⑥市町村役場機能緊急保全【新規】

〈対象事業〉昭和56年の新耐震基準導入前に建設され、耐震化が未実施の市町村の本庁舎の建替え事業等
〈充当率等〉充当率：90％（交付税措置対象分75％）、交付税算入率：30％　　　※地方債の充当残については、基金の活用が基本
※個別施設計画に基づく事業であって、建替え後の庁舎を業務継続計画に位置付けるものが対象

出所：総務省資料

債の枠を確保するために「個別施設計画」の策定に取り組まざるを得ない。しかし、個別施設計画は、どの施設から始めるべきなのか、それは省庁別の事業計画に沿ったものか、分野の違う施設の複合化による面積削減を行うのか、あるいは、補助金や地方債、一般財源の枠には限りがあるので、独自に公民連携の手法によって民間資金の導入を図るのか。大規模修繕や統廃合などの優先順位、事業手法をどのように決めていくのかという意思決定を行う難しさに直面している。

　従来型の発想のように、財源の確保を各省庁別の補助金、各種交付金、地方債の活用で行うだけでなく、民間資金・ノウハウを必ずしも施設整備だけでなく、さまざまな形態で導入（例えば、遊休施設の貸し付けや指定管理者制度によって、経費削減や収益事業を組み込むなどの手法）を図ったりする、いわゆる「総合プロデュース」の発想に転換する必要があるのだが、そのような経験がこれまでにほとんどないことも戸惑いの要因の一つになっている。

この現象は、自治体の形式主義、あるいは努力不足と簡単に結論することはできない。なぜならば、戦後の自治制度が成立してから、1991年の「バブル経済崩壊」による「平成不況」までは、高度経済成長、安定成長のなかで、変動はありつつも基調としての人口の伸びと税収増による「拡充」の発想で仕事を行う時代が続き、経済の低迷と人口の少子高齢化に対応した「縮充」（規模は縮小しても機能は充実するという造語）の発想による計画・実践の発想と経験が圧倒的に不足しているからである。

　さらに、総務省からは、個別施設計画を反映した総合管理計画の見直し作業はすすんでいるか、というような課題提起がされている。現場の自治体職員としては、計画策定と実践との狭間で、戸惑いを深めているのが現状である。計画の必要性は理解できても、実践に移す際の財源の見通しがたたないのでは（地方債の枠を確保しても、その償還財源の確保を考えなければならない）、財政担当者もゴーサインを簡単には出せる状況にないからだ。

2 「時限爆弾」となる老朽化した公共施設

　上記のような「戸惑い」の間にも、施設の老朽化は確実に進んでいる。そして、施設の老朽化は、安全性の確保にとっても大きな脅威となっている。「包括施設管理業務委託」、あるいは「施設保全計画策定」を実施している自治体で、最初に課題となるのは、受託した民間事業者の施設管理の専門家がチェックを行うと、コンクリートの爆裂（鉄筋露出）、屋上防水の亀裂、外壁タイルの脱落、エレベーターの床のずれなど、事故につながるような劣化が次々と指摘されることである。これは、施設数に対応した技術系職員（建築、土木系はもちろん、特に、設備系の電気・機械職）が十分に確保できていないからで、施設・設備の点検マニュアルを作成している自治体もあるが、「どこまで使用可能か」「修繕にはいくらかかるのか」というような判断は、日常的な点検の範囲ではおさまらないので、「老朽化」に対応できていない状況となっている。

施設・設備の老朽化は、第11章で詳述するように、市民の命を奪うような事故や事件を誘発する可能性が高くなる。そして、施設・設備の不備に対して万全の対応ができていない状況で死傷事故が起きた場合には、その経済的補償がなされるのは当然のことであるが、施設の管理責任を負っている公務員が、業務上過失致死傷罪で刑事訴追される可能性も生じるのである。2006年の埼玉県ふじみ野市のプール事故（流れるプールの吸水口の防御柵が外れていて、女子児童が引き込まれて死亡）では、施設管理を全面的に民間事業者に業務委託していたのであるが、公園の管理担当課長と係長が、業務上過失致死罪で禁固刑を受けることとなったのである。

　第11章で引用しているこの事件の「判決文」によれば、施設所有者の管理責任は重く、管理業務を委託していても、その委託業務内容を十分に理解し、管理していなければ、また、施設の不備に対して、財源難で修繕費を確保できていなくとも、施設の「開設前に防護柵の設置状況を点検した上、その不備を修繕し、あるいは不備が修繕されない限り本件プールを開設しないという判断をすべきだったのである」と断定している。

　施設管理の現場としては、防護柵だけの修繕であれば、数十万円で応急対応ができたかもしれないが、その程度の予算を確保するのも難しい財政状況にあり、防護柵の不備を理由に、プールを閉鎖もしくは休止するという意思決定にはハードルが高いのが一般的である。しかし、最高裁で確定した「禁固刑」の重みは十分に認識する必要がある。また、施設管理を担当する課長、係長は、常に施設設備の状況を把握し、不備が改善されない限り、その施設を休止する判断をしなければならないという責任を負っていることも認識しなければならない。

　老朽化した公共施設のマネジメントを進める上で、「包括施設管理業務委託」を第一歩として、位置づけ、注意を払うことが重要となる。

3 「包括施設管理業務委託」を第一歩とする大きな効果

　数十の施設の包括施設管理業務委託が、公共施設マネジメントの「はじめの一歩」となり得る理由は次の通りである。

　まず、第一に、施設の安全性の確保を的確に行う可能性が高くなることである。電気、空調、給排水衛生、エレベーター、消防などの施設の点検作業は、ほとんどの自治体では外部委託で行っているが、人口10万以下の市町村が大半を占める我が国の自治体においては、技術系職員の配置が十分でないこともあって、十分な契約内容の詰めや監理ができていない現状にある。老朽化した設備は、電気ケーブルの劣化による漏電火災や感電事故、配管の劣化による水漏れやそれを原因とする建物本体の劣化、エレベーターの事故などを引き起こす可能性が高くなる。そして、外部委託に際して、的確な技術的チェックに基づく仕様書と見積書を作成して、発注している事例が少ないことから、事件・事故が生じた場合に、施設所有・管理者である自治体職員が業務上過失の責任を負わせられる可能性も高くなる。万一の事故を防ぐためにも、大手総合ビルメンテナンス会社の専門技術者のチェックを導入できる包括施設管理業務委託は有利である。

　次に、大手ビルメンテナンス会社に委託すると、地元の中小零細のメンテナンス企業の仕事を奪うことになるという心配が生じるが、これまでの実績では、そのような事態は生じていない。なぜならば、包括施設管理業務委託の時点で、実質的に地元企業への作業委託を条件とすることが可能であり、地元企業にとっても、役所に見積書や仕様書を届け、入札に参加し、契約・支払いをするという煩瑣な「役所事務」から解放されて、企業対企業の合理的な契約・支払いが確保できる。さらに、大手企業の専門技術者から技術指導を受ける機会も生じて、優良企業は他の仕事を紹介されるという「副産物」が生じることもある。その意味では、数年にわたって、大手企業は内部の専門技術者を効率よく活用でき、地元中小企業も仕事が維持できるという形態が実現する可能性が高い。

　このような効果を生む包括施設管理委託であるが、保守点検業務を一

元化し、予防保全も含めて施設の巡回点検を行うと、１、２名のスタッフを常駐させることになり、その分の人件費が上乗せされることになる。この上乗せ費用については、「スケールメリットが働くので委託費総額は安くなるのかと思ったら、逆に高くなるのでは、包括する意味がない」という意見もあった。しかし、本来行うべき施設設備の安全管理を十分に行ってこなかった状況を改善するために、一定の「上乗せ費用」が生じるのは当然であるし、自治体内部においては、個々の施設、個々の点検業務に伴う数百件の契約・支払い関連事務を一本化することにより、人件費が数千万円程度削減できることになる、という説明もできる。

　もちろん、個々の契約を一本化しても、直ちに分散している一つ一つの契約に伴う事務コストが、具体的な人件費削減として効果を生むわけではない。しかし、直接的には契約本数が激減することで、契約担当課の職員数を削減する効果がでるかもしれないし、数年を経て効率的な部局横断的な事務推進体制を整備すれば、人件費削減効果がカウントできる可能性は高い。むしろ、このような同じ業務を一括で処理する事務体制を整備することこそ、縦割り事務の改善という行政改革の根幹的な課題に直面することとなる。すでに、兵庫県明石市では、包括施設管理委託に小規模修繕を組み入れることで、施設マネジメント担当部署と営繕部署との組織統合を行い、契約関連事務の大幅削減によって、数人の人員削減に結びつけることに成功している。施設設備の小規模修繕業務は、現場確認や設計などの業務も加わることが多く、保守点検業務より事務作業量が多く、人員削減を実現するレベルでの事務量軽減につながる。

　以上の、安全性の確保、地域内業者の仕事確保、自治体内部の契約事務コストの大幅削減という効果に加えて、縦割りの業務構造に横串を刺して、施設の管理運営を客観的に見直す契機となる可能性が高いし、これが公共施設マネジメントの本質的な効果を生む可能性が高い。

　それは、包括施設管理業務委託によって、一つの企業体が数十の施設を一体的に点検するために、水光熱費、利用形態や稼働率、日常のメンテナンス状態、管理運営を担当する職員の意識、利用者の評判などの「差」を客観的に把握できることにある。異なる部局ごとに管理運営されていたときには、比較衡量されることが少なかった施設管理の効率性

や質の違いが定期的な業務調整の場で示されることで、近い将来の統廃合に向けての客観的データが蓄積されることになり、庁内や利用者の説得に大きな効果を発揮する可能性が高くなる。

その意味で、包括施設管理業務委託は、公共施設マネジメントの「はじめの一歩」となるのである。

4 「個別施設計画」は、包括委託によってリアルなものに

包括委託、あるいは、保全計画策定を実践した自治体は、まだまだ少ないが、この実践によって、「個別計画」策定に結びつく、リアルな公共施設マネジメントの方向が見えてきた。

それは、施設設備の安全管理を優先することによって、部局別ではなく、全庁的な観点から大規模修繕や更新の優先順位を検討することができ、それによって、財源の配分から調達までを、経費削減にとどまらず、収益を生み出す管理運営手法の検討も含めて、トータルな公共施設マネジメントを実現する「手順」である。

この手順は、以下のような検討段階を経ることになる。

① 学校施設（義務教育の場）や公営住宅（居住者が存在する）をはじめ、一定規模以上（例えば1000㎡以上）の主要施設において、専門家による施設設備の点検を行い、安全管理上、直ちに対応すべき緊急案件を含む優先順位を検討する。

> ＊一定規模以上の施設を対象とするのは、その施設の利用者が多いことで、地域生活にとって、一定の影響があることと、その施設の安全管理や機能強化による管理運営の変化によって、公共施設マネジメントに関する関心を集めるためである。小規模な集会施設などは、施設設備の保全コストが小さいことと、特定の利用が多いために、全体のマネジメントには大きな影響を与える可能性が低いので、日常的な管理運営で対応が可能と判断される。

② ①でリストアップした主要施設の対応優先度によって、安全管理

上、当面の対応ができない場合には施設の全面的、あるいは部分的な「休止」（例えば、空調やエレベーターなど）を検討する。

> ＊安全管理上の問題が明らかになった施設を開放（開場）し続けた場合は、事故が起きた場合に、利用者が傷ついたり命を失ったりする可能性があるとともに、その施設の管理責任者である公務員が、業務上過失致死傷罪で刑事責任を追及され、場合によっては懲戒処分を受けるという重大事態を引き起こす可能性がある。そのために、安全対策が不可能な場合には、「休止」を判断せざるを得ない。詳細は第11章を参照のこと。

③　①でリストアップした主要施設の対応優先度に沿って、10年間程度の必要な予算額の概要を、財源も含めて想定し、計算する（特に、学校施設、公営住宅は、文部科学省、国土交通省のガイドラインに沿って、設備更新も含めた「個別施設計画」としてまとめる）。

> ＊現時点で、明確な「個別施設計画」の概要を示している施設については、補助金や地方債枠も具体的に提示されるので、10年程度の事業計画は策定できる（その計画だけでも、公共施設の更新に投じる財源の枠を超えてしまうこともある）。その他の主要施設は、個別に計画を策定する必要があるが、特に事業費については、詳細を詰めるよりも、概略で規模を摑むということが重要である。また、当初の建設費だけでなく、空調、エレベーターなどの主要設備は20年から30年で更新をしなければならないので、その更新費用も想定しなければならない。

④　過去10年程度に投資した主要施設における事業費において、地方債で対応した部分をリストアップし、10年から20年程度の地方債償還額を個別施設ごとに計算する。

> ＊補助金や交付金、一般財源は、当該年度の支出となるが、地方債は、借り換えも含めれば5、60年にわたって後年度の負担となり、財政運営に影響を与える。したがって、地方債の将来の償還額の把握は重要であり、過去10年程度に整備した施設も含めて、今後20年程度の負担も明確にする必要がある。

⑤　④で計算した過去の投資によって生じた地方債償還額（義務的経

費）に、③で計算した将来的な想定事業費に関して財源を明示した
上で、必要投資額の概略を計算する。

　　＊この作業によって、今後10年程度の必要な財政措置の金額が概略で
　　　摑めることになる。おそらく、将来的な歳入の見積額を大きく超え
　　　ることが想定されるので、部局別に策定された「個別施設計画」が
　　　実施可能かどうかの判断材料が提供され、最小限の投資による最大
　　　の効果を生む施設のあり方や民間資金の活用、施設での収益事業の
　　　展開も含めた議論が深められる可能性が高い。

⑥　財源の中期的見通しのなかで、投資可能金額の概要を計算し、⑤
　の必要投資額を勘案して、主要施設の大規模修繕や更新の優先順位、
　あるいは、不足する金額に応じて、「休止」や「統廃合」のプラン
　を検討する。

　この一連の検討作業のなかで、学校施設を含めて、市民の利用状況を
把握し、市民の要望に沿った施設のあり方を検討し、「統廃合」（複合化・
多機能化）のプランに反映させる。また、管理運営手法を見直し、徹底
した経費削減を図るとともに、一定の収益を生み出す運営手法も検討す
ることになる。この作業で重要なのは、想定費用を百万円とするような
概略で行うことである。それは、まず事業の優先度を判定することが第
一であり、詳細な事業者を見積もるのは優先度を決定してからでも十分
可能だからである。
　このように、具体的に個別施設の老朽化の度合いや、更新・統廃合の
可能性を議論する材料を提供し、事業優先度を決めることが重要な手順
となる。

5　大きくなった自治体間格差

　上記のような実践に取り組む第一歩を踏み出した自治体と、戸惑いを
続けている自治体との格差は非常に大きくなっていることに注意する必
要があるだろう。

計画策定に関しては、ほとんどが総務省の示した「指針」に沿って、その内容はほとんど同じ構成になっているので、表面的には自治体間の格差は感じられない。しかし、「実践」として、公共施設の廃止、集約化、最大限活用（複合施設の設計・整備、土地や床などの資産活用、包括的保守点検管理委託など）に取り組んでいる自治体の数はまだまだ少なく、ほとんどの自治体が「足踏み状態」にある。具体的に実践を体験した自治体は、一つの実践に取り組むことで、派生的に次々と事業化を進めている状況にある。一つの実践をすすめることで、担当者はその効果を感じることができるし、その経験によって、さらに課題が見えて、次の実践にすすむという好循環が見られる。

　一方、計画策定で「一段落」した自治体は、実践に向けての展望を見いだせずに、老朽化し、維持管理費が嵩み、稼働率が悪く、実利用者が非常に少ないという現状に対して、手をこまねいていることから、自治体間格差がどんどんと広がっている状況にある。実践のすすまない自治体の担当者からは、「住民や議会は総論賛成各論反対」「財源が無い」、さらには「自分はやるべきだと思っているが上司やトップが理解してくれない」という「言い訳」が聞こえる。

　実践に足を踏み出した担当者は、よく勉強している。そして、施設担当部署、上司、トップに、

- 包括委託で事務コストが大幅に削減できることや、全庁的な施設保全計画策定も含めて優先順位を議論する基盤ができる可能性
- 複合施設で利用者が数倍に増え、規制を緩和することで公共施設が「稼ぐ施設」に変わる事例

などを粘り強く説得し、他の自治体や民間企業の専門家にも気軽に相談をして、多くの仕事を抱えて「疲れ」ながらも、明るく実践をすすめている。「できることは、何でもやる」という構えである。反面、実践に踏み出していない自治体の担当者は、「山ほどの言い訳」を常に口にし、自分以外は誰も理解してくれないと愚痴を述べるだけで、前にすすんでいない状況にある。

　実践のすすんでいる自治体には、現時点では、必ず「キーパーソン」が存在している。職員、あるいは首長という個人の努力と力量によって、

実践の有無が決まっている。担当組織を設置した自治体もいくつかあるが、その大部分は計画策定作業に追われているのが現状となっている。公共施設マネジメントは、まだ「黎明期」であり、個人の力が試されている段階にあると考えている。

　公共施設マネジメントの「はじめの一歩」として有効な取り組みになるとして示した「包括施設管理業務委託」が、広がりを見せ始めている。当初は、個人的な努力によって実現したこの取り組みも、その成果が伝わるにつれて、組織としての取り組みになりつつあり、事業者公募も含めた具体的な事業化日程を検討している自治体も二桁になっていると推測される。

6　単純な施設統合では後年度負担が大きくなる

　公共施設マネジメントの基本は、総面積の圧縮のための施設統廃合であることには変わりはないが、機能の統合・創設を考えない単純な施設統合では、その効果は限定され、むしろ後年度負担を増やすことになる可能性も検証する必要がある。

　設計中の、ある自治体（人口約8万）の複合施設は、図書館（10万冊の配架）、保健センター、地区公民館、勤労青少年ホームを統合する計画である。数十億円を投資する延べ床面積が約5000㎡の施設ではあるが、示されているイメージ図ではフロアプランはそれぞれの機能ごとに区分され、機能を複合化させプラスアルファを生み出すような説明はない。

　このような新施設による統廃合の事例は散見されるが、エントランスロビー、階段、エレベーター、トイレ、空調などの設備室が共有されるので面積は多少縮減できるものの、個別施設の機能を「寄せ集める」だけで、投資金額の割に新たな利用者や利用形態を想定することは難しく、維持管理費も含めたライフサイクルコストを考えると、市民にとって大きな負担になる危険性がある。

　いくつかの自治体で、公共施設の利用に関して、無作為抽出によるア

ンケート調査を行っているが、共通しているのは、公共施設を月に１、２回程度利用する市民は人口の１、２割に過ぎず、大半の市民は施設を利用せずに、維持管理費用を税金として負担するだけという実態がある。特に、P.263で述べるように子育て中の母親（特に０〜２歳の子どもを持つ家庭内保育を行っている母親は半数以上である）、部活動に参加していない中高生、サークル活動に参加していない高齢者は、公共施設のなかに「居場所」が確保できていない状況にある。

　このような居場所のない市民にとっては、単純に異なった施設を寄せ集めたような「複合施設」では、外観は立派でも、居場所が確保できていないのである。関東地方のある自治体の「市民交流センター」では、テーブルと椅子が配置されている空間に高校生が勉強のために毎日のように集まったところ、「市民交流スペースにつき学生の利用禁止」と、テーブルに張り紙がなされたという事例もある。この自治体では、交流する市民は主婦層や高齢者のみを想定し、高校生は市民として認識されていないことになる。

　このような事例に対して、神奈川県大和市の「文化創造拠点シリウス」、武蔵野市の「武蔵野プレイス」では、図書館を中核的な機能としつつも、カフェやレストランはもちろん、館内の飲食を原則自由にし、「子育てママ」が自由に利用できる空間を用意し、有料での席の確保や子どもの遊び場を確保し、健康に関する講座を毎日開催するなどの複合化された機能で、人口の十数倍（2017年現在、シリウスでは300万人、武蔵野プレイスでは195万人）もの年間利用者を集め、その空間で中高生も含めた市民の交流が生まれるという施設を実現している。

　また、岩手県紫波郡紫波町の「オガール紫波」は、駅前の町有地に民間主導の複合施設を整備し、町の人口（2019年３月末現在約３万３千人）の30倍にもなる年間90万人を超える来場者を得ている。

　複合施設を企画するのであれば、縦割りの部局ごとに想定された固定的な機能や運営スタイルを越えて、細かい規制をなくし、飲食を原則自由に、さまざまな「市民」が、それぞれの要求に従って、すぐれたインテリアデザインのもとで快適に過ごすことができる空間を用意する必要がある。そうでなければ、特定利用者のために多額の税金を投入するこ

とになってしまうからである。

7 補助金・交付金、地方債だけが財源ではない

　ここまでの議論で明らかにしたかったのは、「公共施設等総合管理計画」によって、総面積削減の目標を設定し、次に「個別施設計画」を作成する手順の目的は、「公共施設等適正管理推進債」の適用であり、公共施設マネジメントにおける一部の手法に過ぎないということである。それは、総務省が自治体に対して行える支援策は、地方交付税交付金と地方債が主たるメニューだからである。

　総務省が総合管理計画、個別施設計画の策定を要請したことにより、公共施設マネジメントが喫緊の課題であるという認識が広がったのは、大きな成果である。しかし、マネジメントをすすめる手法としては、個別施設計画の策定による「公共施設等適正管理推進債」の適用を最優先にすることではなく、まず施設の安全管理を確保する包括施設管理委託などの検討であり、後年度負担を大きくしない資金確保や配分であり、最小限の施設投資としては、若干の面積縮減を伴う単純な施設統合ではなく、地域住民の施設利活用の拡充を目的とすべき、といった方向を明確にしなければならない。

　公共施設の更新や統廃合のために公的資金を活用するには、例えば、国土交通省であれば、「官民連携事業」の展開に調査費を補助したり、PFI 事業の展開に対して、社会資本整備交付金などを用意しているが、それなりの制約もある。

　しかし、民間資金を活用する場合には、資金・ノウハウの提供者へのメリットを、公平・公正的な方法で確保することができれば、「契約」によって自由に事業プランを企画することができる。

　この民間資金の活用は、愛知県高浜市の庁舎整備に見られるリース方式のような契約方式だけではない。大阪市が民間企業へのサウンディング調査を経てプロデュースした「大阪城公園パークマネジメント事業」は、指定管理者制度の適用で、民間資金の導入により収益の確保を図っ

222　　第4編　実践への優先度判定と財源確保

た事例である。大阪市のような「大都市」でなくとも、公共施設における収益事業を組み込んだ管理運営は、徐々にその領域を広げているが、基本的な発想は、公共施設や用地の「資産」としての価値を活かすという発想である。これまでは、公共施設は住民の福祉の向上を図るための施設としてのみ位置づけられ、税金の負担で整備、維持管理するという発想であったが、公共施設マネジメントの一環として、その資産価値を売却や貸付で活用するという発想転換が一般的になりつつあることは画期的な変化ともいえる。

　公会計改革によって、固定資産台帳が整備され、一部の先進的な自治体では、施設ごと、事業ごとにセグメント化された財務諸表（貸借対照表、行政コスト計算書など）が作成されている。これによって、施設や事業についてプロジェクトファイナンスの観点から、合理的な管理運営を行う責任体制を確立できる可能性が高くなっている。これまでのように、組織全体の財源（歳入）を縦割りの部局ごとに歳出として配分するだけでなく、事業・施設ごとの資産状況、収支バランスを明確にし、税金の投入とその効果（成果）を検証する手段が確保できたことになる。これによって、土地や施設の資源価値を「見える化」し、施設整備においては、「機能」に注目し、その「効果」を検証することで、必ずしも税金を投入しなくとも、機能・効果が実現することも可能であることが判明する可能性が高くなった。

　老朽化した公共施設の修繕や更新費用が圧倒的に不足している事実への対応として出発した公共施設マネジメントであるが、これまでの税金の配分という発想に、資産活用という観点を加えることが実現しつつある。資産活用によって民間投資を呼び込み、税金の配分の基礎となっている政策や組織の縦割り構造にメスを入れるという経営手法を適用することで、行政運営・経営に変化を与える契機になり、「行政改革」の大きな柱になっていることも注目すべきである。

第**10**章 「総合管理計画」後の取り組みの方向とその論点

1 市民目線からの「公共施設」の再定義

　公共施設には（社会の共通経費としての）税金が投入されていることを考えれば、より多くの利用者を目指すべきであり（税金の還元）、より多くの収益を可能にすべき（税負担の軽減）という観点が必要である。もちろん、病院、特別養護老人ホームなど、市民生活上、セーフティネット機能の観点から必要不可欠であり、単純に日常的な利用率や稼働率、収益性を問うことに合理性のない施設が存在することは留意しなければならない（この種の施設でも設置や管理運営の効率性は追求すべきであるが）。

　財源に余裕があった時代では、教育や福祉、文化・スポーツ施設などの分野別にその必要性を説明することで、施設整備をすすめることができた。しかし、財源逼迫が続くと想定されている現在の状況においては、分野ごとの縦割りの発想ではなく、市民生活をリアルに観察・分析して、「住民の福祉の増進に努めるとともに、最少の経費で最大の効果を挙げるようにしなければならない。」（地方自治法第 2 条第 14 項）。そして現行の分野別・目的別施設の大半が稼働率も利用率も低いという実態を前提にすれば、多機能で複合的な施設の整備・管理運営を企画しなければならない。

　そのように考えると、「公共施設とは何か」という問いかけが非常に重要となることは明白であるのだが、実は、公共施設について、個別法令上の限定的な定義はあるものの、一般的な定義がないことに気づく。例えば、都市計画法では第 4 条第 14 項に「この法律において『公共施設』とは、道路、公園その他政令で定める公共の用に供する施設をいう。」という定義があるが、学校や図書館の一般的な「公共施設」は含まれないことになる。建築基準法には、第 68 条の 4 に（地区計画の区域内の）「公共施設の整備」という規定があるが、何が公共施設なのかという定

224　第4編　実践への優先度判定と財源確保

義はされていない。

　地方自治法では、第2条の地方公共団体の法定受託事務の例示として、別表も含めた個別法にある公共施設についての記述があるが、やはりこの公共施設についての定義の記述はない。明確に定義をしているのは第10章の「公の施設」として、第244条第1項の「普通地方公共団体は、住民の福祉を増進する目的をもつてその利用に供するための施設（これを公の施設という。）を設けるものとする。」という部分である。これは、施設（いわゆる「ハコモノ」）を示していると考えられるが、「住民の福祉を増進する目的」は極めて広い概念で、例えばゴミ焼却施設を公の施設としている自治体もあれば、その他の施設としている自治体もある。

　また、学校は公の施設ではないと説明されているが、学校敷地内の体育館を市民体育館（公の施設）として建設し、指定管理者制度を適用して管理運営をしている事例もある。庁舎も公の施設ではないとされるが、複合施設として建設されている場合には、公の施設部分とその他の施設部分とが明確に管理区分され、その管理運営は業務委託であったり、指定管理であることも想定できるが、そのような定義上の区分を明確にして管理運営を行っている事例は少ない。

　ここで公共施設の定義が明確でないことを検証したのは、従来のように、個別政策分野、個別法令という「縦割り」の発想ではなく、市民生活のニーズに沿うことを第一に、自由に施設の機能と姿を検討する必要性を強調するためであり、公共施設をそのように捉えれば、これまでの概念と違った、自由な公共施設の施設設備や機能のデザインができるからである。

2　全体把握による「総合的」計画は難しい

　2017年までにほとんどの自治体が、「公共施設等総合管理計画」を策定し、また、総務省でも2018年2月に「公共施設等総合管理計画の策定にあたっての指針」を改訂し、個別施設計画との整合性を強調し、いよいよ個別具体的な公共施設マネジメントに踏み出す状況になってきて

第10章　「総合管理計画」後の取り組みの方向とその論点　225

いる。

　その指針の中では、「総合管理計画に記載すべき事項」の一部として、「全庁的な取組体制の構築及び情報管理・共有方策」が示されて、その内容として、「公共施設等の管理については、現状、施設類型（道路、学校等）ごとに各部局において管理され、必ずしも公共施設等の管理に関する情報が全庁的に共有されていないことに鑑み、総合的かつ計画的に管理することができるよう、全庁的な取組体制について記載すること。なお、情報の洗い出しの段階から、公共施設等の情報を管理・集約するとともに、個別施設計画の策定の進捗を管理し、総合管理計画の進捗状況の評価等を集約する部署を定めるほか、部局横断的な施設の適正管理に係る取組を検討する場を設けるなど、全庁的な体制を構築し取り組むことが望ましいこと。」と述べている。

　理想的な取り組み方向であり、これができれば、上述のように市民生活のニーズに応じた自由な機能デザインと効率的な管理運営が実現するはずであるが、現実的には実現は難しい。多くの自治体では、このような全庁的な体制を確立し、各部局における施設情報が共有されるには、まだまだ時間がかかるのが現状である。それは、現状では公共施設も含めた事務事業が縦割り部局ごとの組織（人員）と予算配分のもとで管理されているので、全庁的な情報を収集し、縦割りを串刺ししながら必要な機能の提供を行う権限を持った管理運営の体制構築は、容易なことではないからだ。

3　人口 10 万前後の自治体が成功事例を創る

　多くの自治体における取り組みをみると、自治体の規模において、それぞれに困難な点が浮かび上がってくる。まず、政令指定都市のように、人口規模が多く、行政区が設置されていると、部局（所管課）の数は、200 以上になり（特に、横浜市や大阪市、名古屋市のように人口が 200 万を超え 10 から 20 以上の行政区を設置していると、事務事業実施の単位である「課」の数は 500 を超えて専門分化してしまう）、個別部局レ

226　　第4編　実践への優先度判定と財源確保

ベルでは「先進事例」が誕生することもあるが、全体把握は市長であっても非常に厳しくなる。人口 20 万以上が要件となった中核市でも、課の数は 150 程度となり、事情はそれほど変わらない。

　資産活用や包括施設管理委託、また、集客力の高い複合施設の整備などで先進事例を創っている自治体の多くは、人口 10 万前後で、明確な課題意識と実行力を持った 1、2 名の職員とその取り組みを理解して意思決定を行う市長（あるいは副市長）の存在という「パターン」があるようだ。この規模の自治体は、職員数も数百名で、課の数も 50 前後であり、職員間も組織間も、そして、トップとミドルの距離も近くて、2、3 の「シンボル的な」事業に的を絞って展開する意思決定がしやすい環境にある。

　公共施設マネジメントには、部局間の壁を越えて、複数の機能を統合するプロジェクトを組むことが必須であり、これは、70 年に及ぶ我が国の地方自治にとっても初めての課題・経験となる。したがって、それが実施できる組織の規模や構造、まだ数が少ない明確なビジョンを持った職員の「構想」を実現するまでの意思決定プロセスが可能となる条件というものを明らかにする必要があるだろう。人口 10 万前後が、客観的にイノベーションを起こす条件を持っているとすれば、政令指定都市や中核市では、全庁的というより、特定の部局や地域（政令指定都市の場合は行政区）のグループを設定しての取り組み、人口数万以下の小規模自治体では、周辺自治体との連携というようなパターンを考える必要もあるかもしれない。

　これは、佐賀県武雄市図書館や東京都武蔵野市の「武蔵野プレイス」、神奈川県大和市の「文化創造拠点シリウス」といった「桁違い」の集客力をもった施設は、周辺自治体からの利用者（一部は、全国からの視察者）を集めている実態からも明らかである。特に、武雄市図書館は、図書館利用者数と登録者数（図書カード発行者数）を教育委員会が公表しており、これによると 2017 年度で、利用者が約 91 万人、登録者は約 2 万 6000 人であり、その内訳は市内 36.6％、市外 36.1％、県外 27.3％という特異な構成となっている（武雄市の人口は約 5 万）。大きな話題を創ったことによる周辺からの集客効果が 2013 年の開設後 5 年経っても

続いていることを示している。また、包括施設管理委託も管理体制とコストから考えれば、規模（施設数）が多ければ多いだけ効率的ということではなく、対象施設数が100から200の間が一つの受託事業者にとっての最適規模、という「経験値」が想定され始めていることからも、「規模の効果」も検討する課題となってきている。

4 比較的大規模施設を更新の対象にする

全庁的な管理体制の構築は、正論ではあるが、現時点で十分に機能できるような組織運営（意思決定）、予算編成の仕組み、機能の組み合わせと事業手法の検討、効果検証の仕組みはできていないのが現状である。では、どのようにすすめるのか。

公共施設マネジメント担当を設置する自治体も増えているが、その機能と権限をどのようにするのかという、全庁的な組織予算体制のなかで、その「権原」がデザインされていないケースが多く、人員的には3〜5名程度の配置が限界なのが現状である。そこに、具体的な施設統廃合のために数億から数十億円の予算を配分することは難しい状況なので、個別部局からの大中小のさまざまな施設の長寿命化案件（大規模修繕や更新、他施設との統廃合など）が持ち込まれても、どこから手をつけるのかという悩みが深くなってしまう。

一方で、個別施設計画を1、2年以内に策定しないと、「公共施設等適正管理推進事業債」の適用期間（2021年）に間に合わないので、財源のめども立たないという矛盾した状況にある。

上述の人口10万前後の自治体における先進的な取り組みの実現を考えれば、繰り返しになるが、全庁的な公共施設マネジメントの部局が組織されても、数名の配置がせいぜいなので、2、3のシンボル的事業に的を絞ることが合理的なことになる。そして、シンボル的事業の選定にあたっては、小規模の地域施設（集会施設等）を対象にしても、統廃合の効果は極めて限定的なので、第9章でも述べたように、例えば1000㎡級以上の大規模施設を対象とすることが重要である。

228　第4編　実践への優先度判定と財源確保

どの自治体も、本庁舎、小中学校、中央公民館、公共ホールなどのいずれかが老朽化し、更新の時期を迎えているので、所管部局を中心に、財政部門との連携を前提に、周辺住民、施設利用団体などとの協議をすすめ、統廃合・更新の候補施設を選定する意思決定は可能である。

　その際に重要なのは、「前向きな演出」をすることである。この前向きの演出とは、武雄市、大和市、札幌市の図書・情報館の事例にみられるように、図書を配架した秀逸なインテリアデザインのもとに、飲食機能と交流機能を積極的に組み込むことである。

　従来の多くの「公共施設」は、限られたメンバーの会合のための「貸室」機能、固定席で用途が限定されるホール、おしゃべりや飲食が禁止されていて、個人で読書をしたり、予約した本を借りるだけの図書館、乳幼児を連れて利用できない施設などであった。しかし、これらの施設を統廃合・更新する際には、「行きたくなる」気持ちになる快適な滞在空間がデザインされた事例がすでに生まれているので、それを参考にすることができる。

5　庁舎と学校の建設と管理を分割する可能性

　従来の公共施設の概念を超えるために、ここでは、これまで「公の施設」ではなく、地域住民が滞在し、交流するという機能は排除することを基本とし、それが「常識」とされてきた本庁舎と学校の機能拡張を検討してみることとする。

　本庁舎と学校は、老朽化はもちろん、本庁舎は防災機能、学校は少子化のなかでの統廃合と地域開放を軸に、更新が検討されている。両者ともに「専用施設」として構想・設計されることが常識となっているが、多機能化することはできないだろうか。それぞれの施設の機能と活用を「市民目線」で考えてみることで検証してみよう。

　まず、庁舎であるが、市民に親しまれ、防災の拠点となることを目的にしているが、市民目線で考えると、庁舎に出かけるのは、証明書の発行などを目的にして1年に1回かどうかである。福祉の手続きで定期的

第10章　「総合管理計画」後の取り組みの方向とその論点　229

に出かけることはあっても、その対象者は限られているし、その他は建築確認申請などの業務上の手続きを必要とする事業者である。現実に、アンケートで来庁目的をたずねたところ、8割が証明書の発行と答えた自治体の事例もある。

　ところが、庁舎で執務をする職員の視点からは、毎日多くの市民が訪れる施設にみえるので、市民と職員の意識の違いは非常に大きい。そして、市民に親しまれる庁舎といっても、現実は午後5時以後と土日・休日は、市民が立ち入ることはできない。

　我が国では行政手続きの電子化がすすまない状況にあるが、それでも、近い将来には、マイナンバーの普及による情報の一元化、AI（人工知能）の進展による手続きや事務の合理化などがすすみ、公務員は減少傾向となり、庁舎の必要面積は相当に減少することは確実である。公的な機能も持っている都市銀行ではATMなどの機械化、手続きの電子化・AI化で、数万人規模の人員削減と店舗削減が具体化しているほどである。

　次に、学校は、夏休みなどの長期休暇、土日・休日、午後4時くらいまでの授業を考えれば、稼働率は2、3割に過ぎない。現時点では、体育館や校庭などが限定された団体に対して開放されている状況であるが、少子化で余裕教室が多く発生する地域も増えてきている。学校（教員）としては、クラスルームは減っても特殊教室としての用途があるとして、余裕教室の発生はほとんどないとしているが、その稼働率は非常に低いことは確実である。特に、小学校は児童の徒歩圏内に設置されていることが大半であり、一定規模の校庭と高床の体育館を備えているので、防災（避難）施設として指定されている場合が多いように、本来であれば、地域住民の交流拠点としての役割も果たせる可能性が高い。

　我が国の人口減少はこれから加速することは確実であるので、今後20年間を考えると、庁舎は、情報通信ネットワークの進化とAI化で行政手続きの簡素化もすすみ、職員数と執務スペースは減少し、証明書発行を目的とした大半の来庁者も激減する可能性がある。学校も、少子化により、また、デジタル化とAI化によって、教育形態も変化して学校の機能も変わる可能性がある。

それならば、従来の施設の発想を転換し、庁舎であれば執行機関と議会の主要な執務スペースと、窓口を中心とした一般的な執務スペースとを分離し、一般的なスペースは夜間や土日も開放できるように別棟として建設し、リース方式等を活用すれば終日稼働と転用が可能になる。学校は、コアとなる教員室とクラスルーム、最小限のスペース以外は、これもリース方式等を活用して終日稼働と転用可能な別棟との組み合わせにできる。

　庁舎と学校のコア部分は、従来型の補助金や交付金、地方債による建設とし、転用等は規制されるものの長期的な利用部分として整備する。時代の変化によって、転用可能性のある部分は、リース方式等により、民間資金を使って整備し、民間による管理運営や「公の施設」として指定管理者制度の適用も検討し、夜間や土日・休日、長期休暇中も有料プログラムも含めて最大限の施設活用を目指す。この管理者には、庁舎や学校のコア部分の管理を合わせて委託を行うことも可能であり、一体的な運営を図ることもできる。

　図表10-1は、このような発想による庁舎や学校の整備・活用をイメー

図表10-1　庁舎・学校の活用イメージ（従来方式とリース等の組み合わせ）

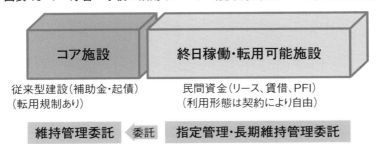

出所：筆者作成

第10章　「総合管理計画」後の取り組みの方向とその論点　231

ジしたものである。細部は管理形態、利活用の範囲、資金調達など十分
な検討を行わなければならないが、従来の公共施設の固定的なイメージ
を打ち破ることは、現行法令の範囲でも十分に可能なことを示したつも
りである。このような発想の転換が求められているのではないかと考え
ている。そもそも公共施設に対する明確な定義が存在していないのであ
るから、市民目線から自由にその機能を設定すべきではないだろうか。

第**11**章 公共施設の安全性確保と
ライフサイクルコストの明確化

1 低い安全管理への関心

　公共施設マネジメントにとって、最も大切なことは、市民の生命を守るという安全性の確保である。そして、公共施設の施設管理運営に瑕疵があった事件・事故が起きた場合に、金銭的な賠償責任とともに、公務員個人が、業務上過失致死傷罪として刑事罰を受ける可能性もある。このように公務員が、施設の所有と管理にこれほど大きな責任を負っているにもかかわらず、なぜ、安全性の確保という仕事が軽視され続けてきたのか。

　2018年6月18日、大阪府北部を中心に震度6弱の震災が起こり、高槻市の学校プールの目隠しブロック塀の倒壊による同小学校4年生の死亡事件が発生した。この事件は、その後の報道により、学校長が数年前に専門家の指摘を受けて、教育委員会に安全性のチェックを依頼したが、教育委員会は職員を巡回点検の一環として調査させた際に、建築基準法に違反していることを見逃して、簡易な目視と打音検査で「問題なし」と判断したことが分かった。そして、このブロック塀の設置理由が、「盗撮防止」など、「児童のプライバシーを守るため」であったとの報道もあった。

　この事件の論点は、安全性に対する「当事者意識」の欠如であり、専門的な知識・経験を持たない多くの自治体職員が部局別の点検管理を、それぞれの部局ごとに外部委託している組織・予算上の問題であり、さらに「水泳指導」の効果や効率を検証することなく、プールの存在を所与のものとして固定的にとらえて、「目隠し壁」を安全性よりも「プライバシー保護」という観点から全国で数千箇所も築き続けたというところにある。

2 風化する「悲しい記憶」と当事者意識の欠如

　地震によるブロック塀の倒壊による死亡事故がクローズアップされ、対策がとられたのは、1978年6月12日の宮城県沖地震の際に、ブロック塀の崩壊で18名もの命が失われた事件からであった。宮城県沖地震は、マグニチュード（M）7.4と推定され、仙台、石巻、大船渡、新庄、福島で震度5を記録したとされる。当時の記録では死者は28人で、このうち小学生を含む18人の死因がブロック塀や石塀の倒壊によるものであった。

　対応は、自治体だけではなく、国も仙台市内での調査によって、1981年に建築基準法を改正し、ブロック塀の耐震基準が強化されたのである。

　この「地震をきっかけに、県内の市町村はブロック塀の改修工事や生け垣への建て替えに対する助成金制度を進め、点検も続けてきた。2011年の東日本大震災ではブロック塀の倒壊による死者は確認されておらず、専門家は『危険性に関する行政などの対策が一つの成果として表れた』と評価する。」（「毎日新聞」2018年6月28日地方版）という記事をみると、残念ながら、宮城県から遠く離れた関西では、教訓が生きなかったと言わざるを得ない。明らかに建築基準法に違反するブロック塀が誰のチェックもなく築かれ続けたのはなぜなのであろう。同年7月2日付けの「朝日新聞」では、この事件後の取材で、「建築基準法に合わない疑いのあるブロック塀が少なくとも2498校で確認された。数はさらに増える見込みで、撤去や補修の費用が課題になりそうだ。」という状況を報道している。この約2500校という数字は、全国の小中学校の1割弱に当たり、決して「特殊例外」の数字ではない、驚きの数字である。

　高槻市の事件では、大阪府警が「業務上過失致死罪」の疑いで捜査を開始しているとの報道が続いた。当該事件の10年前の埼玉県ふじみ野市における市民プールでの女子児童が吸水口に引き込まれた死亡事故に対して、管理運営を民間業者に委託していたにもかかわらず、設置者責任として市の課長と係長が防護柵の脱落を放置していたことで、業務上

234　第4編　実践への優先度判定と財源確保

過失致死罪で担当部署課長と係長が禁固刑判決を受けたことが、未だに十分に認識されていない状況を示している。

ふじみ野市の事件では、地方裁判所から課長と係長の禁固刑（それぞれ執行猶予3年）の判決を受け、課長は判決を受け入れたものの、係長は高等裁判所に控訴、最高裁判所に上告し、結果的に地方裁判所の判決支持ということで、刑が確定した。

「東京高等裁判所判決文」（平成21年3月30日）が的確に職員の責任を述べているので、長くなるが引用することにする。

「被告人は、体育課管理係長として、本件プールの維持管理及び補修に関する事務を主担当として任されており、本件プール開設前には防護柵の固定状況を確認し、防護柵が確実に固定されていない場合には、必要な措置を講じるよう上司であるA体育課長に意見具申するなどし、適切に対処すべき立場にあった。

それにもかかわらず、被告人の本件プールへの具体的な関わりを見ると、プール事務を担当した経験や十分な知識がなかったのに、単に前任者からの不十分な引継書を読んだ程度で、埼玉県プール維持管理指導要綱を始めとする関連通知等の把握に努めようとしなかったばかりか、前任者や上司、部下あるいは専門的知識を持つ受託業者等に疑問点を聞くこともなく、本件プールの管理業務をほぼ全面的に受託業者に任せきりにし、前例踏襲の名の下に漫然と業務に当たっていたものといわざるを得ない。

例えば、被告人が平成18年度の本件プールの開設届の起案に際し、確認を怠った要綱には、循環水の取水口の金網等について、ネジ、ボルト等の固定部品の欠落等がないことの確認、交換など、点検の項目が具体的に明記されていた。したがって、被告人がプール事務に関して知識、経験がなく、教育、研修も受けていない「素人」であったとしても、確認さえしていれば、本件プールの吸水口及び防護柵設置状況の点検を行うことは十分可能であったのである。

さらに、平成17年12月に課長補佐から手交された引継書を、自身の職責を果たすという立場からきちんと読み込んでさえいれば、本件プー

ルの老朽化と点検の必要性について容易に認識し得たのである。ふじみ野市としては、開設前に防護柵の設置状況を点検した上、その不備を修繕し、あるいは不備が修繕されない限り本件プールを開設しないという判断をすべきだったのである。（中略）

　そして、その権限と責任を持っていたのは、被告人あるいはA体育課長にほかならないのであるから、両名の過失が本件の中核的な原因であることは否定し得べくもない。したがって、まずもって、両名の過失について、その刑事責任が追及されるのは当然である。」

　このように判決文では、不備のある施設は、開設してはならない（休止すべき）、と断定している。さらに、被告人の責任について言及するとともに、「他方、本件が、被告人の過失のみに起因する事故と評価すべきものではないことも所論が指摘するとおりである。すなわち、原審相被告人のA体育課長の過失との競合、受託業者の管理業務の杜撰さ、防護柵脱落後に見られる危機管理対応の拙さ等に加え、防護柵の針金（鉄線）留めの放置など被告人の先任者らの無責任な執務結果と前任者からの不十分な引継ぎ、更には被告人に対する研修機会の喪失ということにつながる、財政難を理由とする体育施設協会からの脱退等といったふじみ野市や旧大井町全体の業務態勢及び職員指導の在り方等、様々な要因が濃淡の差こそあれ、複合的に絡み合った中で、本件事故は起こるべくして起きたものである。当裁判所も、被告人の過失のみが本件事故の原因であるとは考えておらず、すべての責任を被告人にのみ帰すべきではなく、受託業者の関係者らの刑事責任のほか、前任者らの責任、ふじみ野市の行政責任等についても、それぞれの手続の中で適切に追及され、更に様々な角度から本件事故の原因が解明されて再発防止策に生かされるべきものであると考える。」としている。

　長い引用としたのは、今回の大阪府のブロック塀の倒壊による死亡事件に、そのまま適用される可能性が高いと判断できるからだ。そして、高等裁判所判決で指摘されている責任を果たすための方策として、「包括委託」は、有効な対処法となっていることは、改めて指摘せざるを得ない。

236　第4編　実践への優先度判定と財源確保

公共施設マネジメントをすすめる基本的な観点として、今回の事件を決して風化させてはならない。教育委員会だけではなく、地域住民に対して、自治体は積極的に議論を呼びかけるべきであろう。

3 施設の維持管理にはカネとヒトをかけなければならない

ブロック塀の危険性の認識と対応よりも、わずかしか使われない学校プールの盗撮防止を優先して違法なブロックの積み増しを行い、結果としてその学校の児童の死亡事故を引き起こした事例をみると、施設の管理上の問題だけでなく、安全管理への配慮が欠けているのは、一般的な傾向なのかと疑わざるを得ない状況にある。

公共施設の安全性への配慮の欠如において、大きな要因の一つとして考えられるのは、施設の維持管理に「カネとヒトをかける」という基本的な考え方への消極的対応である。その背景としては、経済成長による税収増（財源増）が見込めない状況にもかかわらず、多様化する行政需要、老朽化するインフラや公共施設（ハコモノ）への新規投資が継続的に行われている現状がある。既存施設の徹底的な利活用、部分的な改修や設備投資ではなく、新規にハコモノを建設する事情の背景には、補助金や交付金、地方債による財源確保が新規建設投資に偏っている財政運営の構造がある。本来であれば、国債も地方債も潤沢に発行できるような日本の経済状態にないことは明らかなのにも関わらず、である。普通交付税では、施設の維持管理に必要な費用も算定されているはずであるが、一般財源として交付されるので、他分野に流用されることもあり、十分な維持補修費が確保されていないのが実態である。

また、社会保障費に代表される歳出増に歯止めをかけることは、総論としては認識されていても、国民・市民、各種団体などの各層がそれぞれに予算配分増を主張する状況のもとでは、縦割りの行政組織・予算という構造に対して合理的な改革を実施して、施設や事業を税収の範囲内に収めるような政治状況にはない。

第11章 公共施設の安全性確保とライフサイクルコストの明確化　237

4 十全な安全確保には、不断の研修・訓練が必要

　本来、限られた財源の中では、税金以外の事業費を確保し、あるいは、既存施設への最小限の投資で、利活用を徹底的に増やすような発想転換を実現する必要がある。そのためには、既存の仕組みを改革しなければならないのだが、複雑な既得権益の構造において、誰もが納得する方向を打ち出すのはほとんど不可能とされているために、一部の受益者には歓迎され、全体としても抵抗の少ない新規建設投資を実現する方向を目指しているのではないか。

　安全確保は、常にさまざまな事態を想定して、それへの対応に準備を怠らないようにするという「持続的緊張状態」を維持する、厳しくて地味な仕事である。それにも関わらず、安全であるのが当然の状態と認識されることが多く、「よくやった！」と積極的に評価されることは少ない。むしろ、当然の状態である「安全」が確保されなかったときには非難が集中するという「損な」仕事である。このように分析すれば、リスクが高い安全確保という仕事に従事することはできるだけ避けたいと思うのが人情であり、その人情を前提とすれば、安全管理を徹底するためには、組織の責任者は、常に、その重要性を認識させる仕組みを取り入れる必要があることになる。

　インターネットで、「ディズニーランド　危機管理」と検索すれば、2011 年 3 月の東日本大震災に際して、パーク内にいた約 7 万人のゲスト（客）と 200 を超える施設（アトラクション、レストランなど）の安全確保を、約 1 万人のスタッフがそれぞれの役割に基づき実施したという事例が紹介される。そして、それを実現したのは防災訓練であり、実施回数はセクションごとのものも含めると 1 年で実に 180 回に及ぶという記述もある。年間、2 日に 1 回はどこかの部署で研修・訓練を実施しているような徹底した「備え」が前代未聞の大災害に対しても、的確な対応を保障したと考えれば、ほとんどの公共施設は「備え」が十分ではないのが現状である。

　国民、市民の税金を財源とする行政であれば、このような徹底した安

238　　第4編　実践への優先度判定と財源確保

全管理を実践するのが当然であるが、「倒産することがない」法人であり、縦割り組織・予算で管理され、特に、権限を持つ財政や人事、企画部門という官房系部局は施設の維持管理機能をほとんど持たないのであるから、構造的に危機管理が最重要課題となっていないのかもしれない。

5 低いライフサイクルコストへの関心

施設の安全確保のためには、持続的な維持改修という投資が必要であるが、その維持補修の投資原資が確保できていないのが、公共施設マネジメントが注目されている一因である。なぜ、新規投資の財源が用意され続けてきたのに、維持改修（メンテナンス）の投資原資が確保されてこなかったのか。

施設が経年劣化して、安全管理上の課題が大きくなったら、大規模改修をするよりも新規に「建替え」をするという発想に関して、「ヨーロッパでは石造りの建物を数百年にわたって使い続ける歴史があるが、日本は木造の建物が多かったので、建替えが基本であった」と、日本における「建替え」発想を一般的に説明する議論がある。しかし、それを実証する研究はなかなか見つからない（京都・奈良という「古都」では、木造建築が、数百年間維持されているものが多い）。

維持改修への投資であっても、将来世代に資産を残すことになるので、補助金と地方債の対象にしてもよいのではないかと考えるが、補助金と地方債の発行メニューのほとんどは「新規建設」である。公共施設マネジメントが大きな課題として認識されるようになり、多くの自治体では、予算審議においても、公共施設に関する質問が急増しているが、一方で、庁舎や市民会館、コンベンション施設など、大型投資が活発なことも事実である。

この投資に必要な財源に対しては、「地方債を使えば交付税算入措置があるので、実質的な負担は少ない」という理由が示されることが多い。しかし、建設費の負担については、負担が少ないという説明はできても（制度的な説明なので、実質的に負担軽減が実現できているかの検証は

第11章　公共施設の安全性確保とライフサイクルコストの明確化　239

容易ではない）、大型投資をすれば、その施設の維持管理・改修（ライフサイクルコスト）のために、後の世代に膨大な負担を残すことになる。その負担が、具体的な数字として示されないことも、大型投資に歯止めがかからない一因となっているように見受けられる。

　特に庁舎建設は、2011年の東日本大震災以来、「防災」を目的に、全国で数十の建設が行われ、あるいは、計画されている。それ以前は、庁舎の建設は、批判を浴びることが多く、首長選挙での争点になった場合には、現職が落選することもあり、老朽化した庁舎を目の前にしながら着手できなかった政治的事情があった。ところが、東日本大震災の津波で庁舎が流され、その後の復旧、復興に支障が生じたことから、「防災」のための庁舎建設が堰を切ったように進んでいるのである。

6　計算されてこなかったライフサイクルコスト

　「防災」の目的で堅固な庁舎を整備することは必要であるが、問題は、庁舎全体の規模（床面積）が、多くの場合、2割から3割増えている点である。それは、そもそも現庁舎は手狭であり、総務省の地方債充当の基準面積に会議室や書庫を加えると増床となる、市民に親しまれる庁舎とするために交流スペースを設けたなどが理由となっているようである。

　しかし、人口減少傾向のなかで、オフィスとしての庁舎面積が増えるという業務上の具体的な説明はなく、生産年齢人口の減少は税収減となり、人件費や施設管理費は減らさなければならないのに、面積を増やすことの影響はどれくらいなのか、現在は狭隘な庁舎といっても、それが事務効率にどの程度の支障になっているのかという説明もないのが大半の事例である。市民交流スペースも、夜間や休日の利活用はできるか、あるいはあっても十分なスペースとなっているのか、それが地域コミュニティ形成に効果があるのかも示す必要があるだろう。さらに、ICT（情報通信技術）、AI（人工知能）の発達を含む電子政府化が進展して、現行の事務作業が大幅に変化すると予想されているにも関わらず、床面積

を必要最小限とし、時代の変化によっては、その用途の転換も視野に入れていることを特徴としている事例はほとんどない。ここには、ライフサイクルコストがどの程度の金額になるのかという明確な説明がないことも、影響していると考えられる。

　ライフサイクルコストの定義は、国土交通省大臣官房官庁営繕部監修の「建築物のライフサイクルコスト」（平成31年度版、経済調査会刊）では、「生涯費用といい、建築物の企画設計段階、建設段階、運用管理段階、解体再利用段階の各段階コストの総計に、資本利子と物価変動を加味して、想定される使用年数全体の経済性を検討するために用いる」と定義されている。そして、同書には、ライフサイクルコストの算定のための複雑な計算方式が解説されていて、費用を具体的に算出することは可能であるはずである。

　しかし、自治体における個々の施設整備計画に、詳細なライフサイクルコストが、予算書をはじめとする各種説明資料に示されている事例はほとんどないのが実態のようだ。

　以前、大手ゼネコンの幹部に、ライフサイクルコストの実額はどの程度なのか、と聞いたことがある。ところが、答えは、「建物の構造や仕様によるが、3倍から5倍くらいと言われている」というものであった。あまりにも幅が大きいので、さらに聞くと、「当社の実績からすると、住宅を除き、建物の竣工から解体までの平均期間は、鉄骨建てで30年程度、鉄筋コンクリート（RC）で35年程度なので、ライフサイクルコストを計算する前提が立てにくい」との説明であった。

　「公共施設等総合管理計画」の策定にあたって、多くの自治体は、既存の施設における「長寿命化」を計画し、施設の更新期間を50年から70年に延ばすことで、平準化した各年度の負担額を低くするような手法を採った。計画としては整合性を持たせているが、主要設備の改修（空調、給排水、エレベーター、電気〈容量〉、通信回線などの機能維持には多額の費用がかかる）に要する具体額は明示されていないことが多い。

　このような実態をみると、多くの公共施設は、「建前」の利用目的で時代の変化を想定せずに、そのまま数十年続くことを前提にして、「いつまで、どのように」使うのかという、基本的な検討が行われてこな

かったことが分かる。ライフサイクルコストが重要といっても、計画の検討課題として必要額が組み込まれることは稀であり、施設整備時点で、将来的な負担額を明確に示して、その是非を問うことはほとんどなかったのである。

7 どのように、いつまで使うのかを基本に

ライフサイクルを検討することを前提にすれば、**図表11−1**に示したような検討項目と各検討項目の関連と評価（PDCA）が必須となるのではないか。

その手順は、

* 施設整備を検討する際に、利用対象者と実数、想定される利用料などの収入、事業・運営管理形態を「政策目的」（どのような効果、成果が実現するのか）として明確にする。

* 利用形態を明確にすることで、施設の想定使用期間（年数）、整備コスト、維持管理費というライフサイクルコストが想定できる（使用期間は、時代・環境の変化を想定した確実な年数をカウントし、その間のライフサイクルコストを計算する。使用期間終了後は残存価値を前提に、次の用途とその期間における費用を、ライフサイクルコストを含めて検討する）。

* ライフサイクルコストを最小限にするために、用途転換の想定も含めて事業手法（PFI、リース方式、補助金や地方債による従来整備方式など）を決定する。

* 上記の検討によって、施設の運営に必要な税金投入額（市民負担額）が決まる。

* 市民負担額と当初の政策目的が整合するかを検証する（PDCA）。
という流れになる。

この図表は、まだ検討段階であるが、一つ一つの施設整備に関してのチェック項目として、ライフサイクルコスト管理と安全管理を徹底する指標となるように精査をしようと考えている。

242　　第4編　実践への優先度判定と財源確保

図表11-1 ライフサイクルコストを軸にした施設配置（整備）の検討フロー案

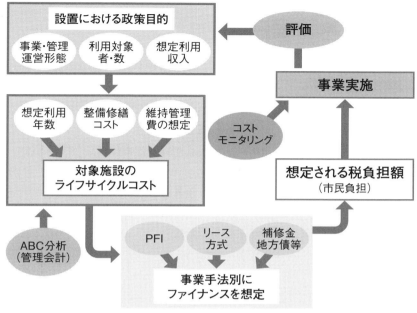

出所：筆者作成

8　ライフサイクルコストの試算

　ライフサイクルコストを算出する手法は、専門機関によってさまざまに提供されている。そして、その必要性は分かっていても、具体的に試算して公表している事例が、特に公共施設において、ほとんど見当たらない状況にある。

　数年ごとに繰り返される大震災（1995年：阪神淡路大震災、2004年：新潟中越地震、11年：東日本大震災、16年：熊本地震、18年6月：大阪府北部地震、同9月：北海道胆振東部地震）、毎年のように多くの犠牲者を出す大雨による水害・土砂災害（13年：伊豆大島、14年：広島、15年：茨城県常総市、16年：北海道・東北、17年：九州北部、18年：西日本）などで、常に指摘されたのが、「想定外の事態への対応の遅れ」

第11章　公共施設の安全性確保とライフサイクルコストの明確化　243

であった。この対応や避難が遅れたことに対して、根拠がないにも関わらず「多分大丈夫ではないか」と思い込む「正常性バイアス」という心理学で説明されている現象が話題になった。

この現象は、心理学的には「我々は安心を得て心の安定を保ちたいという強い欲求を持っている。周囲の多様なリスクにいちいち反応することは、我々の心身をストレスフルな状態に置き、心の安定を保持できなくしてしまう。そこで、小さな異変や異常は、正常の範囲内の出来ごととして処理する心的なメカニズムが働くようになる。このリスクに対して鈍感にさせる心のメカニズムは、我々が神経症に陥ることを防いでくれるかわりに、我々のリスク感知を遅らせ、対処を緩慢にする。」と説明されている事例がある（広瀬弘忠、杉森伸吉「正常性バイアスの実験的検討」東京女子大学心理学紀要、2005 年）。

成長型の時代には、施設が老朽化した場合には新たな施設整備で対応することができたが、財源が乏しくなっている現在では、数多くの老朽化した施設への対応は、真剣に検討されるよりも「先延ばし」にする傾向にあるが、「何とかなるだろう」という「正常性バイアス」に支配されているとも考えることができる。

正確なデータを基に、危機の存在とそれへの正確な対応を客観的に用意することができれば問題はないが、現実には財源難と縦割り組織・予算という壁があり、結果的に「正常性バイアス」に取り込まれているのではないだろうか。

しかし、ライフサイクルコストを意識し、一定の条件の下で試算することを義務づけることが制度的にも確保できれば、大きな改善が図られる可能性がある。

9 PFIによるライフサイクルコストの明確化

個別施設のライフサイクルコストを明確にする際に、当該施設の使用期間を明確にすることが重要な前提となる。なぜならば、イニシャルコストは設計・施工費を明示して発注するので明確になるが、維持管理や

修繕に要する費用は、施設が存続する限り続くので、使用期間を限定しなければ、永遠に必要であり、負担し続けることになり、ライフサイクルコストという金額を計算することが不可能になるからだ。使用期間を明確にすることにより、建設から維持管理、解体撤去までのトータルコストを明示することができ、その対象施設をどのように利活用し（利用対象者を明確にする）、どの部分に税金を投入するのか（利用者の負担区分を明確にする）ことができる。

　この観点から、PFIという事業手法は事業期間とその期間における事業費と負担区分を契約によって設定するので、うまく活用すれば、ライフサイクルコストを明確にするためには有効である。

　2017年春にPFI事業の調査として、英国のロンドン郊外の小中一貫校を訪ねたときに、民間投資事業としての効果が十分に機能していることに驚いた。

　このPFI（Private Finance Initiative）事業はBOT（Built：建設、Operation：管理運営、Transfer：所有権移転）という事業手順であり、日本の事例で多数となっているBTO（建設、所有権移転、管理運営委託という事業手順）とは大きく違うスキームで行われていた。そして、この学校施設を使用する教育委員会は、事業者（SPC：Special Purpose Company；特定目的会社）に対して、ライフサイクルコストから算出された本来の賃借料の9割程度しか支払わない契約にしているとのことであった。しかも、毎年のように、その割合を低くすると言う。

　学校としては、平日の午後4時までしか使わない。授業時間が終わると、英国の学校では部活動がないので、生徒達は全て学校外に出て行く。ところが、その退出用に大きく開かれた校門が閉まると、その脇の通用門が開いて、地域の住民達が入ってくる。その目的は、放課後の学校施設を利用した「カルチャーセンター」のようなプログラムへの参加であった。さまざまな講座はもちろん、音楽教室ではレッスン、教室の一部ではヨガや軽体操、グラウンドではサッカー教室など、学校施設を最大限に活用した各種のプログラムが開催され、地域住民はその教室に通うことになる。深夜にヨガ教室が開催されていた事例もあったほどに有効活用されている。

第11章　公共施設の安全性確保とライフサイクルコストの明確化　245

この「カルチャーセンター」的なプログラムに使用する施設使用料は、当然のことながら、施設の所有権を有するSPCの収入になる。学校教育以外の時間に施設を最大限に活用し、収益を確保するので、教育委員会は学校設置における減価償却費と管理運営費の全てを賃料として支払う必要がなくなり、経費を節約し、その分、教育に費用をかけることができる。SPC（民間企業）も、学校施設建設と管理運営にかかる費用の大部分を安定的に教育委員会からの賃料で賄いながら、その不足分を「自主事業」で稼ぎ出すことができ、利益を挙げることもできる。地域住民は、身近な学校施設における各種のプログラムを安い費用で楽しむことができる。このような施設活用によって、「一石二鳥」どころか、「一石三鳥」すら実現していることになる。

さらに、PFI事業として、事業期間を契約で定めているので、その間の全ての費用を積算することはもちろん、事業期間が終了したときには、学校施設は教育委員会の所有となるために、教育委員会は大規模改修をするのか、建て替えるのか、その費用はどのように負担するのかというライフサイクルコストをあらかじめ設定することができる。15年、20年といった一定の使用期間を設定すれば、時代の変化（人口動態、経済状況、施設の劣化、市民の要望など）に合わせて、確実な使用計画を立てることができる。つまり、どのように学校教育に税金を使うのかという計画を、あらかじめ住民や議会に示すことができ、議会はその計画を議決することで責任の一端を担い、住民は、その議決をする議員を選挙で選出する責任を持つことになる。

10 民間のノウハウ（合理性）を活用する

その英国での学校施設活用におけるオペレーションも、民間の発想を活かした非常に合理的なものであった。まず、放課後や休日、夏休み等における施設の利用は、「講座」や「教室」の主催者にのみ貸すことになっている点である。日本の公共施設の利用は、利用料減免も含めて、極めて低い料金で個人や団体に貸している事例が多く、かつ、有料のプログ

ラムは原則として認めないことが多い。ところが、英国の学校の事例では、講師やインストラクター、コーチは、自ら主催する事業（講座・レッスン）として、学校施設の利用申込みを行うので、原則として有料のプログラムとなっている。そして、施設の予約や利用料の支払いは全て、スマートフォンを活用して、面倒な事務手続きを回避している。これを個別の利用に対して、一つ一つ時間と料金をもとに申込みと承認、決裁をしていたら大変な事務量になるであろう。このPFI事業を行っているSPCは、4校の学校施設の運営を行っているが、施設の貸出事務はわずか4、5名の人員で対応している。

　日本で、この手法を取り入れようとすると、「学校の管理やセキュリティ確保に支障が生じる」「有料の営利行為を優先して、住民個人の利用を排除することになる」というような批判が予想される。しかし、責任ある管理者を配置し、教員室やクラスルームなどへの専用部分には立ち入りを制限すれば、「空いている」スペースの有効利用はできるし、既に、体育館や校庭、一部の教室は開放している事例も多い。また、日本における公共施設の利用は、無作為抽出などのアンケート調査や実利用者の調査を行うと、地域住民の1割程度かそれ以下の利用しかない実態であることが分かる。

　つまり、安い料金設定で特定の個人や団体の利用に限定されている実態は、維持管理費（税金）の負担と施設利用の受益との大きなアンバランスの状態にある。この状況を説明すれば、有料でも魅力的なプログラムが数多く用意され、リーズナブルな価格で提供される可能性が高いので、むしろ、住民の多数にとっては利益が大きいことになる。減免や低料金での使用が必要であれば、使用の一定割合をそのように設定することも可能である。プログラム主催者への施設貸出は、個人の利用が制限されているように受け取られることもあるが、むしろ、地域住民に多様な施設利用の機会を提供するようになることもある。

第11章　公共施設の安全性確保とライフサイクルコストの明確化　247

11 「入口」に注目してきたプロジェクトファイナンス

　日本では、PFIを十分に使いこなしていない状況にあるが、行政と民間の壁、行政内部の縦割り組織・予算の壁を越えることができれば、公共施設の活用可能性はまだまだ大きく開かれるだろう。

　英国の学校におけるPFI事業の事例を紹介したのは、まず、公共施設の整備と活用を民間との契約によって行うことで、施設目的と建設・維持管理の費用、期間設定を明確にすることができ、次に、その条件の中で、経費を減らそうという行政の意向と、公共施設という制約の中で利益を最大限にしようとする民間の意向の真剣な「擦り合わせ」が実現することができることを示すためであった。

　つまり、一つ一つのプロジェクトに対して、事業構想と資源・費用と期間を最適に組み合わせて「利益」を最大にするという「プロジェクトファイナンス」の発想を取り入れることである。ここでのプロジェクトファイナンスは、「入口」（計画と予算）に注目するプロジェクトファイナンスではなく、「出口」（成果と決算）に注目するプロジェクトファイナンスである。

　行政としては、これまでも「入口」のプロジェクトファイナンスは行ってきている。総務省は、2017年2月に「公共施設等の適正管理に係る地方債措置」として、公共施設等適正管理推進事業債の活用を自治体に示し、除却以外は、公共施設等総合管理計画に基づく「個別施設計画」の策定を必須としたのである（第9章**図表9－1**参照）。

　地方債は、償還しなければならず、地方財政を圧迫する可能性が高いので、償還金額の一定割合を交付税算入する措置も同時に示している。公共施設整備の財源確保と償還計画を「個別施設計画」によって、明確に示しているのであれば心配はないことになるが、数十億円を投じる市民交流センターや、時に百億円を超える庁舎の建設についてライフサイクルコストを明確に示して、住民や議会に説明することなく、実施してしまうのはなぜであろうか。それは、「入口」としてのプロジェクトファイナンスを行っただけで、「出口」としてのプロジェクトファイナンス

248　第4編　実践への優先度判定と財源確保

を行っていないからである。

　自治体の財政担当者、首長と議会には、地方債充当率で財源確保ができ、交付税算入率で償還額を少なくすることで、多額の「投資」を容認することが多い。「地方債充当率90％、交付税措置率50％」という条件をそのまま理解すれば、50億円の事業費も、地方債で45億円（一般財源5億円）を調達し、交付税によって20億円以上が補填されるので、実質的に半分程度の補助があると解釈することもできる。このように解釈すれば、実際の半分ほどしか事業費がかからないとして、「こんな好条件なので、今、つくらなければ損をする」という発想となるが、交付税が「現金」として歳入計上ができるかどうか。それを交付税総額が不足して、臨時財政対策債を発行している実態からは、検証することは難しい。特に、交付税不交付団体では、地方債償還には、国からの財源補填措置はなく、そのまま後年度負担となる。プロジェクトファイナンスとマクロ的な地方財政制度の両方について、精度の高い検証を行わないと数十億円もの後年度負担への責任が曖昧になってしまう危険性がある。

12　ライフサイクルコストを主軸にしたプロジェクトファイナンス

　従来型の公共施設整備は、事業の必要性を判断し、施設規模と整備事業費を決定するときに、その自治体の財政規模や自己財源、交付税額からみて、地方債の償還財源の確保が可能であれば実施するというパターンであった。ここには、整備した施設をいつまで使うのか、という条件は提示されないことが多かった。20年から30年で大規模改修を行う、50年経つと寿命が来るので、建て替える必要があるとして概略での金額は参考に算出される。しかし、建設整備するときの必要性と有利な条件の説明がほとんどであり、毎年、どれだけの減価償却費（あるいは地方債償還額）と維持管理費がかかるのかという詳細な分析がなされないことが多い。

　さらに、毎年の施設管理担当部局の予算要求には、地方債償還額や人

第11章　公共施設の安全性確保とライフサイクルコストの明確化　249

件費は計上されないのが、現行の予算制度である。「入口」で議論した地方債充当額は個別施設ごとに行われても、起債する時は財政課が他部局と併せて「まとまった金額」で行うので、起債後の利息や償還額は施設担当部局の予算要求には反映されない実態となっている。

　また、人件費も人事課が一括して予算要求をしている。これでは、ライフサイクルコストを意識するべきといっても、なかなかできるものではない。そして、このような意思決定の積み重ねが、今日の「公共施設マネジメント」という困難な課題となっている。

　個別施設ごとに使用期間を設定さえすれば、そして、減価償却費（あるいは地方債償還額）と人件費を含めた維持管理費を計上すれば、ライフサイクルコストが明確になり、プロジェクトファイナンスとして、施設整備の妥当性を判断する材料が提供されることになる。この点では、公会計改革によって固定資産台帳が整備され、個別施設毎に減価償却額や人件費を含めた「行政コスト計算書」（企業では「損益計算書」）と資産額と負債額が明示される貸借対照表を示すことができるので、大きな改善が可能となるはずである。

第12章 「カネ」や制度がなくとも実現できる（横浜スタジアムの例）

1 プロジェクトファイナンスから知恵は生まれる

　従来型の公共施設整備を行う場合には、入口、つまり事業計画に伴う財源（予算）確保を個々の事業におけるプロジェクトファイナンスとして検討するのが通例である。事業執行（予算執行）の段階では、財源確保（特に地方債を財源として起債する場合）は財政担当の仕事となり、財政担当は、さまざまな施設整備のプロジェクトをひとまとめにして起債するので、結果として、自治体全体の財政運営上のコーポレートファイナンスになってしまい、個々の事業責任が曖昧になる傾向にある。

　施設整備担当部局は、予算段階では、施設整備の必要性とその管理運営について、予算（財源）を財政担当に対して説明することと、施設整備事業そのものの執行に責任を持つが、予算（特に、主要財源として地方債での充当）が認められて施設が整備された後は、地方債の償還について責任を負わない会計構造になっている。その意味するところは、施設・設備の想定される数十年という耐用年数の間に、総額でどれくらいのコストが必要であり、解体撤去、もしくは更新も含めた詳細な金額を算出する「動機」が存在しないことになる。

　このような中途半端なプロジェクトファイナンスと単年度の資金フローをベースとした財政運営の結果として、今日の「老朽化した公共施設をどのように維持管理、更新するのか」という課題が生じて、地方財政は大きな困難に直面している実態につながるのである。

　もし、施設整備を企画する段階で、将来にわたる負担と効果を詳細に分析していたら、そして、その集合体としての財政への影響を分析し、必要な資金を積み立てていたら、施設総量は規制せざるを得なく、公共施設マネジメントという用語すら生まれなかったかもしれない。

　残念ながら、人間は数十年の将来を的確に予測し、対応することを避けて、当面の「満足」（施設という具体的な形を創る満足、施設を利用

する人々の満足を提供するという満足、多くの関係者と一緒に事業を成し遂げる満足など）を追い求めてきたことになる。あるいは、将来の財政負担に対する漠然とした不安に対して、第11章で触れた「正常性バイアス」（都合の悪い情報を遮断する）が生じているのかもしれない。

　このような状況に対して、PFI事業等の手法では、施設の使用期限を設定し、「出口」からみたプロジェクトファイナンスが可能になり、責任の所在も明確になる可能性がある。そこには、第11章で紹介した英国での学校施設の利活用のように、「空いている時間なら、学校施設を目的外に利用することは当然であり、それによって、施設整備と維持管理のコストを稼がなければならない」という発想が生まれるのは自然な流れである。

2 自治体職員に仕様書発注は可能なのか

　ファイナンスのあり方と同時に、そもそも、公共施設整備に当たって、従来型の「仕様書発注」は正しいあり方なのか、という問いかけも必要なのではないか。なぜならば、各種施設の規模や機能、管理運営に関するノウハウを持たない自治体職員が、設計、施工を発注することは、実質的にはほとんど不可能であるからだ。

　もちろん、ここでの自治体職員は、事務系職員を想定してのことで、一部の十分な知識・経験を持つ技術系職員のことではない。人口数万以下の自治体では、このような技術系職員が十分に配置できていない現状を前提にしての議論である。

　このような状況を前提とすれば、公共施設の保守点検はもちろん、当初の設計、建設事業発注に際しても、性能発注の考え方を導入する必要があるのではないか。現行の多くの公共施設整備に関しては、基本設計の発注によって、ほとんどの仕様（要件）が受注した設計事業者によって決まってしまっているという実態にある。そして、その設計事業者の選定は、性能発注によっているので、建設工事の発注に関しての仕様書のチェックは、なかなか難しいことになる。近年、デザインビルドとい

252　　第4編　実践への優先度判定と財源確保

うような形式で、基本設計から施工までを性能発注によって行うことが多く見られるが、かつての主流であった仕様書発注の見直しがすすんでいる状況を反映している、と考えることもできるかもしれない。

　このような検討を行うのは、一定規模以上の公共施設の整備に当たっては、仕様書発注を行わずに、性能発注によって、複数の民間事業者のノウハウを導入することが合理的であり、その性能を決定する大きな要素としてファイナンス（資金調達）とマネジメント（管理運営の効率化）を、自治体職員が考えるというように、役割分担を行う必要があるのではないかという課題意識である。この課題は、第15章で検証するように、仕様発注による競争入札原則が、性能発注を公開原則で、サウンディング調査や公募方式を取り入れ、随意契約を原則とする方向に転換する可能性をも示している。

　その効果を挙げた事例として、40年以上も前の事例であるが、横浜市での「横浜スタジアム」整備の手法を紹介することとする。

3　資金集めから始まった事業

　現在、「横浜DeNAベイスターズ」のホーム球場となっている横浜スタジアムは、1978年に横浜の中心部に完成した。このスタジアムの前身は「横浜公園平和野球場」であったが、もともとは、1896（明治29）年に日本初の国際野球試合が行われた場所であり、その後、関東大震災の復興事業として「横浜公園球場」として再出発し、1934（昭和9）年には、ベーブ・ルース、ルー・ゲーリック率いるアメリカ大リーグオールスターチームが全日本チームと対戦（日本は4対21の大敗）したという記録がある。

　終戦後は駐留軍に接収され「ゲーリック球場」と命名されて、日本初の夜間照明等の下でナイトゲームが行われたこともあり、接収解除後は「横浜公園平和野球場」と改名されたものの、1970年からは老朽化のために収容人員を半分にして運営されていた。

　1972年にはスタジアム建設を要望する市民の署名運動があり、当時

の市長が実現への積極的な姿勢を持っていたが、公園用地は国有地であり、横浜市が賃借し、公園として管理していること、都市公園として建ぺい率（7％）という大きな制限があり、さらに、最も大きな課題として当時の横浜は東京のベッドタウンとして、年間数万人の人口増による学校等の公共施設、道路や上下水道というインフラの整備におわれ、財政的には数十億円と見積もられる建設費を捻出する余裕は全くなかった。

　しかし、隣接している川崎市をフランチャイズにしていたプロ野球球団である当時の「大洋ホエールズ」は、主要駅である川崎駅からの距離と人口規模等との比較によって、より多くの集客を見込める横浜への移転検討を行っていることが判明した。もともと野球場のある駅前の用地が確保できること、当時、スポーツ界に大きな影響力をもっていた人物を擁する企業が、横浜市での球場建設の検討を行っていたこと、市内の中小企業の経営者の集まりでもある青年会議所が積極的に、市民と地元企業での建設を働きかけていたなどの事情もあって、新スタジアムの建設がにわかに具体的な検討課題として浮上した。

　横浜市としては、財政難から建築費を負担することは困難なことはもちろん、公共施設としての野球場（スタジアム）は、プロ野球や高校野球のように、入場料収入という「市場性」をもった試合開催に特化することは難しく、低料金での市民利用も想定しなくてはならないという制約があるために、簡単には設置できない。そのために、民間（市民）資金による株式会社を設立し、その会社がスタジアムを建設し、横浜市に寄附をするという整備手法が検討されたのである。

　当時の想定された建設費の約半分である20億円を資本金として集めることが必要とされたが、通常では地元企業や市民に呼びかけても簡単に集まる金額ではなかった。しかし、ここで、株主として250万円（500円の株を5000株）出資した株主にはプロ野球におけるオーナーシート（内野席）を、少なくとも45年間1席提供するという手法を考え出したのである（この45年という期間は、スタジアムを横浜市に寄附する条件の一つ）。当時、プロ野球は最大のスポーツイベントであったから、市内の青年会議所のメンバー企業を中心に、社員の福利厚生、接待用な

どのために、800席分、20億円がわずか2か月あまりで集まり、「株式会社横浜スタジアム」が設立された。この仕組みでは、大洋ホエールズ球団としては、毎試合、800席分の入場料収入が減収になるのだが、減収というマイナス面よりも、「市民球団」としての方向を重視した決断があったとされている。

　その後、建設費が当初の見積もりよりも高くなり、横浜市（2億円）も含めた増資が行われ、総工費52億円余となったが、民間の事業であるために、横浜市の予算編成期間、議会審議上の制約も少なく、わずか1年3か月で横浜スタジアムが誕生したのである。

　民間の発想から、野球場としてだけでは、収益が十分に確保できないために、野球の場合は扇型に開いている6000名分の弧状の移動席が、サッカーやアメリカンフットボールの場合は約40メートル移動して並行になり、競技場は矩形となる設計を採用し、さらに、ピッチャーズマウンドも、地下に収納できる構造として、多目的に使えるような工夫がされた。

　横浜スタジアムの建設と管理運営に関しての概要は、章末「資料」を参照していただきたい。

4 「PFI法」や「指定管理者制度」がなくとも

　完成した横浜スタジアムは、当初の計画通り、横浜市への負担付き寄附がなされ、公共施設となった。これは、民間資金によるPFIの手法そのものである。そして、当時は、国有財産である横浜公園の土地に、民間施設を設置（貸付）することができなかったので、スタジアムを横浜市に寄附することで公共施設としながら、実質的な管理運営は株式会社で行うために、少なくとも45年間（契約書には「少なくとも45年間」という表現がある）、横浜市がスタジアムの管理運営を数十年間委託するという形態をとったのである。もちろん、この管理運営委託の中では、プロ野球の興行を容認（入場料収入を確保する）することも含まれ、自主的な運営を最大限保障するものとなっていた。この長期間の自主性を

第12章　「カネ」や制度がなくとも実現できる（横浜スタジアムの例）　255

確保した管理運営委託は、通常の委託契約というよりは、利用料金を事業者が徴収できる指定管理者制度に近い。

　つまり、施設整備の目的と期間、財源、運営を真剣に考えることで、法的な制度としてのPFIや指定管理者制度が存在しない時代ではあったが（「PFI法（民間資金等の活用による公共施設等の整備等の促進に関する法律）」や「指定管理者制度」が整備されたのは、スタジアム建設から四半世紀近く経過した後である）、それと同等、あるいはそれ以上の効果を発揮したことになる。この目的、期間、財源を設定した合理的な管理運営は、これまで議論してきたライフサイクルコストをもとにしたプロジェクトファイナンスの成功事例と考えることができる。

　さらに、重要なのは、時代の変化にも十分に対応してきたことである。40年前の建設当時は、日本にはドーム球場はなかったが、現在では天候に左右されないドーム球場が主流となりつつある。また、球場管理と球団経営は別主体が原則であったが、現在では一体的な経営が効果的なものとなっている。このような背景から、横浜スタジアムでもドーム化が検討されたこともあったが、建築法規上、技術上も困難という結論になった。しかし、球団運営がDeNAになると、入場者は毎試合満員に近い動員ができるようになり、株式会社横浜スタジアムの株式を公開買い付けで取得し、球団・球場の一体的経営を実現することとなった。さらに、現行スタジアムの外側から6000席規模の増設席を建設し、周辺の開発も含め「ボールパーク構想」とする新しい開発計画を打ち出し、時代の変化に対応している。

5　事業期間・コストを明確にすることで民間資金・ノウハウの導入

　民間資金・ノウハウを導入したいと考えれば、その施設の目的、利用期間、資金、管理運営方法など、これまで議論してきたプロジェクトファイナンスとしての視点と、公民による負担割合やリスク分担、ライフサイクルコストを明確にする必要がある。

　公共機関と違って民間の投資事業期間は、事業リスクを考えた資金調

達から、20年程度が限度であると言われている。そうでなければ、資金を主として提供する金融機関も利益とリスクを想定できないからである。公共部門は数十年にわたる資金調達を国債や地方債などで行うが、これも、数十年の超長期債は例外で、基本的には十年債の償還と借り換えという手法になっている。

　事業期間を明確にしたプロジェクトファイナンスは20年程度が限度となるが、整備した施設は20年で朽ち果てるわけではない。一定の事業期間を想定してプロジェクトファイナンスで整備し、その後は、既存施設をどのように活用するのか、売却か、貸付か、減築もしくは増築か、解体かなど、さまざまな事業展開を検討できるし、横浜スタジアムのように40年以上経過した老朽化施設でも、より多くの入場者を集めるプロジェクトへと脱皮することができる。事業期間を設定したプロジェクトファイナンスの発想は、民間の投資を呼び込む重要な役割を持っているのである。

　横浜スタジアムのような大型プロジェクトを実現するには、市民の強い要望、それを何とか実現しようとする自治体職員の意欲、プロジェクトによる利益を期待する企業、資金調達や契約、建築技術等の専門知識を持ったアドバイザー、市民生活の向上に意欲とロマンを持つ首長や議員などの存在と組み合わせが必要であり、簡単ではない。

　しかし、小さなプロジェクトであれば、いくつかの要素の組み合わせがあれば創意工夫で実現できる可能性は高い。その第一歩として、サウンディング調査という手法が全国各地で展開されるようになったし、「随意契約保証型」の提案制度も少しずつ増えている傾向にある。公民連携を基本とした公共施設マネジメントが数多く展開され、市民や企業の関心も拡がれば、「総論賛成各論反対」という壁は低くなると期待できる。

第12章　「カネ」や制度がなくとも実現できる（横浜スタジアムの例）　257

参考：横浜スタジアム建設と管理運営の仕組み
(http://www.city.yokohama.lg.jp/shikai/pdf/siryo/j1-20120618-so-14.pdfの資料4より抜粋)

新球場の建設にあたっての課題
(1) 都市公園法で建ぺい率が制限されていること（最大7％）
(2) 本市に、球場を整備する資金的な余裕がなかったこと
(3) 横浜公園用地は国有地の無償貸与を受けていたため、私企業が直接使用することが難しいこと

(1)の課題については、新球場は逆円錐形として接地部分を少なくし、グラウンド部分を広域避難場所として位置付けることで建築面積から除外することなどにより解決。
(2)及び(3)の課題は、市民が出資して株式会社を設立し、その会社が施設を建設し、市に負担付き寄付を行った後に管理運営するという、新たな手法をとることとした。

【球場総工費】52億2800万円
【資本金総額】34億8000万円
【当初資本金（S52.2）】20億円（市民：1口250万円を800口）
【第1回増資（S53.5）】9億3000万円（マルハ、東京放送、フジ

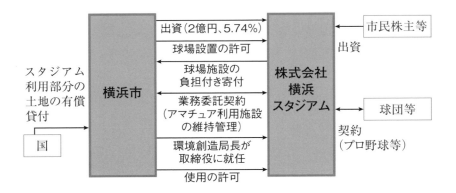

TV、建設 JV 11 社）

【第 2 回増資（S53.6）】5 億 5000 万円（横浜市：2 億円、朝日放送、横浜銀行）

　横浜市は同社との間で、「横浜スタジアムの建設及び管理運営に関する協定」を昭和 52 年 12 月に締結するとともに、市会で負担付き寄付の受納に関する議決を得て、「公園施設の寄付に関する契約書」を同 53 年 3 月に取り交わした。

（管理運営協定の内容：抜粋）
1.　同社は、球場等を建設し、市に寄付する。（第 2 条）
2.　市は、球場の公開から 45 年間は球場を廃止できない。（第 3 条）
3.　市は、昭和 53 年 4 月からプロ野球等興業のため、同社に球場を使用させる。（第 4 条）
4.　同社は、売店の経営、移動販売等を行うことができる（使用料は免除）。（第 6 条）
5.　同社は、広告物の掲出、テレビ放映等を行うことができる（使用料は免除）。（第 7 条）
6.　同社は、維持補修を自らの費用で行い、付加された物件は市の所有に属する。（第 9 条）
7.　同社は、球場施設の維持管理業務等を市からの受託により実施する。（第 10 条）
8.　市は、必要と認める事項について、随時報告を求めることができる。（第 13 条）
9.　市は、球場の適正な管理運営のため、同社の業務処理に対し必要な助言及び勧告を行い、又は必要な措置をとるよう指示することができる。（第 14 条）

第13章 利用率・稼働率を高めてこそ「公共」施設

1 施設の価値は使われてこそ

　これまで自治体では、中央政府（府省庁）の縦割りごとのメニューにしたがって、政策・施策分野ごとに、「単機能」的な施設の整備を行い、行政財産として条例で規定された範囲での維持管理を行ってきた。この流れには、「どれだけ市民に利活用されているか」という視点が十分になかったといえる。福祉、医療、教育、インフラ整備と維持管理という自治体の基本的な業務の遂行は、財源難のなかで厳しさを増しており、もはや縦割りの組織・予算の制約の下で、毎年のように維持管理費の一律削減に粛々と取り組むことには限界が見えてきている。したがって、将来への展望を見出すための「構造改革」に向けての意識変革が必要になっているのが現状である。

　つまり、「公共施設とは何なのか、なぜ、整備するのか」という基本的な問いかけが必要な状況になっている時代背景がある。これまでは、教育を行う場所としての「学校」、子どもの保育を行う場所としての「保育所や幼稚園」、高齢者ケアのための「ケアプラザや特養老人ホーム」、市民の社会教育や交流のための「図書館や公民館」、スポーツのための「体育館、運動公園」など、個別施策・事業に必要な施設として整備、維持管理されてきたが、その稼働率は「入居、入所」施設を除いては、極めて低いのが実態である。さらに、利用者の延べ人数は多いように見えても、利用している実人数を調べると、おおよそ人口比で1割程度以下という実態も見えてきた。

　この利用実態を、用地費、施設設備の減価償却費、運営する人件費を含めたライフサイクルコストをもとに、その効果を説明しようとすると、利用者一人当たりのコストの負担、すなわち、利用者の負担額と利用していない納税者の負担額とのアンバランスが非常に大きいことに気がつくのである。

260　第4編　実践への優先度判定と財源確保

必要な施設であれば、その稼働率と利用者率は、税金の負担に対して、十分に説明できるだけの「数字」が必須となるだろう。現実に、多くの自治体で、公共施設等総合管理計画を策定し、総面積のかなりの部分を削減しなければならないという「総論」に対して、市民アンケートを実施した自治体では、概ね 8 割の回答者が「やむを得ない」と回答している状況にある。この事実は、「施設は無くても困らない」と感じている市民が多いということも示しているのかもしれない。

　学校教育や福祉施設以外の公共施設は、稼働率や利用率から見れば、必要ないと判断できるかもしれないが、一方で、従来の施設概念を越えて、多機能で、滞在すること自体が目的となるような、多くの利用者を集めている施設が次々と誕生している事実にも目を向ける必要がある。利用者が多いということは、その施設が必要とされている、とも考えられるからだ。従来型の公共施設には興味関心を持たなかった市民が、特色のある、出かける価値のある施設に出会うことで、その施設を日常的に利用し、利用者同士が交流することで「常連」が形成される、そのようなコミュニティに発展していく可能性が出てきたと考えることもできる。施設は利用されてこそ、価値があるという当然のことを再確認する必要があるだろう。

2　図書館のリニューアルで大幅な利用者増

　これまでの「常識」を覆して、「桁外れ」の利用者を集めて注目された最初の施設は、東京都千代田区立図書館だったかもしれない。千代田区立図書館は、1887（明治 20）年に開設された大日本教育会の附属書籍館を前身に、東京市立駿河台図書館を経て 1947（昭和 22）年に千代田区へ移管され、千代田区立駿河台図書館となり、1955（昭和 30）年に区役所庁舎内へと移転して千代田区立図書館と改名された。そして、2007（平成 19）年に区役所の新庁舎が竣工した際、区役所の 9、10 階に開館した。

　千代田区は、当時、夜間人口 4 万（現在は都心部マンション開発等に

第 13 章　利用率・稼働率を高めてこそ「公共」施設　261

よって、約6万に増加している）に比して、昼間人口85万といわれるほどの業務地区だったことから、国立国会図書館の専門官を館長に、昼間人口の大部分を占めるビジネスパーソンを想定してビジネス関連資料やレファレンスの充実を図ることとなった。そして、インターネット環境の整備、さらに240席以上の閲覧席を設置することでデスク機能を提供し、周辺の施設や飲食店を案内するコンシェルジュデスクサービス、夜10時までの開館といった、これまでの公立図書館にはない機能を提供した。

　結果として、開館初年度で100万人を超える利用者数をカウントし、注目を集めたのである。地域住民に対するサービスという基本は維持しつつも、仕事によって税収に貢献している全国から集まる昼間人口（ビジネスパーソン）へのサービスも充実したことで、従来の公立図書館の固定的概念を打ち破り、利用者（入館者数）も、区の人口規模からは計れない規模となった。納税者の概念を在勤者にも広げることで、日本の中心部に相応しいビジネス機能を実現した発想の転換は、高く評価されることとなった。

　次に、地方における人口約5万の自治体に、年間約92万人もの利用者を集めた事例として注目されたのは、佐賀県武雄市図書館であった。武雄市立図書館のイノベーションは、従来型の「啓蒙的あるべき論」ではなく、利用しようとする、あるいはこれまで利用してこなかった市民の視点から「実現する9つの市民価値」を独自に考え出したことにある。蔦屋を運営するCCC（カルチュア・コンビニエンス・クラブ）を指定管理者として、代官山 蔦屋書店のノウハウを活用し、365日、朝9時から夜9時までの開館時間、興味関心に沿った図書分類と検索システム、雑誌や文具の販売、映画・音楽（CD、DVD等）の充実、カフェ・ダイニングの導入、快適な滞在空間やサービス、「Tポイントカード」の導入などを行った。

　インテリア面でも、天井まで本で埋まっている壁面の書棚や、テーマごとに囲みになっている書架、統一されたデスクと椅子、フロアランプによる都会的なおしゃれな空間とし、また、スターバックスカフェを配置した。さらに、雑誌・書籍、商品の販売も行った。館内であれば、コー

ヒーを飲みながら売り物の雑誌も購入義務を負うことなく見ることができるというサービスは、出版社の利益にはならなくとも、徹底的に利用者視点のサービスの展開として注目され、市外、県外からも多くの利用者を集め、観光（交流人口増加）による経済効果を高めたとも評価された。

　これらの先進事例が図書館なのには、理由がある。それは、集客力のある施設の大半は、公立図書館であるからだ。公共施設の利用に関する無作為抽出による市民アンケートを実施すると、ほぼ例外なく、公立図書館を１、２割の市民が利用していると回答し、利用率が他の施設の数倍に及ぶ傾向がある。このように親近感を持っている施設であるために、図書館運営概念を変えることで、大幅に利用が伸びると考えられる。

3　巨大な空間を快適な環境として演出する

　近年、「桁違い」の集客力で話題になっているのが、神奈川県大和市に 2016 年に開館した「文化創造拠点シリウス」（以下、「シリウス」という）で、図書館や芸術文化ホール、生涯学習センター、屋内こども広場などで構成される大型文化複合施設である。11 月３日に開館したシリウスは、オープンからちょうど１年となる記念日に、累計来館者数 300 万人を達成し、その翌年の 2018 年７月７日には累計 500 万人、さらに、10 月 18 日には 600 万人を達成したのである。上述した武雄市図書館は、２年目には 80 万人、３年目は 73 万人と減少傾向にあったが（４年目以後は減少傾向に歯止めがかかり、固定化したといわれる）、大和市のシリウスは、２年目は１年目よりも集客力を高めている。年間 300 万人という数字は、長崎のハウステンボスやピーク時の北海道・旭山動物園に匹敵するという。

　シリウスは人口約 23 万人の大和市が、小田急線の大和駅から歩いて３分のところに市街地再開発事業として設置し、指定管理者（やまとみらい：図書館流通センター、サントリーパブリシティサービス、小学館集英社プロダクション、明日香、ボーネルンド、横浜ビルシステムで構

第 13 章　利用率・稼働率を高めてこそ「公共」施設　263

成）に管理運営を委ねている。

人口規模に比して大きな施設という印象があるが、その大きさを十分に活かして、快適な滞在環境を実現して、集客力を維持・拡大している。

1階は、2階まで吹き抜けになっている広々とした空間に旅行ガイドや料理の本などの気軽に読める本が並んでいる。スターバックスカフェがあり、購入した飲み物は各階に持ち込むことができる。1階から5階までは図書館となっていて、漫画から専門書まで65万冊の蔵書規模となっている。年末年始以外に休館日はなく、日曜・祝日以外は9時から21時まで、日曜・祝日は20時まで開いている。

特徴的なのは、

- ・3階に、子ども図書館に加えて屋内子ども広場が一体的に運営されていること
- ・4階に中高年を主たる対象にして、健康や病気、介護などの資料が集められているとともに健康測定器具、健康教室スペース、ゆったりとした閲覧席が設置されていること
- ・5階の図書館は多数の閲覧席が設置され、自己学習や調べものなどに対応できていること

など、各階が利用対象者層を想定しながら、連携を図っていることである。

特に、3階では、子ども図書館の奥に、0歳から2歳児とその母親を対象とした「ちびっ子広場」があり、20台以上のベビーカー置き場とともに、柔らかい床の上で乳児を自由に遊ばせることのできる「広場」となって、連日賑わっている。さらに、その隣りには、「げんきっ子広場」として、有料（2時間200円）で、3歳児以上が身体を動かして遊べる遊具が揃った遊び場になっている。そして、一番奥には、1時間500円で4時間まで使用できる一時保育室が設置されている。子育て中の母親にとっては、未就学児を連れて、どのような利用も可能なように設計・運営されているので、多くの母親が集まり、自然と「ママ友」ができるという効果も生んでいる。

このような子育てのニーズに正面から応えた施設はまだまだ少ない。0歳から2歳児の場合、保育所などの施設保育の割合は全国的に半数程

度であり、家庭内保育の割合が多い。そして、この家庭内保育の「お母さん」を対象として、ほとんどの自治体が子育て交流支援事業を実施しているが、多くの場合、週に1、2回で1回2時間程度の「教室」開催である。それでも、多い場合は数十人の親子が参加するというほどの人気となっている。シリウスでは、「ちびっ子広場」として、この事業を固定的な場として、終日開放し、実績として2017年度で3万3000人の親子が集まった（一日平均約100人）。そして、2018年度の4月から10月までの利用者は、前年の同期間に比較して約10%の増加となっている。この「人気」は、まさに、子育ての潜在的な施設需要を現しているといえるだろう。このような施設とプログラムが多くなれば、子どもを「もう一人育てようかな」と思う親が増えて、人口増につながるかもしれない。

4階の健康フロアでは、毎日1回の健康講座、定期的な体操教室が開催され、落ち着いた読書環境とともに、健康測定器具の使用も含めて、自然に「常連客」同志の仲間ができると、特に65歳以上の「完全リタイア」層には健康と仲間づくりの場として、好評である。

最上階の6階は、生涯学習センターとなって、会議室や和室などがあるが、メインは、広大な空間で自由にテーブル椅子を移動させ、グループごとの会合に使える交流スペースである。原則として、全館がアルコールを除いて飲食が自由なので、子ども連れのママ友、中学・高校生や高齢者のグループが楽しそうに時間を過ごしている姿が見られる。さらに、2階には有料（2時間100円）で、カラフルなソファー席が確保できるので、個人の読書、パソコン等の作業、そして昼寝など自由な利用が見られる。

全体が、統一されたインテリアデザインの下に設計され、上質な什器備品によって、訪問者は、空いているスペースに座って時間を過ごしながら快適な環境を味わうことができる。

4 立地特性を活かした施設デザインで魅力を高める

　大和市ではシリウスが注目されてきたが、2018年4月、市内に新たな施設が誕生し、シリウスとは違った、駅前立地におけるコンパクトな機能が市民を引きつけはじめている。

　それは、中央林間図書館である。小田急線、東急線が乗り入れる「中央林間駅」に隣接した商業ビルの3階に、740㎡というコンパクトな図書館として開設された。

　1000㎡に満たない小規模な図書館であるが、開館当初から多くの利用者を集めて、年間の推計利用者は80万人程度とされている（調査当時は開館からまだ半年だったので、推計値）。

　この利用者数は、シリウスの図書館、生涯学習センター、子ども広場を併せた約9000㎡の12分の1のスペースであることを考えると、単純比較はできないが、単位面積当たりでは、3倍以上の集客力となる。駅前の商業ビルであり、コーヒーショップとの一体的な設計となって、相互に、本と飲み物の持ち込みが自由という環境にあるために、人の流れが大きいうえ、利用者も非常に多い。また、図書館部分の設計が壁のないオープンな書店のような形式であり、一部の壁や柱を床から天井までの鏡にして、奥行きを感じる設計としていることで、気軽に立ち寄れる雰囲気を演出している。閲覧席も172席用意され、カウンター席とソファー席があるが、ソファー形式の席は移動もできるので、非常に効率の良い利用環境となっている。通勤客が多い駅なので、予約した本の受け取りなどでの利用も多く、蔵書3万冊に対して、月間の貸出数が3万冊という、奇跡的な蔵書回転率も達成している。

　平日の午前は高齢者が目立つが、午後からは買い物客や下校途中の中学・高校生など、多様な利用者で席は満杯状態になることが多いという。このようなコンパクトな図書館なので、児童書は用意されているものの、利用の中心は「大人」となっている。特に、隣接する「星乃珈琲店」とのコラボレーションはユニークで、店内に蔵書があり、図書館司書が選書やディスプレー棚へのテーマをもった展示を担当する。もちろん、図

266　　第4編　実践への優先度判定と財源確保

書館の本を貸し出し手続きなしに持ち込むこともできる。快適な滞在空間と本の貸出に便利という両方の機能をコンパクトな空間で実現している。

5 図書館の概念を越えて、「交流の場」に

大和市の2つの図書館の事例は、図書館としての機能をメインにしつつも、従来の概念を越えて、アクティブなプログラムによって身体を動かし、飲食の機会を提供し、快適な什器備品を揃え、全体として「お洒落な」インテリアデザインを実現し、部分的には有料での施設使用も組み合わせていることで、「桁違い」の集客力を発

シリウスのちびっこ広場。
多くの乳児と母親が利用している

揮している好例である。蔵書数はそれほどでなくとも、閲覧席が多数用意されて、読書以外の「学習・作業」スペースとしての空間が利用者を「呼び込んで」いるといえる。上述の千代田区立図書館や武雄市図書館の他、東京都武蔵野市の「武蔵野プレイス」、兵庫県明石市の「あかし市民図書館」と付属の子育てや中学高校生の利用施設などでも同様な効果を生んでいる。

これらの事例は、図書館という概念よりも、「本のある交流空間」として位置づけることが可能かもしれない。そして、人々が足を向けることによって、あらたな交流の機会を創り出す効果を実現するのであれば、これこそが「公の施

中央林間図書館（大和市）。
鏡（奥の壁一面）の設置で
開放的な効果を出している。

設」としての公共施設の最も大切な使命を果たしているといえるだろう。もちろん、学校や福祉施設という専用施設であっても、そこに、時間帯によっては公開できる空間があれば、交流の機会を創り出すことができることは、第11章で紹介した英国の学校開放の事例でも明らかである。

6 「図書のある空間」に人が集まる

　こうした施設以外でも、岩手県紫波郡紫波町の「オガール紫波」は、人口3万余の町に立地する複合施設であり、年間90万人の利用者を集めているが、ここでも図書館（情報交流館）に30万人以上の利用者がある（ここの中心施設であるオガールプラザは、株式会社が設置した施設であり、図書館部分は町が床を区分所有として確保している点で、部分的な「公の施設」となっている）。

　もちろん、大和市の中央林間図書館は、主要駅に隣接した立地特性から、インターネットで予約した本の受け取りや返却を行う利用者が多いし、武雄市図書館では、入館者数の増加率よりも貸出数の伸びが低いといわれつつも、貸出し数は増加している、という状況など、書斎的な空間の提供ということで全て説明できるわけでもない。しかし、図書館的機能やデザインは、多くの人を集めることができるのではないか。庁舎や集会施設でも、書架と閲覧スペースの設置で集客力を高めることができるかもしれない。

　なぜ、多くの利用者が集まるのか、という問いかけは、公共施設の役割を検証するためには、重要である。これまでは、行政が設定した固定的な役割で、施設整備・管理運営が行われてきたが、「縮充」（「拡充」の反対概念は「縮小」であるが、縮小しても機能が充実するという積極的な意味を含めた造語）の課題を考えれば、施設再編成の主要な観点として、機能の再構成を考える必要がある。

　ここで、札幌市が開設した図書・情報館を紹介することで、集客に優れた施設の目的、管理運営方式の検証を促してみたい。

268　第4編　実践への優先度判定と財源確保

7 「はたらく大人」をターゲットに設定

　「札幌市図書・情報館」が、他の公立図書館と全く違っているのは、図書館機能のコンセプトとして「はたらく」ことへの支援を明確にしていることである。千代田区立図書館も、夜間人口（常住人口）の20倍ともいわれる昼間人口（在勤と来訪者）を「利用者」として位置づけたが、在住の区民の利用（「子ども室・児童書コーナー」など）も想定していた。在住者の利用を想定することは、住民税を主要財源とする自治体にとって、「絶対要件」であるが、札幌市図書・情報館では、その要件に対してのチャレンジが行われたことになる。

　そのチャレンジが実現した要因は、札幌市における「図書館ビジョン」にある。2012年に策定された「第2次札幌市図書館ビジョン」で、「都心という場所であることから、他の施設との複合化が前提になると考えられ、複合する施設の機能や都心の特色を踏まえ、『知の拠点』として、その役割の果たし方を検討」するという方向を打ち出した。

　このビジョンの背景には、市の中心部における老朽化した旧市民会館の建替えがある。これを機会に、放送局とオフィスビルとの合築で、オペラにも対応できる2300席の高機能ホールを軸に、文化芸術交流センターとして、中小のイベントに対応したスタジオなどを設置するプロジェクトが構想され、そのなかで、情報発信・交流機能の拠点として札幌市図書・情報館を整備することとなった。

　面積としては、約1500㎡と小規模で、しかも1、2階に分かれる制約を活かす方向で検討された図書館機能は、仕事や暮らしに関する図書・情報提供、札幌の魅力発信、知的空間の創出というコンセプトであった。そして、カフェを設置して1階は飲食、2階は飲み物のみ自由という空間を設定した。また、会話（打ち合わせ）ができる図書館として、BGMが流れる環境のなかで、ミーティングルームやグループ予約席（個人予約に対応した席も用意）などを設置、セミナーやトークイベントなども開催できるようにして、特に1階は、座席が自由に動かせて、各種イベントに対応できるようにした。

一階はセミナーなどにも使え、交流機能をもつ

面積的に蔵書能力は4万冊程度のため、全面開架として、図書の分類も通常の分類ではなく、「はたらく大人」を対象とした「ワーク」「ライフ」「アート」の3分野をテーマとして、一部の書籍は本の表紙を見せる「面だし」として、書店のディスプレーに近い配架となっている。そして、蔵書から小説本と児童書を除き、テーマに対応した先端の図書を集めているために、貸出サービスも行わないこととした。貸出をすれば、その間は、他の人が閲覧できなくなるため、一般的読書を対象とせずに、テーマに則した情報収集、調査研究、交流を軸に据えたのである。また、業界紙を中心に90種の新聞、600種の雑誌に加えて、20以上の有料データベースにもアクセスできるように、「しごと」に対応した情報提供を主軸とした。このように、従来の公立図書館の「常識」を超えた図書館を実現したのである。

「面だし」配架によって、本を手に取りたくなる

8 インテリアデザインで快適な滞在空間を演出

札幌市の都心部に立地していること、地下通路をつかえば、雪の日でも雨の日でも、寒い日でも、JR札幌駅や地下鉄駅から直接アクセスできることもあり、また、秀逸なインテリアデザインもあって、札幌市図書・情報館はオープン（2018年10月）からの1か月で、入場者数が20

万人を超えるという人気となった。そして、2019年8月に100万人を突破し、年間30万人としていた当初の予想を御大幅に上回っている。

「桁違い」の集客力を実現した、千代田区立図書館、武雄市図書館、大和市のシリウスと中央林間図書館、さらに、札幌市図書・情報館での利用実態を観察すると、集客力の「源泉」は、快適な滞在空間（デザイン的に優れたインテリア）、飲食に関する自由度（時間、場所、内容に関する一定の制限も含むが、原則的に自由）、そして、図書（書籍）の存在である。これらの要素を見たときに、一般の公立図書館でも、実現していることが多いと思われる方も多いだろう。ところが、集客力のある図書館と、従来型の図書館では、これらの要素が全く違った価値観のもとで提供されているのである。

まず、インテリアの違いである。近年は、図書館に特化した設計技術者も多くなり、外観、内観ともに専門誌に紹介されるような、個性的で優れたデザインが実現している。しかしながら、その多くでは、「桁違い」の集客は実現していない。それは、外観も、書架の配置と利用者の導線などの建物内部も優れた構造的なデザイン性を持っている一方で、滞在環境に対するインテリアデザインは、建築設計者の領域でないためか、十分に考慮されているとは思えない。例えば、閲覧席あるいはカウンターとそれに付随するフロアランプ、デスクランプなどは、一体的なデザインであれば、自宅やオフィスよりも快適さを感じることができ、そこで読書、仕事や宿題の作業能率が上がるという気分になる。さらに、観葉植物や絵画などが飾られて、一部の展示を目的とした書架にデザインの優れたカバーをもった本や小物が置かれていたら、リビングのような印象を持つこともできる。

このような実態を見ると、快適な滞在環境を実現している図書館に共通しているのは、蔵書やレファレンスという図書館の基幹的なサービスよりも、快適な読書・作業環境であることに気がつく。

デザインにも優れた快適な閲覧席

第13章 利用率・稼働率を高めてこそ「公共」施設 271

そして、「本」はインテリアの一部となっているともいえるのではないか。これは極端な解釈ではあるが、近年の高級ホテルやマンションでは、ロビー部分に隣接してライブラリースペースが設置されていることが多い。このような傾向を考えると、図書館における「本」の機能を分析、研究する必要もあるのかもしれない。

9 飲食の機能も積極的に位置づける

　次に飲食の機能を検証してみることとする。武雄市図書館におけるコーヒーショップは、図書館内で飲食ができる、コーヒーを飲みながら館内の本を読むことができる、と大きな話題になった。しかし、館内での飲食は、それよりもはるか以前から実現している。館内の目立たないスペースに飲み物の自動販売機と若干のテーブルと椅子が配置されていたり、小規模の売店や障がい者等で運営されている「喫茶店」が設置されて飲食を提供したり、図書館に隣接したカフェ・レストランが設置されたりしている事例は少なくない。

　では、なぜ、武雄市図書館の事例が注目されたのかと言えば、図書館閲覧スペースの機能の一つとして、目立つ場所にショップが設置され、館内のほとんどのスペースに、飲み物を持ち込むことが許されたからである。

　コーヒー・紅茶などを飲みながら、本を読み、仕事（宿題）に取り組むということは、自宅を離れた空間ではなかなか実現できない。飲食を可能にすることによって、解放感をもつのは、人間の心理であり、結果として快適さを感じる空間が実現できているのではないか。千代田区立図書館が開館された段階では、仕事空間の価値は意識されたが、飲食機能の効果は、伝統的な図書館概念が一部残っていたこともあったためか、実現していなかった。その後、目立たない飲食コーナーの概念の脱皮に大きな影響を与えたのが、武雄市図書館であり、以後の図書館の概念にカフェ設置が当然のこととして受け入れられるようになった。そして、大和市の中央林間図書館では、廊下を隔てて、喫茶店との一体化を図る

デザインをあえて適用するようにもなっている。

　飲食機能が「当然」となれば、インテリアデザインに優れた図書館は、自らの資料を持参する仕事（宿題）の場、昼寝を含む時間つぶしの場として主に活用され、図書はインテリアの一部として機能することが多くなる傾向もある。図書があることで、落ち着いた知的な雰囲気を感じることもでき、入館料は無料という原則もあって、多くの利用者を集めているのではないだろうか。

　しかし、札幌市図書・情報館においては、「面だし」という書店的な配架によって、企画者も予想しなかった程に、蔵書を手に取る姿が目立つという。スタッフによれば、「従来型の図書館は、背表紙のみが見える配架のために、目的をもって本を探す必要があるので、『滞在』を目的とした利用者は、仕事をするか、休むかのどちらかであった。ここでは、書籍の表紙を見せることで、利用者が興味を持つことに寄与しているのではないか」とのことであった。

10　使われる施設としての図書館機能とは

　「使われる施設」を考える際に、図書館機能については、二つの留意点が必要となるのではないだろうか。

　一つは、「図書館」というイメージは、多くの利用者を引きつける大きな要素である点である。大型の複合ショッピングセンターには、書店が不可欠だといわれるように、「本」の存在は、読書量が減っているといわれる現在でも、そのカバーや帯によって、その時々の世相を反映させることもあり、売上はともかくとして、多くお客を集めるように、抵抗なく、あるいは構えることなく自然に足を向けさせる要素となる。

　もう一つは、図書館を評価する際に重視される貸出機能は、特に重視する必要はないということである。札幌市図書・情報館の事例が示すように、貸出をしなくとも、情報とインテリアの機能として、「本」は重要な要素であるし、カバーやテーマを積極的に見せることによって、「読書」を誘引する。この魅力は、「常連客」を呼び込む要素にもなり得

るとも考えられるであろう。

　もちろん、歴史的にみれば、アレキサンダー大王やクレオパトラが図書館を重視したと伝えられるように、数千年の人類の知的資産の蓄積と整理、調査研究の拠点となってきた図書館の機能は決して衰えることはなく、その重要性は増している。しかし、公立図書館という概念ができ、主要先進諸国で、国民・市民が日常的にアクセスできる施設となった現代では、図書館機能にも、現代的な解釈を加える必要が出てきたといえるのではないだろうか。

第14章 指定管理者制度を活用すれば「稼ぐ」施設も可能に

1 注目を集める大阪城公園 PMO 事業

　「大阪城公園 PMO 事業」（2015 年 4 月から事業開始、事業期間は 20 年）が注目を集めている。指定管理者制度を活用し（指定管理者は「大阪城パークマネジメント共同事業体」、代表者は「大阪城パークマネジメント株式会社」：構成員は大和ハウス工業、電通、讀賣テレビ放送、大和リース、NTT ファシリティーズ）、公園の管理運営者である大阪市は指定管理料を支払わず、逆に、指定管理者が大阪市に 2 億円以上の固定納付金と収益の一定割合（協定書では 7 ％とされている）を変動納付金（2018 年度で 3000 万円以上）として支払うという協定となっているからである。

　それだけではない。指定管理者が「魅力ある施設」の整備にこれまでの約 3 年間に 60 億円を上回る「投資」を行って、大幅な入場者数の増加を実現している。

　大阪城天守閣以外は、歴史史跡としてもそれほどの入場者を集めていなかった大阪城が、観光施設として画期的なにぎわいを創出している状況が、多くの自治体関係者の注目を集めているのである。

2 大型の投資が次々と行われる

　事業開始の 2015 年度では、民間としての積極的な PR で、最大の集客施設である大阪城天守閣の入場者が 50 万人（約 27%）の増加となったことに加えて、内堀に黄金色で装飾をした「御座船」を就航（乗船料は一人 1500 円）させたところ、水面からの城壁や天守閣の眺めが「インスタ映え」すると評判になった。翌年の 1 月には観光バスの駐車場増設（50 台から 94 台へと倍増）、普通自動車の駐車場も 171 台分整備し

たが、特に、観光バスの駐車場増設は集客（主としてインバウンドによる中国人観光客の増加）に大きな役割を果たしている（大阪城天守閣の入場者数だけでも、2014年度（事業開始前）の年間約184万人から2017年度には約275万人へ増加しており、公園全体では約1339万人の来場者となった）。

　観光客の誘致には、さまざまな集客施設の存在が必要であるが、大型観光バスの駐車場設置は非常に重要な要素となる。鉄道や船は輸送力が大きいが、駅や港に直結している集客施設でなければ観光客を直接輸送することはできないし、さまざまな場所からその駅や港までのアクセスも多様なので、事例としては極めて少ない。したがって、大型観光バスの駐車場は、実は、観光客の誘致にとって「必須」の施設であるのだが、この事実は意外と知られていない。大阪城公園PMO事業として、初期の段階で大型バスの駐車場を整備したのは、収益確保の前提となる観光客を増加させるという、民間ならではの発想といえる。

　2016年度からは、公園内の売店をさまざまな形態のコンビニエンスストア（一部は自販機設置のみ）としてリニューアルするとともに、1995年に大阪市でAPEC（Asia Pacific Economic Cooperation；アジア太平洋経済協力）首脳会議が開催されたときに、西の丸に建設された迎賓館を予約制レストランとして活用、さらに公園内回遊のためのロードトレイン（汽車をかたどったトラム）の運行を開始した（当初は、周回バスの運行が計画されたが、道路の狭さを考慮し、親しみやすさを演出した形態となり、多くの観光客に利用されている）。そして、2017年度にはJR大阪城公園駅から公園に通じるエリアに「JO-TERRACE OSAKA：ジョーテラスオオサカ」を建設し、飲食や物販、コンビニエンスストア、ランナーズサポート施設（更衣室シャワー等の施設）、外国人観光客に対応できるインフォメーションセンターなども整備され、観光施設としての基本的な機能が整備された。

　2016年からの2年間は、JR大阪城駅に近い広場に、7、8月限定の仮設プールの営業も始めて、民間らしい工夫を示した。これは、長崎県のハウステンボスに委託したもので、3つの直径20メートル円形プール（仮設浄水装置付き）、数台の各種ウォータースライダー、飲食スペー

ス、更衣室、シャワーなどを設置して、最大で1日約5000人の入場を実現したこともあったという。

しかし、この仮設プールの営業は、大阪市に納める用地の占有使用料が高額で、採算が合わずに2年間で中止となった。大阪市の立場からは、企業の有料イベントであるために、占有使用料の減免ができないとのことであった。しかし、市民のレクリエーションという観点から、市からの委託事業（委託料は無料ないしマイナス）で実施できれば、多くの自治体が悩んでいる夏期の屋外プール施設の解決策としても応用可能性があるかもしれない。いくつかの自治体では、屋外のプールを夏期（7、8月が主）に公開しているが、老朽化が進み更新する必要があっても、多額の費用がかかる割には、常設の屋外プールとして更新すると、年間の大部分は活用できないので、その対応に苦慮している実態がある。夏期のみの仮設プールという発想は、自治体の公共施設マネジメントにとっても参考となる事例である。

そして、2017年度には、旧第四師団指令部庁舎を大規模改修し、「ミライザ大阪城」として、飲食、物販はもちろん、結婚式などのパーティ、屋上ビアホール、レストランなどとしてオープンさせた。また、2019年2月には三つのホールで構成されるクールジャパン・パーク大阪・WWホールをオープンさせて、映像と殺陣、ミュージカルなどをミックスしたショーを展開している。

ソフト事業としても、夜の公園を演出するイルミネーションと音・映像の中を散策（ナイトウォーク）するサクヤルミナ、大阪城トライアスロンなどを展開している。

3　まだまだ発展途上の段階なので大きな可能性が

上記のように、大阪城公園PMO事業のこれまでの4年間の展開を俯瞰すると、公園全体のもつポテンシャル（潜在的な観光機能）に対して、未利用だった施設空間（ハードウェア）を中心に、つぎつぎと「観光開発」を行っている段階であると考えられる。これまでの投資総額も約

第14章　指定管理者制度を活用すれば「稼ぐ」施設も可能に　277

70億円という、行政が管理運営していた時期からみれば、「桁違い」の投資が行われ、それに見合った集客、収益を実現している。自治体の立場からは、一定の収益が予想されても、短期間にこれほどの多額の投資を行うことは不可能であり、この面で、指定管理者制度の柔軟な適用で、民間の資金とノウハウを引き出したことは評価される。

　現時点では、収益の詳細は公表されていないが、固定納付金に加えて、事業者が大阪市に支払う変動納付金（協定では収益の7％という取り決めになっている）は、2015年が約1600万円、2016年度が約2700万円、2017年度が3400万円とされている。7％でこの金額になるので、トータルの収益は、2015年が約2億2900万円、2016年度が約3億8600万円、2017年度が約4億8600万円と推計できる。

　指定管理者制度導入前は、公園は大阪市の直営、天守閣は財団法人大阪市博物館協会の指定管理であり、天守閣の入場料をはじめとする公園全体からの収入は約3億7800万円、管理費などの支出は約4億6000万円、収益は約8200万円の赤字であったので、民間の資金とノウハウの投入で、収支は約1億1600万円改善したことになる（2017年度）。

　大阪城パークマネジメント株式会社の話では、これまでの4年間に、公園内の観光開発のための主要な施設設備の投資は一巡し、これからは、建設・修復した施設の観光利用のメニューの開発、公園内外の施設との連携、観光業との連携（現在は、インバウンド効果で、中国人観光客のグループツアーが多いが、日本人のグループツアーはほとんどない状態である）など、まだまだ、ソフトとしての観光開発の余地は大きいという。

4　強力な市長のリーダーシップが成功の鍵

　もともと、大阪経済界からは大阪城公園を世界的な観光拠点とすべきであるという提言があった（「大阪城周辺の魅力向上に関する提言〜『大阪城を世界に誇る名城にする会』の発足に向けて〜」大阪商工会議所ツーリズム振興委員会、2010年6月）。この提言の中では、大阪城公園

を国際的な観光拠点として、特にインバウンド観光客の誘致の中心機能を担う役割があるとして、天守閣以外の公園全体の観光施設化についてのアイデアが提案されていた。しかし、大阪市内部の複数の部局による管理運営体制や財政難から、可能性はあるが、実施主体がないとなかなか進まないという「悩み」も表現されていた。

この「膠着状態」に一石を投じたのが、橋下徹元市長であった。元市長は、大阪府知事に就任したときの大胆な改革（職員組合との公開の場での交渉、府下市町村長との補助金削減の交渉、図書館以外の公共施設を原則として廃止する方針など）を基盤に、大阪府と政令指定都市である大阪市の「二重行政」にメスを入れて資産・資源を「大阪都」として集約させるという構想を打ち上げて、大阪府知事を辞任するとともに、大阪市長として立候補して、「大阪都」の実現を法改正も視野に具体的に進めたのである。

政治家として、大胆な構想とその実施を打ち出したことには、賛否が分かれたが、「大阪都」構想の大きな柱として、大阪を東京に匹敵させる経済・観光機能をもった自治体として再生させるために、大阪城公園の観光施設化を、市長という最高権力者としての立場から、大阪市の組織に強力に実施を働きかけたと推測できる。市長には、「社長業」としての側面と、「政治家」としての側面があるが、大阪城公園 PMO 事業に対しては、社長業としての、このたぐいまれな「リーダーシップ」が成果を挙げたことになる。底地の大部分が国有地であり、多くの歴史的文化遺産を擁する「特別史跡」である大阪城跡を含む公園なので、文化庁との文化財保護、財務省との国有財産の扱い、その他の関係法令の網を「解きほぐす」ことは通常ではできなかったであろう。

5 本格的な公民連携への道

これほどの規模の公園における、ハードとソフト両面にわたる観光開発には、当初は業務委託方式や PFI などの手法も検討されたとのことであるが、結果的には、さまざまな形態の施設設備の整備と運営管理が

第14章　指定管理者制度を活用すれば「稼ぐ」施設も可能に　279

広い公園内を効率よく移動することで、
人気を集めるトレイン型トラム

夏季限定の仮設プールの営業状況
（現在は採算上の理由で中止）

組み合わさっている公園なので、個別に業務委託をすることも難しく、また、PFIとしての契約に基づく長期事業推進では、予期せぬ事態への対応、資金調達とその回収の不確定要素などで、指定管理者制度の導入しか手法はなかったと判断されることとなった。また、指定管理者制度は、不確定要素にも柔軟に対応でき、施設設備投資と利用料金制による資金回収などが可能である点で、非常に有効な公民連携の手法であることも、特に、この大阪城公園PMO事業によって、その利点が示されたともいえる。特に、利用料金について地方自治法の規定によって、金額決定（自治体の承認が前提）と収受が指定管理者の権限となっていることで、指定管理者のインセンティブとなっていることに注目する必要がある。これによって「稼ぐ」施設が実現する可能性が強まることになる。

ミライザ大阪城の屋上テラスから
天守閣を臨む

さまざまな事業実施を進めている現段階では、大阪城パークマネジメント株式会社と大阪市経済戦略局ともに、相互の連携をどのように進めるかは、今後の課題としていた。大阪市では、経済戦略局が窓口になってはいるが、公園管理は建設局の所管になっており、教育委員会所管の施設もあることから、予算や

議会対応など、担当部署の一元化も必要かもしれないが、現時点で一元化の予定はないとのことであった。パークマネジメント共同事業体の構成企業間の調整がうまく機能しているからかもしれない。

6 指定管理者制度は経費削減の手段ではない

　大阪城公園PMO事業は、指定管理者制度を最大限に活用し、民間のノウハウを導入し、「経費削減」どころか、億単位の「収益」を実現していることを示した。厳密には、指定管理を「天守閣」のみの適用（当初の指定管理者は財団法人大阪市博物館協会）から、公園の大部分への適用（指定管理者は民間の共同事業体へ）という転換なので、経費分担や管理業務の変更（大阪市職員である学芸員の人件費など）など、大阪市の「収益額」の前後比較を単純には算出できないのであるが、少なくとも、大阪城公園PMO事業への転換によって、従来よりも相当の経費節減と収益拡大が実現したことは間違いない。

　その成果をもたらしたのは、指定管理者制度の導入にあたって一般的に見られる「削減」の思想ではなく、「活用」の考え方によることが最も重要な観点であることを明確にする必要がある。

　2003年の地方自治法改正による指定管理者制度創設からすでに15年以上が経過している。本来であればその趣旨は十分に理解され、効果も実現しているはずである。しかし、未だに「民間委託」の延長、つまり「経費削減」手法としての認識のレベルにとどまり、業務委託との明確な区別、リスク分担に対する理解の低さも含めて、制度の活用についての十分な理解が進んでいない状況にある。

　理解が進んでいないことを示す典型的な状況は、事業者選定の際にも「創意工夫」よりも「価格点」のウエイトを高くし、指定管理期間も施設の規模や機能にかかわらず5年程度とすることが一般的である事例がまだ多いことである。

　また、公の施設の管理の一部を民間に委ねるのが「業務委託」であり、全部を委ねるのが「指定管理」という誤った解釈をする自治体職員、業

第14章　指定管理者制度を活用すれば「稼ぐ」施設も可能に　281

務受託者、指定管理者が多く存在している実態もある。

7　20年の期間設定と指定管理料ゼロという組み合わせ

　まず、大阪城公園PMO事業において、他の公の施設の指定管理者制度適用と大きく違うのは、20年間という期間設定があることと指定管理料を支払わないことである。ここには、民間のノウハウと資金を可能な限り投入できる環境を用意するという発想がある。

　多くの自治体における指定管理者制度適用の事例は、公の施設の現状を固定的に考えて、その中での経費節減と若干の収益を実現するという発想であった。指定管理者制度適用以前の公務員や出資法人の職員（管理運営に責任を持つ職員の多くは公務員と同等の給与水準が多い）の人件費を前提にすれば、民間の給与はそれよりも低いことが多く、また、固定的な人員配置と勤務条件を柔軟にするだけで、多くの費用を削減でき、それを「効果」として説明することができた。

　経常費の削減という目的だけであれば、この程度の「効果」で「行革の効果」として議会や市民に説明できるのであるが、「資産の活用」という観点からは、削減という効果だけでは非常に限定されたレベルのものとなる。

　ここで指摘したいのは、指定管理者制度（適用施設ではなく、制度）の担当は「行政改革」関連部署におかれることが多いが、それだと、「削減」ばかりが強調されて、資産活用の観点にかける傾向にあることだ。指定管理者制度が創設されたのは2003年という、バブル経済崩壊から10年以上を経て、財政難が重くのしかかる時代であったので、当面の経費削減を目指さざるを得なかったことが背景にあると解釈できる。

　そもそも行政「改革」なのだから、構造改革という本来の目的に取り組み、結果としての経費削減を実現するというのが本来の「改革」のあるべき姿である。国鉄からJRへの改革に（分割民営化）よって、その後の運賃の値上げなしにサービス向上が実現した効果、電電公社からNTTへの改革（東西分割民営化）によって、通信料金が画期的に下がっ

たという効果をみれば、「改革の結果としての効果」を検証することができる。

「行政改革」を「行革」、「リストラクチャリング」を「リストラ」というように短縮して表現すると、本来の「改革」よりも「削減」が自己目的化してしまうのは残念なことである。

「民間主導による歴史資産を活用した観光開発」という発想と手法の「構造改革」によって、大阪市の管理していた大阪城公園を観光振興の拠点に変える意思決定がなされたことが出発点である。それを実現するために、民間が責任を持った観光開発を長期にわたって行うための投資回収期間、ノウハウ蓄積の期間として20年が設定され、その期間設定によって見込まれる収益を考慮すれば、指定管理料という税金を投入しなくとも投資回収ができるという見込みがたった、という解釈が成り立つ。

8 公務員と民間事業者との連携による効果的な管理運営業務

大阪城公園PMO事業の一つの特徴は、観光事業としての資金調達とノウハウ導入は民間に委ねつつも、大阪城公園が歴史的史跡として価値を持っている側面を重視し、その象徴ともいえる天守閣の基本的機能（博物館類似施設としての調査研究、展示の企画などの機能）を維持するために、大阪市職員（公務員）である学芸員を5名配置し、その配置を指定管理の条件（要求水準）としていることである。学芸員の配置はすでに実績を持ち、また、長期間の安定的雇用のもとで、その機能が維持できると判断したからである。さらに、この5名分の人件費相当額を、固定納付金の主要部分として、指定管理者から大阪市に納入させるということも条件としている。財団法人大阪市博物館協会が指定管理者だった時には、天守閣の入場料収入によって、学芸員の人件費を当該協会が負担し、大阪市としての人件費負担はなかったため、その仕組みを踏襲したのである。

未だに、自治体職員にも指定管理者にも、公の施設の管理の一部を民

第14章　指定管理者制度を活用すれば「稼ぐ」施設も可能に　283

間に委ねるのが「業務委託」であり、全部を委ねるのが「指定管理」という誤った解釈が残っている。詳細は後述するが、指定管理者制度を規定している地方自治法第244条の2第4項には、「指定管理者の指定の手続、指定管理者が行う管理の基準及び業務の範囲その他必要な事項を定めるものとする。」と明記され、条例（実質的には条例では概略を定め、「付帯業務」、「その他、市長が必要と認める業務」といった記述で表現され、詳細は「公募要項」や「協定書」に明記されることが一般的である）で定める範囲は自由に規定できる。したがって、指定管理の業務の一部を公務員が担うことは全く問題がない。

　公の施設、特に公立図書館への指定管理者制度導入に反対している一部の団体や個人が存在しているが、その反対理由は、民間に委ねると「安かろう悪かろう」で人件費を削減して利益を出すので「質」が低下する、司書業務は長期にわたる経験の蓄積が重要なので民間には無理だ、地域文化を維持・蓄積する仕事は民間に任せるわけにはいかないというような内容が多い。

　しかし、図書館の管理運営の多くは物理的な施設の管理であり、電気設備、空調設備、エレベーターなどの管理に精通している公務員はほとんどいないので、施設設備の保守点検管理は基本的には民間に委託している実態がある。その実態を前提にすれば、指定管理者制度を導入し、施設設備の管理は民間の分担とし、司書業務は直営（公務員司書が担う）という管理形態も可能である。「民営化」に対する感情的な反発だけで、客観的な業務分析もできない主張では、理解を広げることはできない。さらにいえば、司書業務は公務員という分担についても、民間事業者でもスタッフ研修を重視して、公務員の司書以上の研鑽を積んでいるケースもあるし、日本における司書資格は学部教育の一部単位の積み重ねに過ぎず、海外で一般的な修士号以上を取得した専門司書（ライブラリアン）は極めて少ない実態を考慮すれば、公務員の配置が適切であるかどうかにも疑問は残る。

　市民の財産である「公の施設」を効率的・効果的に管理運営をするためには、大阪城公園PMO事業の事例のように、施設の機能を十分に考慮し、その機能を発揮するための業務分析を行い、最もふさわしい管理

運営形態（専門家の配置など）を検討すべきであろう。仮に、当初の専門家配置に課題が生じたら、指定管理者制度は「契約」ではなく、「行政処分行為」なので、専門的業務の定義や人員配置に必要な運営上の変更は、「協定書」の変更となり、契約変更に比較すれば、比較的容易になる可能性が高い。

つまり、指定管理者制度は、周辺環境の変化に対して柔軟に対応するという観点からも、公民連携の手法としては優れている。

9 70億円もの民間投資を呼び込む

大阪城公園PMO事業の指定管理の大きな特色は、指定管理者が「魅力ある施設」として3年間に約70億円の投資を行ったことである。一般的な指定管理は、既存の施設設備の管理が基本となり、比較的小規模の修繕を行うことはあっても、「投資」として多額の資金による施設設備の整備を行うことはない。なぜなら、これまでは公の施設はもちろん、他の公共施設においても、収益を期待することはほとんどなく、施設の「公目的」の達成を効率よく（経費を削減して）行うことを目的としてきたからである。

この「公目的」が妥当なものであれば、特段、収益を追求する必要はないのであるが、従来の「公目的」概念による公共施設の実利用者は非常に少なく、施設設備の減価償却費を考慮に入れたライフサイクルコストを考慮すれば、実利用者一人あたりの経費は、これまで考えられてきた延べ利用者数あたりの金額の数倍以上に膨らむことになり、その「必要性」が「費用対効果」として大きく問われることになる。

一方で、大和市の「シリウス」にしても、武蔵野市の「武蔵野プレイス」にしても、札幌市の「図書・情報館」にしても、従来の概念を超えて、子育て、健康、中高生のたまり場、ビジネス支援などの機能を発揮するための創意工夫を行い、それに加えて、館内の飲食を原則自由にすることで、新しい価値を生み出している。

このような先進事例は、税金を投入した施設を市民の「資産」として

考え、最大限の利用を呼び込む機能とプログラムを検討した結果として
誕生している。そして、「資産」の利用の最大化を図るには、プロとし
ての企画力が求められるために、民間のノウハウを導入する必要があっ
たことになる（札幌市の図書・情報館の企画・運営は「直営」であるが、
設計思想や運営ノウハウは、長年の専門的知識と経験をもった市職員と
民間企業との真剣な連携によって実現している）。

　大阪城公園 PMO 事業においては、国際的な観光拠点に脱皮すること
が最大の目標だったので、指定管理者に求めた要求として重視したのは、
「魅力ある施設」の設置であった。広大な公園内には、天守閣以外は利
用者を集める施設はなかったので（APEC で使われた迎賓館も、旧第
四師団指令部庁舎も、開放されていなかった）、観光拠点とするためには、
「魅力ある施設」の建設と既存施設の大幅な改修が必須だったという背
景がある。大阪市には新たな施設を整備する資金はなかったので、必然
的に、指定管理者の「投資」を組み込むことになった。

　指定管理の場合には、公の施設の主要な部分（躯体構造部分と主要な
設備）はその施設を所有する自治体に維持管理義務があり、付帯設備に
関しては、維持管理を指定管理者と分担することが一般的である。大阪
城公園の場合は、公園の内部に天守閣以外の観光施設が売店以外ほとん
どなかったので、指定管理者に新たな施設を整備してもらい、その施設
を市の施設として寄付し、その施設の管理運営を指定管理者に委ねると
いう手法をとったのである。

　指定管理者としては、新規施設に多額の投資を行い、それを市に寄付
するので大きな負担になるが、一方で、その施設からの収益は「利用料
金」として指定管理者の収入にすることができるし、固定資産税の負担
はなくなり、さらに、指定管理期間終了後の解体撤去費も必要なくなる
というメリットがあるので、これらを比較衡量して、投資規模を決める
ことができる。

　この事業スキームの「工夫」によって、これまでの指定管理者制度の
適用の範囲を大きく拡大する事例を創りだしたことは大きな意義のある
ことである。つまり、指定管理者制度の適用によって、一定の施設設備
投資が、そこからの収益で投資回収をすることを前提にすれば可能であ

ることを示したのである。これは、財政難に悩む自治体にとっては、「削減」の手法だけでなく、積極的な投資の方向を検討する可能性を拓くことになる。もちろん、その際には、「市民の利益」（公益）をしっかりと説明することはいうまでもないし、利用料金設定の承認や指定は議会の議決事項という公的な担保を十分に活かすことが必要である。

10 条文を正確に読み直せば施設活用に結びつく

　冒頭に、指定管理者制度が十分に理解されていないために、その活用がなされていないと述べたが、指定管理者制度を規定している、11項からなる地方自治法第244条の2の一部を正確に読み取れば、これまでの「経費削減」手段、「民間に全部を委任」という誤った認識から抜け出し、公共資産の最大活用に結びつくということを示したい。
　まず、第4項である。

　「4　前項の条例には、指定管理者の指定の手続、指定管理者が行う管理の基準及び業務の範囲その他必要な事項を定めるものとする。」

　「前項の条例」とは、第3項の「条例によって、指定管理者に公の施設の管理を行わせることができる」を指している。この条文には、指定管理者が行う管理は「全て」とは書いていない。つまり、一部の業務でも問題はなく、その基準もその他の必要事項も条例で規定できることは明白である。もちろん、業務の細部を条例で全て規定することはできないので、「その他市長が必要と認めた業務」等の表現で、規則や「別表」、「協定書」に委任することもできる。さらに、業務内容や基準に、指定管理者のいわゆる「自主事業」として、一定の施設や設備の投資を含ませることもでき、その投資回収の費用を料金や指定管理料でまかなうことも想定できる。指定管理が「契約」であると、このような対応は難しいが、「行政処分」としての性格を積極的に解釈すれば、議会の議決対象であることも含め、一定の自由度は確保できる。

第14章　指定管理者制度を活用すれば「稼ぐ」施設も可能に　287

次に、第5項である。

「5　指定管理者の指定は、期間を定めて行うものとする。」

　一般に指定管理期間は、5年程度を定めることが多いが、大阪城公園の場合は20年であるし、横浜市立みなと赤十字病院は30年である。指定管理期間には法的な制限はないので、当該公の施設の機能と役割、管理形態等によって、適当な期間を設定することができる。「公の施設」を最大限に利活用するには、収益事業も含めて、民間事業者のノウハウを導入する必要があるが、民間事業者においても、その専門家を配置するためには、一定の雇用期間を保証しなければ人材を集めることができない。専門性が高くなればなるほど、長期の事業期間を設定しなければならない。したがって、5年、7年が望ましいということではなく、想定される専門性の確保をする場合には、事業期間をどの程度に設定するのかという判断が必要となる。大阪城公園の20年や横浜市立みなと赤十字病院においては、指定管理者が多額の施設・設備を設置（投資）するので、民間の資金調達やリスク負担の限度は15年から20年、さらに医療という安定性を確保するために30年という発想から、設定された可能性がある。
　そして、第8項と第9項である。

「8　普通地方公共団体は、適当と認めるときは、指定管理者にその管理する公の施設の利用に係る料金（次項において「利用料金」という。）を当該指定管理者の収入として収受させることができる。」

「9　前項の場合における利用料金は、公益上必要があると認める場合を除くほか、条例の定めるところにより、指定管理者が定めるものとする。この場合において、指定管理者は、あらかじめ当該利用料金について当該普通地方公共団体の承認を受けなければならない。」

　この2つの条項によって、条例で利用料金を最大限にしておくことに

よって、指定管理者がその範囲において、当該自治体の承認を受けることによって、収益を最大にする料金設定をすることができる。条例では、利用時間、利用期間（季節など）、利用形態、収益事業などによって、料金をきめ細かく設定することは難しいので、指定管理者のマーケット感覚によって設定することには合理性がある。しかも、第10項によって、自治体はいつでも業務や経理について報告を求めることができるので、指定管理者の利益と利用者の負担とのバランスを保つことができる。

11 役所の縦割りを超える、自治体の壁を越える

　大阪城公園PMO事業は、以前から大阪商工会議所から提案されたプランに沿った内容となっているが、提案をそのまま実現するには、役所の縦割り構造が大きな障壁となって、その可能性は非常に低い状況にあったのは間違いない。大阪市としては、公園としての植栽や清掃などの一般的な管理は建設局、人気のある天守閣は経済戦略局、元音楽堂など一部の施設は教育委員会と三つの部局が管理運営をそれぞれに担当していた実態があった。

　公園全体として観光施設に脱皮する姿は理想としつつも、部局ごとに管理運営の形態（公務員による管理運営、委託による管理運営、文化財という特殊な管理など）が異なり、特に、大組織である政令指定都市においては一体的に管理するには、指定管理者制度を適用するほかに実現する方法はなかったのである。

　本来、公の施設の目的達成のための管理運営形態を検討するためには、いわゆる「バック・キャスティング」（最終的な目的をたて、それを実現する形態とプロセスを検討する）という検討が必要である。複数の機能や管理所管があっても、それぞれの機能を実現する複数の企業等が「共同企業体」をつくり、統一的な運営主体となれば良いことになる。公共施設マネジメントの進展により、今後は、施設の統廃合によってさまざまな機能を複合した施設が一般的になると考えられる。その際に、従来型の機能を単純に集合させ、施設内を区分してそれぞれの担当部局の管

理運営を残しては、統廃合の効果もほとんど期待できない。機能を複合させて、新たな機能を創出することが求められているが、それには、指定管理者制度の適用が自然であり、効果的なことは、大阪城公園PMO事業の事例が示すところである。

　さらに、自治体の壁を越えることも、指定管理者制度を活用すれば可能である。複数の自治体にまたがる複数の施設で、シナジー（統合）効果をもたらすには、要求水準で連携して同一の指定管理者を指定すれば、広域的な施設連携が実現することになる。指定管理者制度は、公共施設マネジメントにおいても施設を最大限に活用し、市民生活の質と量を拡充する主要な手法の一つなのである。

第15章 「入札原則」を見直し、
民間資金・ノウハウを呼び込む

1 なぜ、公民連携（PPP）を追求するのか

　公民連携の手法が注目されるようになった背景には、さまざまな要因が考えられるが、基本的には「カネがなくなった」状況が基盤にあることは間違いない。

　PPPの主要な事業手法として知られるPFIは1992年にイギリスで制度化されたが、それ以前の1979年のサッチャー保守党政権の誕生によって、福祉国家政策から「小さな政府」への転換を旗印にした行財政改革が実施されたことが契機となっている。国有企業の民営化、通信、電力、ガス、水道、航空などの公共サービスを丸ごと民間企業に委託する外注化、さらには、その他の行政サービスについても、その質的水準、効率性を検証し、公務員の削減、事務効率化、エージェンシー化（日本における独立行政法人化）などがすすんだのは、民間の経営手法（NPM：ニュー・パブリック・マネジメント）によって、経費削減、経営責任の明確化をすすめ、従来の税金の配分による行政運営に、経営的観点を導入したことによる。さらに、公共事業に民間のノウハウと資金までも導入するPFI手法の導入に至ったという流れである。

　イギリスにおいて、このような民間資金とノウハウを活用する急速な「行財政改革」がすすんだのは、第二次世界大戦後の経済の疲弊が大きな要因となっている。戦前は、産業革命後の経済成長によって、強大な経済力と軍事力を背景に、多くの植民地を確保し、富を蓄積させて、医療や教育サービスの無料化を実現した。しかし、戦災で大きな打撃を受け、植民地の相次ぐ独立、アメリカの経済と軍事力の台頭によって、イギリスの世界経済における地位は大きく低下したのである。経済力の低下と福祉国家政策による財政の悪化によって、1976年には財政破綻し、国際通貨基金からの融資を受けなければならなかったほどである。

　このような財政状況の悪化、つまり政府の「カネがなくなった」状態

291

を背景に、大規模な規制緩和をすすめて、「金融ビッグバン」やPFIなど、民間資金・ノウハウの活用をすすめざるを得ない状況になったことは、認識しなければならない。「カネがある」状態のときには、民間からの資金・ノウハウの導入は必要なく、税収という財源を必要な分野に配分することが主要な行政サービスメニューであり、財源配分を受けた中央・地方政府の縦割りの各部門は、その配分の枠内で事業を企画、実施すれば良かったからだ。

　日本においては、1973年の「オイルショック」以後、急速に財政が悪化し、事業費、人件費の圧縮を図らなければならなくなり、いわゆる「行政改革・財政難」が一般的な用語として登場した。そして、規制緩和による「民活」の流れができたが、残念ながら、財源難を国債の大量発行で対応する状態が続いているために、まだまだ公民連携の手法は「例外的」な存在にとどまっていると言わざるを得ない。借金で対応している間は、「なくなった」という認識を持たずに、削減を主とした従来型の手法を延長して、「構造改革」に踏み出せないという状態であると考えられる。つまり「カネがなくなった」という認識が重要であることがわかる。

2　「競争入札」による調達の限界

　社会経済構造の成熟化、高度化の時代は、成長型の時代とは違って、税収増が簡単には期待できなくなった。一方で、市民生活の多様化がすすむことによって、市民生活に密着している市町村は、さまざまな市民要望に応える施策・事業を展開せざるを得なくなった。この傾向を客観的に認識できれば、縦割り組織・予算による事業の限界が明らかになり、民間の資金やノウハウを導入する公民連携の手法を適用せざるを得なくなる。ここに、「入札原則」の見直しの機運が存在する。

　縦割り組織・予算による行政運営を前提にできた時代においては、会計法や地方自治法によって、仕様が明確に決められた物品や役務等のサービス購入に際して、入札を原則にして、最低価格による調達を追求

292　　第4編　実践への優先度判定と財源確保

することは当然である。しかし、公共施設の「包括的保守点検業務委託」のように、そもそも自治体側に十分な技術情報と経験をもっている職員が配置できていないために、施設・設備の安全確保と効率的管理運営を目指す場合に関しては、必要かつ十分な仕様書が用意できない状況なので、単純な価格重視の「入札」による発注はできないと考えるべきであろう。

包括委託で先行した香川県仲多度郡まんのう町や千葉県流山市の事例で、「仕様書発注」ではなく、「性能発注」にしたことは、当然のことであった。しかし、性能発注にしても、基本的な情報が不足している状況には変わりはない。結果として、発注前に複数の事業者に対して、委託する事業内容とおおよその仕様、さらには価格に関して情報提供を依頼することは自然の流れとなった。このような状況のなかで、特定の事業者との接触を避けるために登場したのが「サウンディング」（対話型市場調査）手法であった。

3　公開原則でノウハウ保護の接点を確保する

公務員の知識情報不足と、専門知識を有する事業者との接点として、サウンディング調査という手法が誕生したが、ここにも、進化の過程がある。包括委託を最初に導入したまんのう町では、担当職員が複数の大手ビルメンテナンス会社に連絡をとり、庁舎内で、あるいは、事業者を訪ねて対話を行った。そして、「秘密保持協定」を結んで、ノウハウの一方的な取得や「良いとこ取り」をしない姿勢を示して、包括委託の仕様の精度を高めた。

次に導入した千葉県我孫子市では、「提案型公共サービス民営化制度」の提案事業として包括委託を採択した。提案制度として「公開の場」での応募だったので、外部有識者を含めた「審査委員会」でその内容について応募者からの説明を受けて、採択を決定し、その結果を公開している。

流山市においては、担当者が先行事例を詳細に研究し、庁内に向けて

第15章　「入札原則」を見直し、民間資金・ノウハウを呼び込む　293

は安全性の確保と個々の契約に伴う輻輳した事務作業の軽減と予算科目の統合、対事業者には、性能発注による優先交渉権者の決定と、その後の契約細部の詰めという「デザインビルド型」を提唱して、その後の包括委託の「原型」を創ることとなった。先行した三事例は、「公開」による透明性を前提にしている点で共通している。

　現在、東村山市をはじめとして、サウンディング調査を取り入れたところが増えているが、公開原則を徹底することで、「気楽に」実施する傾向にある。以前は、サウンディング調査に関する情報も限定されていたので、まんのう町や流山市のように担当者は、事業者との対話の機会をどのように確保するのかについて、守秘義務協定を結ぶことや、サウンディング調査の「公募」をどのように展開するのかについて、さまざまに工夫する必要があった。

　現在では、サウンディング調査に関する特別な予算計上をすることなく、経常業務の範囲でウェブ上でのアナウンスをすれば、多くの企業が「ロボット作業」（コンピュータがインターネット上の募集を自動で検索する機能）で募集をしている情報を得ることができ、一定の期間を設定すれば、多くの参加企業を確保することができる。また、守秘義務協定を結ばなくとも、サウンディング調査の結果を公開することを明記し、公開の内容については、独自のノウハウに関することもあるので、あらかじめ参加企業に公開内容をチェックしてもらえば、問題になることはない。

　このような包括委託に伴うサウンディング手法を活用した事業者選定の方式における進化の過程は、国や地方公共団体における事業内容と実施手法の基本的な枠組の変化が反映しているといえる。

　かつて、1970年代前半までの経済成長、人口増加による税収増が期待できた時代においては、国民・市民生活に必要な施策・事業の内容は行政側の発想の下で、その財源は基本的に税収で確保し、民間から物品や役務・サービスを調達（発注）してきた。そのために、調達側に位置する「優位性」が長く続き、公民連携の発想はほとんど持ち得なかったのではないか。

　会計法や地方自治法によって、競争入札が原則とされているのは、行

政（調達）側の公正性の確保とメリット（経費削減）を想定してのことである。しかし、21世紀になって、成長・拡大が望めなくなったことは明確になり、税金の配分に携わる公務員にとって、市民生活を維持するためには、足りない資金、足りない事業展開におけるサービスノウハウという現実が突きつけられてきたのである。一方で、厳しいコスト意識をもった市民、民間事業者から、行政サービスにおける「配分権」（調達権限も含む）に立脚する「お上意識」やコスト・経営感覚の不足を指摘されるようになった。

　このような背景から、行政機関は行政サービス供給の事業主体としてよりも、市民や民間事業者の資源・資産、ノウハウを導入するコーディネーターとしての役割が求められるようになったと考えるのが自然である。このコーディネート機能を発揮するには、「入札原則」ではなく、公民連携の手法しかないという意識を持つことが重要である。

4　公民連携が基本となる公共施設マネジメント

　公民連携と、それを推進するための基本的な手法となったサウンディング調査について述べてきたが、それは、公共施設マネジメントをすすめる際の基本的な手法であるからだ。

　公共施設マネジメントは、現行の公共施設の全てを維持・更新する財源がないことから、当初は総面積の縮減を行う必要性として認識されたが、現在では、個々の施設の利用者は限定され、稼働率も低い状況が、縦割り組織・予算の下で、個別に管理運営されていることに起因していることがはっきりとしてきた。これを解消するには縦割り組織・予算を横断的に管理運営することが基本的な手法となることが明確になってきている。

　実践の入口として、包括委託があるが、これは、総合ビルメンテナンス会社に委託する以外に方法はない。つまり、自治体だけでは対処できずに、民間事業者の力（主としてノウハウ）を借りなければ実現しないのである。そして、価格による「入札」を原則とすると、民間事業者の

ノウハウ・資金が導入できないのは明らかである。民間事業者は、「営利」を目的とした組織であり、一定の公益性を前提にしても、利益を最大化できる「随意契約」が何らかの形で担保できなければ、自らのノウハウや資金を投じることはできない。

行政の公益性と民間の営利性の接点を探る手法として「サウンディング」の実施、そして、一定のノウハウの導入を前提とする公募要項の設定、優先交渉権者の選定と契約に至る細部の折衝があるということを、積極的に位置づける必要がある。

サウンディング調査を単なる「手法」として認識し、その手続きを重視する自治体の担当者も少なくないが、サウンディング調査を軸に公民連携での事業を成功させる鍵は、かつての行政の調達側としての優位性を否定し、民間事業者と市民との利益の接点を追求する姿勢にあることは十分に認識する必要があるだろう。

5 「随意契約」を基本とし、「例外」としない

民間のノウハウや資金を導入しようとする際に、「随意契約」を基本とすることを述べたが、多くの自治体担当者が頭を悩ませるのは、その「随意契約」の適用が難しいことであろう。上述したように、行政側が求める物品やサービスの仕様を明確に規定することができ、なおかつ調達のための資金を確保できた時代には、競争入札によって、契約を締結することが当然のことと受けとめられてきた。したがって、経常的な経費による調達（契約）の大半は、当然のこととして「競争入札」が適用されるが、その数が多いために、自治体内部では、まだまだ随意契約が「例外」として認識される場合が少なくない。しかしながら、一方で、一者入札が行われたり、かつて「１円入札」が行われたり、「出来レース」という表現が存在したりと、競争入札が必ずしも公正・公平な手法とは言い切れない実態がある。

このような実態をみれば、特に公共施設マネジメントの分野に関しては、包括的保守点検管理委託が入口として有効なこと、施設面積を縮減

296　　第4編　実践への優先度判定と財源確保

するために必要な統廃合の基本は機能の複合であり、そのためには民間のノウハウと資金を活用せざるを得ないこと、さらに、小規模な地域施設は地域組織への譲渡か管理委託を行わざるを得ないことなどを念頭におけば、「随意契約が基本」という認識が必要となってきている。

　サウンディング調査を公開で行う手法を適用し、さらに、その内容を参考にして「公募要項」による公募を行い、事業者の提案を受けて、庁内の幹部職員、あるいは外部有識者も含めた選考委員会で「優先交渉権者」を決定し、その後に細部の契約内容を協議・確定して、「契約」に至るという過程（**図表 15 - 1**）を全て公開で行うことで「透明性」を確保すれば、随意契約へのハードルはほとんどなくなるし、むしろ、民間のノウハウと資金を導入する際には最も有効な手法ということになる。公共施設マネジメントを的確に進めるためには、単に施設の財源確保や統廃合を検討するだけでなく、行政における調達手法の従来の「常識」を打ち破る必要も生じているのである。

図表 15- 1　透明性を確保した契約までの流れ

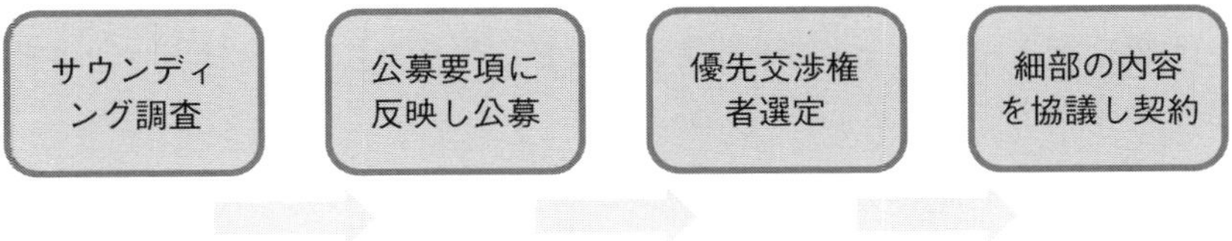

| サウンディング調査 | 公募要項に反映し公募 | 優先交渉権者選定 | 細部の内容を協議し契約 |

出所：筆者作成

第 15 章　「入札原則」を見直し、民間資金・ノウハウを呼び込む　297

●執筆者プロフィール

小松　幸夫（こまつ　ゆきお）　第1編執筆
早稲田大学創造理工学部建築学科教授
1949年東京都生まれ。
1978年東京大学大学院工学系研究科博士課程修了・工学博士。
東京大学工学部助手を経て1982年新潟大学工学部助教授、1990年横浜国立大学工学部助教授。1998年より現職。
専門は建築構法・建築経済、「建物の寿命推計に関する研究」により2008年度日本建築学会賞（論文）受賞。
著書に『公共施設マネジメントハンドブック』（監修、日刊建設通信新聞社、2014年）、『公共施設マネジメントのススメ』（共著、建築資料研究社、早稲田大学理工研叢書シリーズNo.28、2017年）ほか。
日本建築学会会員、秩父市行政アドバイザー、一般財団法人資産評価システム研究センター評議員、総務省地方財政審議会特別委員、一般財団法人建築保全センター・公共建築マネジメント研究センター長、総務省官民競争入札等監理委員会専門委員等。

池澤　龍三（いけざわ　りゅうぞう）　第2編執筆
一般財団法人建築保全センター第三研究部次長・公共施設マネジメント研究センター主任研究員
1963年高知市生まれ。
1987年千葉大学工学部建築学科卒業。
一級建築士、認定ファシリティマネジャー。
1990年から23年間にわたり千葉県佐倉市職員として勤務。市職員時代は、営繕業務、建築指導業務、区画整理業務、管財業務、教育委員会業務等に従事。2008年総務部管財課ファシリティマネジメント推進班長（副主幹）に就任し、庁内における公共施設マネジメントの推進役を担う。2012年、資産管理経営室主幹兼教育委員会教育総務課ファシリティマネジメント推進担当主幹を併任。佐倉市を退職後、一般財団法人建築保全センターに移り、全国の地方自治体において、職員研修会等を通じ公共施設マネジメントの普及、啓発を行っている。早稲田大学理工学術院総合研究所招聘研究員や前橋工科大学客員研究員として論文の執筆、発表も行う。
著書に『公共施設マネジメントのススメ』（共著、建築資料研究社、早稲田大学理工研叢書シリーズNo.28、2017年）がある。

堤　洋樹（つつみ　ひろき）　第3編執筆

前橋工科大学工学部建築学科准教授

1972年埼玉県生まれ福岡県出身。

2002年早稲田大学大学院理工学研究科建築学専攻博士後期課程中退。工学（博士）。

早稲田大学助手、北九州市立大学エンジニアリングアドバイザー、九州共立大学准教授を経て、2011年より現職。

専門は建築経済、建築生産、建築構法。建物の長寿命化の実現に向け、ソフト・ハードの両面から研究を行う。福島県会津若松市・東京都目黒区・港区・群馬県の株式会社建設技術センターのアドバイザー、一般財団法人日本建築学会建築ストックマネジメント小委員会幹事などを兼任。また「地域を持続可能にする公共資産経営の支援体制の構築（RISTEX、代表）」「公共施設における協働的ダウンサイジング手法の研究開発（科学研究費助成事業（日本学術振興会）・基盤（C）、代表）」など公共施設管理に関する研究活動多数。

著書に『公共施設マネジメントのススメ』（共著、建築資料研究社、早稲田大学理工研叢書シリーズNo.28、2017年）、『先進事例から学ぶ　成功する公共施設マネジメント』（共著、学陽書房、2016年）など。

南　学（みなみ　まなぶ）第4編執筆

東洋大学客員教授

1953年横浜市生まれ。1977年東京大学教育学部を卒業後、横浜市役所に就職。1989年海外大学院留学派遣でカリフォルニア大学（UCLA）大学院に留学（修士）後、市立大学事務局、市長室、企画局を歴任し、2000年静岡文化芸術大学文化政策学部助教授。神田外語大学教授、横浜市立大学教授、神奈川大学特任教授を経て現職。

自治体の経営・マネジメントを研究。

著書に『先進事例から学ぶ　成功する公共施設マネジメント』（編著、学陽書房、2016年）、『自治体アウトソーシングの事業者評価』（学陽書房、2008年）、『横浜市改革エンジンフル稼働』（編著、東洋経済新報社、2005年）、『行政経営革命』（編著、ぎょうせい、2003年）など多数。

実践！　公共施設マネジメント
―個別施設計画などの必須のポイントがわかる

2019年10月15日　初版発行

著　者　小松幸夫・池澤龍三・堤　洋樹・南　学

発行者　佐久間重嘉

発行所　学陽書房

〒102-0072　東京都千代田区飯田橋 1-9-3
営業部／電話　03-3261-1111　FAX　03-5211-3300
編集部／電話　03-3261-1112
振替　00170-4-84240
http://www.gakuyo.co.jp/

装幀／佐藤　博
印刷／文唱堂印刷　製本／東京美術紙工
ⓒ 2019 Yukio Komatsu, Ryuzou Ikezawa, Hiroki Tsutsumi,
Manabu Minami

ISBN 978-4-313-12124-9　C3033
乱丁・落丁本は、送料小社負担にてお取り替えいたします。

JCOPY ＜（社）出版者著作権管理機構　委託出版物＞

本書の無断複製は著作権法上での例外を除き禁じられています。複製される場合は、そのつど
事前に、出版者著作権管理機構（電話03-5244-5088、FAX 03-5244-5089、e-mail:
info@jcopy.or.jp）の許諾を得てください。